後藤晴子
Haruko Goto

老いる経験の民族誌

南島で生きる〈トシヨリ〉の日常実践と物語

九州大学出版会

目次

凡　例

・日本文化人類学会倫理綱領第五条を鑑み、インフォーマントに直接的・間接的な不利益が生じないよう、本書では調査地の地名およびインフォーマントの人名、家名などはすべて匿名で表記している。また近隣の都市名などは実際の名称を表記しているが、調査地の特定につながる地名については仮名を用いた。そのため地域的・歴史的な記述についても調査地を特定しうるような記述については意図的に省いている。
・脚注および写真・図表等の番号は章ごとに通し番号とした。
・参考文献の記載法は『文化人類学』に準じる。

老いる経験の民族誌

――南島で生きる〈トシヨリ〉の日常実践と物語――

序章　老いる経験の人類学のために

1　はじめに

老いる経験とはなんだろうか。日々蓄積されているエイジング研究では、ケアや介護、福祉といったいわゆる非労働としての老人たちと、わたしたち＝「非老人としてのわたしたちもしくは現代社会」はこれからどう対峙していくべきなのかという議論がその中心的位置を占めている。一方で、不安定な社会のなかで、どうしたら幸せに老いることができるのかといった問いは、大衆長寿化を迎えた現代日本に生きる人びとにとって重要な人生課題のひとつになりつつある。

高齢化社会の到来とともに社会の関心が高まった老年学（gerontology）の起源は、一九世紀に遡る。当初は衰退の科学と揶揄されたように、その内実は老人衛生と老人の健康の維持程度の議論に留まっていた。老年学において現在のような研究が行われるようになったのは、生物学の躍進を背景に生命現象一般の研究が盛んに行われるようになった第二次世界大戦後のことである。これに対し文化人類学でエイジング研究が盛んになったのは（レオ・シモンズのパイオニア的エイジング研究［Simmons 1945］を除けば）、一九八〇年代以降のことであった。そこでは老人をたんに社会問題として取り上げるのではなく、それぞれの国や地域で異なる老いの複雑さと多様性に着目し、エイジングの文化的・社会的側面について議論を行った。こうした研究は日本の文化人類学界でも、一九八〇年初頭に片多順［1981］によって「老年人類学」という言葉が紹介された頃から、少しずつ行われるようになってきている。とくに近年では病院や老人介護施設をフィールドに高齢者の自立、親密圏とケア、地域社会と介護の問題や、ロングステイやIターン、高齢者と生きがいに関する議論といったより現代的な課題に即応しようとする実践的な研究が増加している。

文化人類学におけるエイジング研究は、どちらかと言えば社会問題として取り上げられることの多かった老人や老いの研究に、新たな視角を提供したと言える。しかしそれはいまだ発展途上の領域で、その議論は決して十分ではない。加えてここには、学問の特質上陥ってしまいがちな問題も存在する。①問題としての老人像を忌避し、老人や老年期を積極的に読み換えようとするあまりに、敬老の精神に満ちた異文化や過去を羨望するだけに終始しまいがちであること。②「老人」というカテゴリーとしてひとくくりに議論してしまうことによって、ジェンダーに代表されるような社会・文化的な差異は無視され、そこにある多様性を把握し損ねてしまう可能性のあること。その結果③人びとの個々の経験が議論の遠景へと退いてしまい、超時代的な記述に陥ってしまうこと。そして④ライフコースの最終段階として考察すべき老年期を、個別なものとして研究・考察することによって、老人たちが生きてきた文脈のなかで、エイジングという現象を捉えることを難しくしてしまうこと。この四点である。

これらの問題を克服するためには、老いをライフコースのなかで（生きるという過程のなかで）考える必要がある。より具体的には、「老人（the aged）」よりもむしろ「老いる（aging）」という経験そのものを対象とし、それぞれの人生だけでなく、他の世代や社会に何をもたらしているのか考察することが重要になる。老人を問題という観点から考察するのではなく、また老い衰えることを積極的に読み換えるのでもなく、あくまでも衰退を含みこんだ存在・事象として可能性を問わなくてはならない。そのためには、高齢者施設や病院という限定された空間のなかで議論するよりも、地域社会で生きる高齢者の実践を歴史的・地域的な背景を踏まえて考察するほうが効果的だと考えた。

本書では独自の文化的背景を持ち、高齢化が進む南島の事例をもとに、歴史的・地域的文脈のなかで老いるという経験を捉えなおすことを目的としている。具体的には、①「老い」という現象を、「老いる（=aging）」という動的なプロセス、「生きる」という社会的プロセス、ライフコースの先にあるものとして再定置し、②多様な選択肢のなかで、柔軟／剛直な決断によって描かれる人びとの生の営みを考察すること。そこから得られた③老いる人びととの営みを世代的な知恵に変換することによって、④わたしたちの人生とこれからの社会をより豊かにする実戦的方法を学問的・実証的に提示することに主眼を置いている。この目的を達成するために、本研究では二〇〇四年九月より沖縄県の小規模離島において断続的にフィールドワークを行った。フィールドワークでは主に次の四点に焦点を当て調査を行った。

(a) 語られる物語：人びとのライフヒストリーに注目し、人生後期における選択の多様性を明らかにする。これらの選択が地域的・歴史的にどのような意味を持つかについて検討を行う。

(b) 語られない身体：(a)の議論を踏まえ、衰えゆく身体との向き合い方を、衰えに対する対応や認識の移り変わりを記述することによって明らかにする。

(c) 死との関わり：(a)および(b)の議論を踏まえ、当該地域の死にかかわる文化的装置に着目し、人びとの死や死者との付き合い方を照射する。

(d) 時代性の問題：老いの入口に立つ人々に注目し、(a)や(b)、(c)と対比することによって「老いる」という経験の歴史的な特異性及び通時的な共通性について考察する。

本研究の特色・独創性は、一地域における継続的なフィールドワークによって、老いる経験自体を対象化するということに集約される。具体的には、第一に、高齢者問題の解決策の議論を後景に、「老いる」という誰しもの人生の一断面における経験を対象化すること。第二に、「老いる」という誰しもの経験を病院や老人ホームといった限られた空間内ではなく文化的に独特の背景を持った一地域社会における歴史的な（もしくは世代的な）経験として把握すること。そして第三に、老いの経験を世代的な知恵へと転換することによって、老人研究の新たな側面を開拓しようとすること。この三点である。

2 本書の構成

本研究では先に触れたとおり、独自の文化的背景を持つ沖縄離島において生活世界の文脈のなかで老いるという経験を捉え直すことを目的としている。本書は、これまでのエイジング研究における問題を研究史から検討した第1章、研究方法について考察を行った第2章、調査地の概要を示した第3章、フィールドワークによって得られた知見から「老いる」という経験を異なるテーマで個別的に検証した第4章から第8章と全体的な議論を行った第9章、北部九州の事例をまとめた補論によって構成されている。以下各章ごとの論点について簡単に概括する。

第1章では、エイジングをめぐる研究史を取り扱う。高齢化社会の到来は老年社会学をはじめとする社会諸科学、人文諸科学におけるエイジング研究を推し進めた。こうした諸研究は現在の高齢化社会に即応する即戦力となっているが、そこでは基本的に老いるという現象は解決すべき社会問題として取り上げられている。これに対し文化人類学や民俗学では、老いをあえて肯定的に捉えようとする戦略がとられてきた。しかし、それはともすると過去（もしくは異文化）を懐かしむだけのものになってしまいがちで、新たな老人像を形成する一因にもなってしまっている。本章では、こうしたエイジング研究の研究史について簡単にまとめ、それにまつわる困難さを整理する。

第2章では、経験を考察することの利点と欠点についての理論的な考察を行う。具体的にはヴィクター・ターナーやエドワード・ブルナーによって展開された「経験の人類学」の議論を中心に、ウィリアム・ジェイムズや鶴見俊輔らによって論じられた経験に関する諸議論について検討を行う。エイジングを老いるという現在進行形の経験として捉えることの可能性について具体的に議論を行った上で、人びとの経験を捉える方法としての聞き書きについても検討を行う。

第3章では、本研究のフィールドの概要について取り上げる。本研究で取り上げる沖縄県の小規模離島は、人口約一、〇〇〇人弱の高齢化がすすむ過疎の島である。具体的には島の状況について地理的・歴史的な背景から概説を行うとともに、島での人びとの行動規範や思考法についても一部取り上げている。

第4章では、調査地における老人の地位や立場について、フォークターム（老人を指す言葉や年長者を指す言葉）や村落内の社会組織、儀礼における老人たちの地位と役割から考察を行う。島における老人とは誰を指すのか。また、老人たちはどのような役割や地位についているのだろうか。また人びとは老人たちに対してどのように接しているのかについて確認しておきたい。

第5章では、老いる人びとが現在直面している身体的な衰えに焦点を当てて議論する。具体的には、都市部における子どもたちに囲まれた快適な暮らしよりも位牌を守りながらの島での生活を選ぶ年老いた女性。足を引きずりながら、それでも一人暮らしを続ける女性。近代医療と民間医療の両方とうまく付き合いながら衰えゆく身体と向き合う人びと。そこで見られる差し控えとも言うべき身体との向き合い方を考察する。

第6章では、聞き書きによって得られた老人たちの人生の物語について取り扱う。またそこでは現老人世代が生きてきた昭和という時代を基軸に、それぞれの人生の物語が様ざまなめぐりあわせによって語られていく様子を具体的に描く。人びとの物語をただ単に個別事例に落とし込んで考察を行うのではなく、歴史的地域的背景を含ませつつ、人びとのつながりについて考察する。

第7章では、老いの事象を死との関わりから議論を行う。タイトルの「死にがい」という言葉は、社会学者の井上俊が用いた言葉で、積極的および消極的な死の意味づけの総体を指す。井上によると、戦前・戦中から戦後への時代の方向転換のなかで「死にがい」の模索は「生きがい」の追求にとって代わられ「死にがい」の模索は遠いたという。確かに長寿の大衆化が進むなか、老年期は第二の人生と称され、そこでは「長生をどう生きるのか」といった「生きがい」関する問いが声高に唱えられているようになった。しかしながら、人生段階として死の手前にある老年期、戦中・戦後生まれの現老人世代の老後を考える際に「死にがい」の視点を損なうことは、彼らの「生きがい」を探求する術も失ってしまうことになる［井上 1973：5–24］。当該地域の「死にがい」のメカニズムを、いわゆる慣習（死者儀礼や祖先祭祀など）および親しき死者との「継続する絆」［Klass & Silverman 1996：xvii］を個別具体的な経験から考察することによって、人生の最終段階である老年期を死という通常のライフコースとは逆の方向から照射したい。

第8章では、今まさに老年期に差しかからんとする人びと、肉親や近親者を通していま現在具体的に他者の老いを見つめている世代について取り扱う。昭和という激動の時代を生き抜いてきた八〇歳以上の現老人世代にとって長寿は決して約束された将来ではなかった。むろんこれから老年期を迎える人びとにとっても、長寿は確約されたものではない。しかしながら長寿の大衆化といった状況が当たり前となった世代にとって、現世代（戦前派・戦中派）の老いはどのように映っているのだろうか。そして自らの老いをどのように見つめているのか。本章では現老人世代（戦前派・戦中派）とはいささか異なる老年期を迎えようとする次世代（戦無派）について、現老人世代との関わりから考察する。

第9章では、第4章以下で見てきた個別具体的事例を縁や運というキーワードを用いて総合的に議論することによって、沖縄離島の老いる経験に関する総合的な考察を行う。また補論では、筆者が二〇〇八年から二〇一〇年、二〇〇四年から二〇〇五年にそれぞれ調査を行った北部九州の二つのフィールドの事例、①仏教寺院と高齢者の関わり②隠居制度と人びとの生き方について取り上げる。沖縄離島とは異なる文化的背景や文脈をもった他地域の事例を検討することを通して、地域的な境界を越えた議論の方向性を模索したい。

本書の民族誌的な記述の中には、インフォーマント（調査協力者）の個別的な事情に触れる箇所もある。日本文化人類学会倫理綱領第五条を鑑み、インフォーマントに直接的・間接的な不利益が生じないよう、本書では調査地の地名およびインフォーマントの人名、家名などはすべて匿名で表記している。都市名などは実際の名称を表記しているが、個々人の特定につながるような地名についても仮名を用いている。そのため地域的・歴史的な記述についても調査地を特定しうるような記述について意図的に省いていることを特記しておきたい。

第1章　エイジングをめぐる研究史

1　はじめに

長寿の大衆化の進む現在、エイジングに関する諸研究の主たる関心のひとつは、問題としての高齢社会における高齢者とその処遇であろう。そこでは社会問題としての高齢社会や高齢者に対してわたしたち（もしくは社会）はどのように向かい合っていくべきなのか議論され、具体的な施策と成果が求められている。よって多くのエイジング研究は、長寿の大衆化に伴う社会変化に対応するための新しい社会制度や医療体制、家族関係を模索し、なんらかの提言をすることを前提にしている。そのためだろうか、そこでは「老いること（エイジング）」の経験そのものを議論の対象化するというよりもむしろ、制度・福祉・介護といったテーマに比重が置かれている。社会学者の前田信彦は高齢社会を「ハンディを持ちながら日々の生活を送る人々が増えることでもあり、その意味では、あらゆる人々の社会参加を可能にする社会のあり方を再考するチャンス」［前田 2006：4］と述べ、社会的ネットワークや社会関係資本（social capital）の観点からアクティブ・エイジング（active aging）(1)の条件を探ることの有用性を説いている。こうした傾向は、エイジング研究に関しては他分野に比べるとやや後発的であった人類学や民俗学においても少なからず見られる。

もちろん高齢者研究の代表格である老年学（gerontology）の議論が、そもそも一八世紀に起った産業革命による社会制度や家族形態の変化を背景に重ねられてきたことを考えれば当然のことであり、高齢者研究はその登場当初から本質的に問題解決型の志向を備えていたと言える。栗原彬が「『老い』は、産業社会がそのシステム維持の必要上作り出した観念である」［栗原 1997 : 51］と述べているように、老人や老いは近代産業社会において問題として認識され、議論されるようになったからこそ、多様な領域において議論の俎上にのぼってきた。逆に言えば社会問題として認識されていなければ、これほどまで学際的な議論が行われることはなかったに違いない。

これまでもそうであったように、これからも「豊かな高齢期を過ごしたい」という人びとの願いは途絶えることはないだろう。人びとの切実な思いに応えうる問題解決型の実証的エイジング研究はこれからもますます増加するだろうし、それらの研究はこれからもわたしたち人間社会に有効かつ有益な示唆を与えてくれるであろうことは疑うべくもない。しかし一方で実証研究に比して理論化はおろそかになっているという指摘［Johnson et al. 2005 : 5］や、エイジング研究や政策自体が新たな高齢者像の構築に加担しているという指摘［金子 1998 : 3–6］からも目をそらすべきではないと考える。では、どうすれば別の地平を開けるのだろうか。本章ではエイジング研究のなかでも、社会科学的な研究に焦点を当て、その来歴を追うことで、エイジング研究にまつわる困難さを整理、検討することを目的としている。これらの手続きを通して本書の学術的な意義についても再度確認しておきたい。

2 高齢化社会とエイジング研究の歩み

(1) 老年学の歩み

現在の老年学の議論をこれまでの研究をもとに大別すると、主に①生物学的理論、②心理学的理論、③社会学的理論の三つに分けられるだろう。しかし最近ではエイジングに関係する学会学術誌のほとんどは③の実証研究で占められており、エイジングの理論化に関心は払われていない［Johnson et al. 2005 : 5］。とくに老年社会学（social gerontology）の領域では問題解決志向が強く、しばしば理論的発展は欠如しがちである（lack of theoretical development）［Johnson et al. 2005 : 13］ことが指摘されている。はじめに老年学の発展の簡単な経緯について老年学者の橘覚勝や湯沢雍彦らの議論を中心に見ておきたい。

老年学のおこりは一九世紀に遡ることができる。初期の老年学は、いわば「衰退現象の科学」であり、その内容は老人衛生とその健康の維持程度に留まっていた。言うなれば一九世紀という時代は、老年学において老衰（senectitude）の発見の時期であった。これに対し現代のような近代科学としての老年学が誕生したのは、第二次世界大戦後の一九四五年以後のことである。老年学者のA・F・ロートンは、老年学の発達段階を次のような三段階に分けて提示している。①生物学が躍進するなか、生命一般の生命現象研究が促進された第一段階（一九二〇年代）、②老年医学ないし老年病学である geriatrics が組織的に研究された第二段階（一九三〇年代から一九四〇年代）、③それまでの成果をもとに老年学（gerontology）の展開された第三段階（一九四五年以降）［Lawton 1965 : 27, 湯沢 1978 : 1］（邦訳は湯沢の訳）の三つである。ロートンの定義に従うならば老年学は、研究対象としては老人

（old man）から老化（aging）へ、また学問分野としては医学・生物学から社会諸科学、人文諸科学、人口学、社会福祉政策を含む範囲まで展開・拡大していったと言える［湯沢 1978 : 1, 冷水 2002b : 45］。

第三段階の中心になったのは、第二次世界大戦後のアメリカである。[2] 第三段階よりも少し時代は遡るが、今では老年学において当たり前に用いられる aging（エイジング）という語句も、アメリカで一九三七年に結成された老化研究クラブ（Club for Research of Aging）で初めて使用されたと言われている［橘 1971 : 26, 湯沢 1978 : 2］。このクラブは、生物学・臨床医学・心理学といった複数の専門家が一堂に会し、老年期の研究のみならず広く aging の過程について科学的な検討をすることを目的としていた。一九四四年にはアメリカ老年学会（Gerontological Society）が aging の研究クラブの発展版として結成され、同学会は毎年一回の総会を開くとともに、一九四六年以降は機関誌『老年学雑誌（Journal of Gerontology）』を刊行することによって、aging の概念の普及定着を目指した。この『老年学雑誌』の創刊号に特筆された "To add life to years not just years to life"（年齢に生命を加え、生命に年齢を加えることなかれ）という一文は、当該学会の意図をよく表現していると言える［橘 1971 : 26–27, 湯沢 1978 : 2］。

アメリカにおける老年学の発達を促進させた要因として、湯沢は三つの要因を挙げている。第一に、アメリカの他国に先行する近代医学の発達が平均寿命を上昇させ老年者層の存在を厚くしたこと。第二に、その結果として老人が医学の新しい対象となっていったこと。第三に、増加した老人の存在そのものが社会問題として取り上げられるようになったこと。この三点である［湯沢 1978 : 2–3］。近代産業革命は、一九世紀中に欧米の主要国を工業化させたものの、同時に多くの工場労働者を伝統的な親族共同体から切り離し、近代核家族化を進行させた。また一九世紀以降急速に進行した近代核家族化によって、西欧諸国は相次いで老齢年金に相当する給付制度を国家政策として採用せざるをえなかった。結果、老年学は一九五〇年代以降アメリカだけでなく、イギリス、スイス、デンマーク、スウェーデン、フィンランド、旧西ドイツ、オーストリア、イタリア、旧ソビエトなどの西欧諸国で目覚ましい発展を遂げることになった［橘 1971：39–61，湯沢 1978：3–5］。

日本の老年学もこれら欧米の動きと無関係ではなかったが、老人を科学研究の対象をすることは、日本では第二次世界大戦以後までほとんどなかった。わずかな研究事例を挙げるならば、（明治期・大正期における医学系の小論文といったものを除けば）学術専門書としては穂積陳重の『隠居論』（初版一八九一年、全面改訂した再版一九一五年）、入沢達吉の『老年病学』（一九二一年）、老年心理に言及した松本亦太郎の『知能心理学』（一九二五年）などがあるに過ぎない。昭和期に入ると一九三〇年から一九三九年にかけて、東京の養老院のひとつ「浴風園」（現在は社会福祉法人浴風会の経営する老人ホーム）で福原誠三郎、尼子富士郎、橘覚勝らによって初めて組織・継続的な医学的・社会的・心理学的の三方面からなる老人研究は開始されている。この成果をまとめたのが、『浴風園調査研究紀要』である。この紀要はその後も継続刊行され戦中にしばらく途絶えるが、戦後に復刊している［橘 1971：62–63］。しかしその後は戦時期といった社会的背景もあり一九六〇年代（昭和三〇年代前半）まで、社会一般の関心を特段持たれることはなく、西欧の影響を受けていた学会において医学を中心に報告されているだけの状態であった［湯沢 1978：4］。

日本において具体的にエイジングに関心が向けられるようになったのは、一九五四年（昭和二九年）に渡辺定の提唱によって、塩田広重を会長とし「寿命学研究会」が結成されて以降のことであった［橘 1971：64–65］。西欧の影響を受けた医学的な研究はそれまでにもあったものの、湯沢によると、一九五五年頃までは日常会話にもそしてマスコミの間でも老人問題という言葉すら存在しなかったらしい［湯沢 1978：8］。ところが一九六〇年頃、日本でも老年者層(3)が急激に増大するなかで、①家族制度改革に伴う核家族イデオロギーは浸透し、②高度経済成長下で老人政策は積み残された。それによって年金と医療保障制度の不備に代表される福祉の欠如が顕在化し、③老親扶養の意識の衰退と老人自律感が高まったことや、④研究者の啓蒙を背景に、にわかにクローズアップされるようになった［橘 1971：64，湯沢 1978：8］[4]。ようするに老年学とは西欧諸国でも日本でも、社会問題と、それに伴う社会の要請を背景に発展してきた学問であったと言える。そこで中心的な役割と地位を占めるようになったのは当然のことながら明確な問題解決志向を持った研究だった。

現在では医学・社会科学といった学問領域に関わりなく、「プロダクティブ・エイジング（productive aging）」[5]や「アクティブ・エイジング（active aging）」、「サクセスフル・エイジング（successful aging）」という強い価値志向や意味づけのなされたポジティブな語彙が並び、明確な「新しい高齢期像」が明示されてきている。

(2) 社会学とエイジング

社会科学諸科学における高齢者や老化に関する研究で最も成果を挙げている領域の一つは、社会学である。エイジング研究はそもそも高齢者問題を背景として成立しているため、社会学におけるエイジングに関する議論も高齢者をケアする人びとの問題を重要な課題として議論している研究は多い[6]。たとえばカナダの家族について研究した社会学者マシューズとローゼンタールは、カナダにおける老親介護と仕事のバランスを議論している。カナダでは親族役割と仕事の役割をふたつ同時に担うことは珍らしくない。よって仕事と老親介護のバランスをどうううまく保持するかが問題になっている。とくに負担のかかるのは一五歳以下の子どもを抱えた家族で、マシューズらは介護保険制度の確立していないカナダにおいては、企業は「老親介護」に理解を深める必要があると主張している［Matthews & Rosenthal 1993］。ここでの議論は「老親」というよりは「介護問題」に重点が据えられている。

社会学ではこうした不均衡に対して、内部からも早い時期に批判があがってきていた。現在では高齢者自身の語りをもとに、人びとの生きている生活世界にアプローチを試みる多様な研究も多々行われている。エイジングの社会文化的側面への関心の高まった一九六〇年代当初、老年社会学（または社会老年学）では役割論や社会化論を中心に、エイジングに伴う社会的地位や役割の変化の究明に力点が置かれていた。その多くは、退職やエンプティ・ネスト（空の巣）、配偶者との死別などの人生後期（高齢期）に遭遇する出来事に伴う地位と役割の変化を題材としつつ、その役割変化に焦点を当て議論している。一九六〇年代初頭に構築された離脱理論[7]［Cumming & Henry 1961］や活動理論[8]［Lemon, Bengtson & Peterson 1972］、高齢期社会化論[9]［ロソー 1998（1974）］などはこうした研究のなかからもたらされた議論の一例である［天田 2010（2003）：98］。

これに対し一九七〇年代から着目されはじめた、プロセスとしてのエイジング研究のねらいは、老いを継続的な過程として把握することにあった。一九九〇年代後半から高齢者の問題に社会学的視点から取り組んできた木下康仁、天田城介、小倉康嗣ら社会学者の議論をもとに簡単に概観しておこう。

木下によるとプロセスとしてのエイジング研究では「介護を必要とする衰えた高齢者像」と、「心身面でも経済的にも自立しているのに所在なく存在感の希薄な高齢者像」との「分極的な高齢者像」を克服することが望まれた［木下 1997：31］。よってそこではサクセスフル・エイジングといった視角が志向され［天田 2010（2003）：92–93］、方法論的視角としてはそれまでの「ライフサイクル」にかわって、「ライフコース」という「個人が年齢別の役割や出来事を経つつ辿る人生行路」［Elder 1977：282］という、人の一生を考える視角が好んで用いられるようになった。ライフコース論では、エイジングを年齢別の役割と出来事を経験する過程として捉えたうえで、人生行路をなす学歴や職歴などの経歴の束を丹念に観察した。またそれらを分析することで「社会変動の影響下にあるもの」、また「社会変動の担い手となり得るもの」として高齢者個人を位置づけた。この点において新たな視角を兼ね備えたものだった［天田 2010（2003）：96］[10]と言える。

このようにライフコース論がエイジングの議論に新たにもたらした視角は大きい。だが、天田はそのライフコース論も「『世代間の差異』を強調するあまりに『個人の差異』を等閑視しているとの批判を免れ得なく」［天田 2010（2003）：97］なっていると指摘する。介護施設で長期のフィールドワークを行い高齢者や介護者らの語りや実践について分析を行った天田はこの点について、「現代社会において〈老い衰えゆくこと〉は生物・医療（医学）・社会福祉（学）の学問体系に囲い込まれ、老い衰えゆく当事者あるいは彼／彼女らに日常的にケアを提供している者たちの経験や解釈、意味づけ、感情などにはこれまで光があてられてこなかった」［天田 2010（2003）：9］とし、現代的な老いが高齢者にアイデンティティ管理を要請するという「再帰的エイジング」として立ち現れていると述べる。ここで天田の言う「再帰的エイジング」とは次のようなものである。

> 再帰的エイジングによって高齢者は〝私とは一体何者なのか?〟、〝本当の私とは何か?〟〝私の人生とはいかなるものであったのか?〟という問いを絶えず自己審問／自己再認せざるを得ないにもかかわらず、かつてその承認を与えてきた規範や制度に準拠して自己同定《アイデンティファイ》することさえも不可能となったため、その「寄る辺なさ」に耐え忍ばなければならない。
>
> 　こうした「寄る辺なさ」によって、高齢者は〈現在〉へ志向した場合はサークル活動やボランティア活動に過剰なまでに躍起になったり、〈過去〉を志向した場合には、「自分史」ブームに如実に表れているように、過去への回顧によって自己の存在を何とか確証しようと努めることとなる［天田 2010（2003）：100］（振り仮名は原文のまま）。

このように天田は、現代の高齢者の直面している「寄る辺なさ」［天田 2010（2003）：100］からくる自己存在への問い直しの過程を「再帰的エイジング」と呼んだ。

一方小倉は、個人の差異を無視した結果として「機能的衰退としての老化」（枯れた老人）の演出か、その反転としての「頑張り」（元気老人）の演出かどちらか一方に偏向してしまいそれが「老いの神話」とも連動してしまうことになった［小倉 2006：16］と批判する。小倉は、また家族社会学の領域で展開されてきた高齢者研究も同様に老親扶養論として展開してきたと指摘し［小倉 2006：17］、自らの研究で、市民グループのメンバーを対象に現代中年のライフヒストリーから人びとは社会文化的物語としての「隠居」をどう解釈し、どのように自らの個人誌に取り込もうとしているのかについて分析している。そこでは「ラディカル・エイジング[11]」［小倉 2006：20］という視角から、「人生後半の意味地平」に「〈再帰的近代としての高齢化社会〉」という歴史的ダイナミズムを取り入れ、人間形成観の問題圏へと入っていくための導入口として提示しようとする試みを行っている［小倉 2006：20–21］[12]。このように社会学の議論は老いる問題を、ただ老年世代の問題ではなく人間形成観という地平へと開いていく手法であったと言えよう。

3 文化人類学とフォークロアの視座

(1) 小規模コミュニティと人類学

質的調査に基づく社会学の議論はどちらかと言えば、いわゆる特別養護老人ホームのような介護施設や高齢者サークルでの事例［天田 2010（2003），小倉 2006 など］や、高齢者にやさしい町づくりといったテーマで議論される。社会問題の解決を重要な研究課題に掲げる社会学にとって、問題の起きている現場での調査が中心を占めるのは当然のことである。しかしそこでは人びとが生きてきた人生の軌跡を、当該社会の文脈との関わりから——ごく個人的な経験としてでも、また超地域的な経験としてでもなく地縁に根付いた世代的な経験として――議論することは少ないように見受けられる。

地方の介護施設では収容可能人数が限られているため、たとえ生まれ育った土地の施設への入所を希望していても希望通りに入ることはなかなかかなわない。よって家族（血縁）や生まれ育った土地（地縁）から遠く隔たった地域の施設へと入所することも珍しくない。それもまた現代日本の高齢者を取り巻く現実である。だが施設をめぐる議論が充実している一方で、当該社会やその文化と深く関わりつつ生活世界と地続きの老齢期をおくっている人びとが看過されるのも事実である。彼／彼女らは典型的な「元気老人」でもないし、いわゆる「寝たきり老人」でもない[13]。そのため、そこでもまた議論の溯上にあがりにくい。議論にのぼったとしても個別性は矮小化される（もしくは過大評価される）危険性は高い。こうした状況を打開するために、初発から比較的小さな社会を研究対象としてきた文化人類学の方法は、そこからこぼれ落ちた人びとをすくい上げて議論に乗せるのにある意味適している。

(2)　エイジングとの出会い

文化人類学においてエイジングが注目されるようになったのは、人類学的老人研究のパイオニア、レオ・シモンズの著作 *The Role of the Aged in Primitive Society* [Simmons 1945][14] を除けば一九八〇年代以降のことである。しかもその中心はアメリカをはじめとする欧米であった。これは先に挙げた老年学の勃興の時期を考えれば、比較的後発の部類に入るだろう。

こうした背景からだろう。異文化の老人たちは人類学者にとって「よきインフォーマント」であったにもかかわらず、わたしたちは見向きもしなかったのだ――という自省の言葉はエイジングに関する人類学的研究書の多くで繰り返される常套句になっている[15]。

人類学におけるエイジング研究の遅れには、人類学者には部族社会において「老人はいなかったし、いても老人問題はなかった」という誤認識があったのだといったような指摘もなされている［片多 1981：46］。アメリカの老年人類学者ジェニー・キースはこうした状況を「人類学の無視」といった言葉で批判している[16]［Keith 1982：1–15］。片多やキースらの主張するように人類学者にとって老人が長い間、考察の対象というよりもむしろ重要な情報源だったという指摘は間違ってはいないだろう。

だが、文化人類学におけるエイジング研究の遅れは、本当に人類学者の怠惰や鈍感さに帰結してしまうものなのだろうか。先に見てきたとおり長い間エイジングという現象に注意が向けられていなかったのは他の社会学諸分野においても同様で、人類学のそれとそれほど大差のあるようには思われない。むしろ近年の人類学におけるエイジングに関する研究の増加こそ、先に見てきた老年学の隆盛と同様に、高齢者世代の増大とそれに伴う国家や制度の変化と社会からの要請に対応していると考える方が自然である。

レオ・シモンズに続く初期の人類学的なエイジング研究にも、こうした傾向を十分に読み解くことができる。マーガレット・クラークとバーバラ・アンダーソンは、アメリカ合衆国という異質な文化複合体のなかで、価値規範が老人たちの生活や考え方にどのような影響を与えているのか、現代アメリカの都市社会において老後に適応するための資質は何かについて考察を行っている[17]［Clark & Anderson 1967］。またドナルド・カウジルとローウェル・ホームズは、近代化によって老人たちは主流から排斥されたのだという疑似進化論を唱えている[18]［Cowgil & Holmes 1972］。一九八〇年代にはアリゾナ州サン・シティのような「老人の町」に関する研究が量産された。老人の町という小さなコミュニティは、それまで人類学者のやりなれた人類学的な手法を取り込みやすく、調査地が調査者自身のホームのなかに存在するため気軽に行ける調査地として重宝された[19]［片多 1981：66–77］。人類学的研究と分類されるこれらの研究はアメリカ社会の高齢化問題という背景をもとに議論されていた。

一九九〇年以降になると、より通文化的な調査研究も行われるようになった。ジェニー・キースらによる「プロジェクト・エイジ（Project Age）」はそのひとつであり、欧米だけでなく、日本や、中国シンガポールなどのアジアをはじめ世界各地でエイジングに関する調査研究が行われるようになった。この取り組みはその後も継続され、そこでは老親介護や独居老人などの老人問題も人類学的な立場から議論されており議論は多様化している［Albert & Cattell 1994, Climo 1992, Fry 1996a, Keith 1990, Sokolovsky 1997 et al.］。

スペインのベセダで調査を行ったブランデスはベセダの老親サポートの「交換システム」[20]を取り上げている。ブランデスによると、ベセダでは子どもは性別に関係なく平等に相続権を持っている。しかしそれと同時に老親扶養の義務を持っているという。農業を生業とするベセダでは核家族が一般的で、老親たちは寡婦、または寡夫になるとすぐに一人で独立した家を持つ。ブランデスはこのベセダにおける伝統的な老親の介護システムを多様な老親介護のシステムとして提示した［Brandes 1993］。また二〇年間にわたって漢民族を中心に中国人社会を研究しているアイクルスは、伝統的な中国社会では、息子、とくに長男は両親のもとに残ることが期待されており、老親扶養の義務は息子とその嫁が持つが娘は婚出するためほとんど権利を持たない。そのため一九七九年の都市部における一人っ子政策の施行以降は子どものいない独居老人の問題が浮上し、家族の抱える老人問題は、深刻な問題となっている［Ikels 1993］[21]と指摘している。

日本でも一九八〇年代に入ると片多順が anthropology of aging の訳語として老年人類学という言葉を紹介［片多 1981］[22]し、それ以降（数は欧米と比べれば決して多くはなかったが）、徐々に人類学的なエイジングに関する研究は行われるようになった。藤田真理子は、一九九〇年代にアメリカのナーシングホーム（老人介護施設）をフィールドに、象徴人類学的立場からアメリカ人高齢者の生きがい[23]形成に関する議論を行っている［藤田 1999］。また二〇〇〇年代以降様ざまな論集も組まれ[24]、若手研究者を中心にエイジングに関わる議論は増えつつあり議論は年々多様化している［高橋 2008；2009；2013，福井 2008，菅沼 2008，加賀谷 2011，岩佐 2011など］。

(3) ケアと応答性

介護やケアの対象者である老人たち[25]に関する議論は、医療人類学や看護人類学のなかでも行われている。マーガレット・ロックは医療人類学的な立場からアメリカ人女性と日本人女性の更年期について取り上げている。ロックは閉経という複雑なプロセスを、生物的変化に心理的・社会的・文化的要素の重なったものとして説明できると主張した［ロック 2005（1993）］。彼女は、人びとの個々の主観的経験を重視するローカル・バイオロジーの立場を取りつつ、「中年女性が身内の高齢者の介護にかけるとてつもない時間と労力を、老化や更年期にはまったく関係ないものとして片づけるわけにはいかない」［ロック 2005（1993）：3］と述べ、エイジングの社会的な側面により注意を向ける必要性について説いている。

高橋絵里香はフィンランドの独居高齢者と在宅介護システムから、エイジングの過程のなかに近代的個人の一様態を見いだし、近代的な個人について議論を行っている［高橋 2008：133–154］。さらに高橋は文化人類学的なエイジング研究は、福祉国家の制度下にある現代のエイジングを批判することで、他学問からの安易な再解釈の余地を含み込んでいる危険性について指摘し、「社会的なもの（the social）」の領域をめぐる評価と実践の再解釈の必要性を論じている［高橋 2011：79–84］。鈴木七美は高齢者へのケアの問題を、高齢者福祉ではなく産業振興を念頭に行われた徳島県上勝町の第三セクターの取り組みを取り上げ、高齢者とどのような関係を構築してゆくのが望ましいのか、という相互性のあり方を検討する必要性を説いている［鈴木 2005：355–378］。このように現在の人類学における老いの議論は、老人や老いそのものを議論しようとするといったものよりも、エイジングを対象にそこから何を考えるかといった形になりつつある。エイジングに関する人類学の議論の広がりは、これからもさらに拡大するだろう。

(4) フォークロアと老人

社会学や人類学とは異なるかたちで、老人や老化に対する文化・社会的なアプローチを行ってきたのは、フォークロア（民俗学）である。日本民俗学において老人にスポットが当てられるようになったのは、人類学よりもさらに遅れた一九九〇年代後半のことであった。もちろん初期の民俗学のなかにも隠居や宮座などのように老人の関係する項目は存在していた。だが、それは文化人類学における長老制や年齢階梯制の研究と同じように、イエや村落組織といった社会組織の問題として認識されていた。老いる人びとそのものに焦点を当てた問いは、宮本常一の良質の民俗誌［宮本 2002（1960）］などを除けばほとんどなかったと言っていい。老人たちは被調査者に位置づけられ、人びとのライフヒストリーの多くは看過されていた。しかしこれはなにも老人に限られたことではなかった。民俗学の父・柳田國男は経世済民としての民俗学を構想していたが、柳田以降の民俗学研究において生きている人びとそのものに議論の焦点が当てられることは一九九〇年代後半まであまりなかった。

こうした状況下において老人を積極的にフォークロアの対象として初めて位置づけようとしたのは、宮田登である。宮田は、民俗学は民俗資料のほとんどをいわゆる古老の知恵によって収集してきたにもかかわらず、老人を被調査者としてのみ位置づけてきたと指摘し、「高齢化社会に必然的に生じている社会問題について民俗学がすこぶる無力なのは、話者、老人、古老の心の問題を、民俗の枠組からはずしてしまっているところに一つの要因があったと思われる」［宮田 1996：187］と批判し、高齢化社会における民俗学の必要性について説いた。宮田の議論は、その後宮座や長老制の研究を行った関沢まゆみ［2000；2003］らによって拡大され、「老人の民俗学」として展開された。そこでは一貫して「われわれは昔から老人に話を聞いてきたではないか」といった、人類学にも見られた一定の語り口が好んで用いられ、民俗世界における積極的な老人像と「老人の民俗学」の意義と役割は強調された。

これによってこれまで被調査者としてのみ議論されていた老人にスポットライトが当てられることになったが、反面そこでの議論はどちらかと言えば懐古主義的な議論に終始しがちであった。また各自の議論に終始してしまい、たとえば日本の社会において老いることとは一体どういうことであったのか／どういうことであるのか、といったような枠組みを想定し議論するような作業はほとんど行われなかった。この風潮に対し、岡田浩樹は韓国の民俗儀礼を事例に日本における老人というカテゴリーの内実が持つ曖昧さや複雑さを論じ、「老人の民俗」として語ることの矛盾点と問題点を指摘した。岡田は民俗学において「老人の民俗学」が積極的に語られる背景には、民俗学が近代以降における否定的な老人のイメージを覆すことで、高齢化を迎えつつある現代日本に何らかの寄与を行うことができるという言説があると述べている［岡田 2001：464–465］。この批判は、一九九〇年代後半当時どこか無条件に用いられていた「老人の民俗学」という言葉がもっていた落ち着かなさをうまく言い当てていた。その後、岡田の批判を踏まえつつも「生きがいとしての人生儀礼」を積極的に評価すべきであると主張した真鍋昌賢［2002：71–73］の指摘は興味深いし、「語り手」として老人を位置づけた川森博司［1998］らの議論も展開されるものの、提唱者の宮田が急逝したこともあってだろうか、二〇〇〇年代後半には急速に影をひそめてしまい往時の勢いはない。

一九九〇年代後半から二〇〇〇年代にかけて見られた民俗学における議論の隆盛と衰微には、岡田の指摘するように、言説が先行し「老人の民俗」を自明視してしまったことに一因があったように思われる。さらにつけ加えるならば、当初民俗学者たちが批判していたはずの事態――老人たち自身の看過――を繰り返してしまったこと、それぞれの個別具体的事例を一歩進めて、議論を深化させることはほとんどできなかったことに敗因はあったのではないかと考える。

そもそも提唱者である宮田自身は「老人の民俗学」を民俗学の一分野としてそれを確立しようとしていたのだろうか。この点に関して岡田浩樹は、宮田は問題提起として老人を戦略的に対象化したのではないか［岡田 2001：460-461］と指摘している。そう考えるならば民俗学界における動きと、宮田自身の初発の意図は少しかけ離れてしまっていたような気がしないでもない。ここでいったん先にも触れた宮田の議論に立ち戻っておく。宮田は一九九六年に発行した著書『老人と子供の民俗学』のあとがきで民俗と老人の問題について次のように言及している。

古老たちはアカデミズム化した民俗学にとって、被調査者の位置づけに終始していた。日本が高齢化社会に突入した段階でも、民俗とは何かという課題をまともに論じていなかった民俗学にとって、古老の心のひだに分け入り、彼らの人間的な営みを十分に理解しながら心の通い合いをつづけ、そこからにじみ出てくるような民俗文化をとらえようとする姿勢は、ごく限られた民俗学者にのみもたれていた。とりわけ総合調査や共同調査の名のもとに行われる民俗調査では、話者である老人のライフヒストリーが一方的に無視されている。

高齢化社会に必然的に生じている社会問題について民俗学がすこぶる無力なのは、話者、老人、古老の心の問題を、民俗の枠組からはずしてしまっているところに一つの要因があったと思われる［宮田 1996：187］（傍線部は筆者による）。

「民俗とは何かという課題をまともに論じていなかった民俗学にとって」という手厳しい言葉には、宮田自身の民俗学に対する強い憂いを伺い知ることができる。話者そのものへの注目の必要性を説き、そこから民俗の枠組みへと還元する必要性を説いたことは、「生きる方法」としての民俗学［関 2001, 島村 2006 など］といった一九九〇年代後半以降の民俗学の新しいあり方に連なる試みだったと言っていいかもしれない。岡田が宮田の試みを「戦略的」［岡田 2001：460–461］であったと指摘しているように、宮田に高齢者問題になんらかの寄与を行うという展望（経世済民としての考え）もあっただろう。だが、何よりもそこには「民俗とは何か」という問題に、話者に向き合うことから立ち向かおうとする宮田の強い意思と姿勢があったのではないか。そう考えるならこれから考えるべきことは、人びとの「心のひだに分け入り」、「人間的な営みを充分に理解しながら心の通い合いを続ける」ことであるだろう。

4 問題と課題

(1) これまでの研究の問題点

文化人類学や民俗学における研究は、どちらかと言えば社会問題として取り上げられることの多かった老人や老いの研究に新たな視角を提供した。しかしながらいまだ発展途上の研究領域であることに変わりはなく、議論も十分ではないだろう。

もちろん先に取り上げたマーガレット・ロックの性別に着目した議論や、本章ではほとんど触れなかったが、健康状況の違いや前期高齢者／後期高齢者というような、ある一定の基準に基づいて高齢者をカテゴライズし細分化した議論は一般的になってきている。それでも社会的・文化的背景に対する配慮は十分ではないし、多くの場合は看過されている。そのため人びとの個々の経験は議論の遠景へと退いてしまい、超時代的な記述に陥ってしまう。結果としてライフコースの最終段階として考察すべき老年期を、老人たちの生きてきた文脈のなかで捉えることを難しくしてしまっているように見受けられる。

(2) 本研究の位置

では、どうすれば個別的な老いの経験をより効果的に議論することは可能になるのだろうか。第一に、社会学のエイジングに関する質的研究のようにエイジングという現象を人の一生というライフコース（生きるという過程）のなかで考えるために、「老人（the aged）」を対象とするよりもむしろ、「老いる（aging）」という経験そのものを対象とする必要がある。第二に、老人を問題という観点から考察するのではなく、また老い衰えることを積極的に読み換えるのでもなく、あくまでも衰退を含みこんだ存在・事象として可能性を問う必要もある。第三に、老いる人びとの経験を個々の問題に矮小化せず、彼ら／彼女らの生きてきた地域的社会的文脈と重なり合う、世代的に特徴づけられたものとして考えるべきである。

よって本研究では高齢者施設や病院といった限定された空間のなかで生活する老いる人びとよりも、地域社会のなかで生きる人びとの実践を歴史的・地域的な背景を踏まえて長期的に考察するほうがふさわしいと考えた。そこではより具体的なデータから立ち上げる必要があるため、量的な調査よりも質的なフィールドワーク、民俗学的な聞き書きといった手法が有効であると考える（方法論については第2章で具体的に議論を行う）。

序章の繰り返しになるが、本研究は「老い」に関して独自の文化的背景を持ち、高齢化の進む沖縄離島の事例をもとに、生活世界の文脈で「老いる」という経験を捉えなおすことを目的としている。具体的には、①「老い」という個別具体的な経験を「老いる（aging）」という動的なプロセスを「生きる」という社会的プロセス（ライフコース）の先にあるものとして再定置し、②多様な選択肢のなかで、柔軟／剛直な決断によって描かれる人びとの生の営みを考察したうえで、そこから得られた③老いる人びとの営みを世代的な知恵に変換することによって、④わたしたちの人生とこれからの社会をより豊かにする実戦的方法を学問的・実証的に提示することを目的にしている。

［注］

（1）ＩＬＯ（国際労働機関）やＷＨＯ（国際保健機構）が使用した言葉で、ウォーカーによって理論的に精緻化された。ＷＨＯによるとそれは、「アクティブ・エイジングとは、年を取っていく中で、生活の質（quality of life）を高めていくために『健康（health）』、『参加（participation）』、『安全（security）』のための機会を最大化するプロセス」［WHO 2002 : 12］である［前田 2006 : 8］。

（2）ヨーロッパ諸国においても、第二次世界大戦後まもなく老年研究は盛んになった。その国際的交流を図るべく開かれたのが第一回国際老年学会議（International Association of Gerontology［IAG］）である。一九五〇年ベルギーのブリュッセルで開かれたこの会議は［橘 1971 : 50］、以後三〜四年ごとに継続されて開催されている。

（3）老人とは一体だれを指すのか。片多順［1981］はそれを文化的・社会的なものである、といったように、誰を老人と呼ぶのかといった問いの答えは、それぞれの文化や社会によって異なっている。そのため、たとえば歴年齢や身体的特徴から一定の定義を与えることは難しいが、老年学をはじめ医学、心理学、社会学などの老人を扱う学問領域や老人のための福祉、医療など具体的な行政において老人はある程度固定化された概念として用いられており、ここで言う「老年層」という言葉はおそらく一九六〇年から開始された老齢福祉年金の対象である六〇歳以上を指す言葉として用いられていると考えられる。

（4）一九五〇年代半ば、日本でも老年学会は組織されていた。一九五六年（昭和三一年）一二月には「日本ゼロントロジー学会」の第一回総会が東京で開催され、一九五九年（昭和三三年）まで三回開催。その後この学会はクラブ的性質であったことを理由に解体されたが、同年「日本老年医学会（Japan Geriatric Society）」と「日本老年社会科学会（Japan Socio-Gerontological Society）」という二つの学会とその連合体としての「日本老年学会（Japan Gerontological Society）」が一九五九年に組織された。一九五八年前後にかけて老人福祉法制定を求める活発な動きは大きくなり、同年には初の全国老人クラブ大会、東京都福祉協議会が開催され、全国養老事業関係者会議では老人年金や老人憲章、老人福祉法の制定も決議されている。一九六一年二月には、自由民主党社会保障調査会に老齢部会が設置。同年一一月には同等の法案も発表された。一九六三年七月六日、厚生省社会局の作成した案は第四三回国会に提出され、世界ではじめて「老人福祉法」が成立。この年には「敬老の日」も制定され、マスコミも大々的なキャンペーンをはるようになった［湯沢 1978 : 6–9］。一九七二年に東京都老人総合研究所が設置されると、多くのプロジェクトが開始され、現在の日本における老年研究の基盤を作った。戦後の動きは欧米の状況に類するものもあるが、老年学の先進国アメリカに比べると老年学系の研究機関は限られている［冷水 2002b：46］など遅れた状況にある。

（5）プロダクティブ・エイジングとはアクティブ・エイジングという用語の使用される以前に多用された語句である。社会学者の前田信彦によると高齢者の経済活動への参加に関心が変化し、高齢者に就業を強制することになりかねないことへの懸念、精神的・内面的な活動性を軽視しているとの批判からあまり使われなくなった［前田 2006：13–14］という。

（6）社会学者の山田富秋は、この点に関して「老人や障害者の存在を不可視化する能力中心主義的な社会、そしてそこから導かれる弱者を差別する社会の批判を根本的なものとして、国家や個人といった誰がケアの負担者になるべきか、あるいは家族や施設や地域など、どのような場所にケアを求めるべきなのかといった議論のスペクトラムがある」と述べている［山田 2004a：4］。そこでは、家族による介護が女性に強制されていること自体も批判にさらされ、同時に「収容所」的な施設ケアの問題性が指摘される。そうしたなかで、施設におけるユニットケアへの転換や在宅ケアを中心とした地域ケアへの転換の必要性が議論の大きな潮流をなしたと述べる。また介護保険のスタートした後は高齢者の地域での生活をいかに支援するかが議論の焦点のひとつになっていると指摘している［山田 2004a：4］。

（7）アメリカの老年社会学の領域において構築された代表的な理論のひとつ。高齢期における適応に関する理論として構築されたもので、老年期において人間は様ざまな社会関係から離脱する、と考える理論［Cumming & Henry 1961］。

（8）離脱理論と同様にアメリカの老年社会学の領域において構築された代表的な理論のひとつ。個人の活動が大きいほど生活の満足度も大きいというもので、この理論によって高齢者の役割とは「役割がないこと（a roleless role）」という考え方から脱することになった［Lemon, Bengtson & Peterson 1972］。

（9）ロソーによるとアメリカ社会における高齢者は、近代産業社会への変動によって様ざまな影響を被った結果、「地位を低められ、不公平なステレオタイプで見られ、社会的な機会から排斥され、役割を喪失し、晩年に深刻な役割の曖昧さに直面し、若さの自己イメージを通して自己評価を維持しようと悪戦苦闘する」［ロソー 1998（1974）：15］のだという。高齢期の社会化は、通過儀礼が欠如し、重要な社会的役割から遠ざけられるため若い時期のそれと比すると困難（役割の不連続）を伴う［ロソー 1998（1974）：30–38］。

（10）社会学におけるライフコース論の最大の功績は、コーホート概念の提示にあると言われる［天田 2010（2003）：96–97］。ライフコース論を支える分析方法論のひとつがコーホート分析である。コーホート分析は、コーホート間で比較分析を行うことによって社会変動にアプローチする［和田・大久保 1991：61–87］。これによってある人生段階に特有の社会変動を受けた結果、どのような生涯を経過するかという「老年期社会化」への問題が射程可能になった［Clausen 1987（1986）：262］。

(11) 小倉はラディカル・エイジングの柱として次の四つを挙げている。

① 対象化・客体化された高齢者（the aged）の適応の問題から加齢プロセス全体（aging）の捉え直しの問題へと照準を合わせ直すことで、基底にある人間形成観そのものを根本的＝ラディカルに問い直し、その新たな位相を切り拓いていくことをめざす。

② ①の作業を、近代産業社会そのものを問い直す〈再帰的近代としての高齢化社会〉という歴史的ダイナミズムとの連関において行なうことによって、社会変動（変革）視点へと架橋する。

③ ①と②を媒介しながら、人間形成の新たな位相をささえ根拠づける存在論的基盤（トポス）の開拓の問題まで射程に入れることによって、新たな社会生成・社会構想への視界を拓く。問い直し（脱構築）で終わるのではなく、そのあとにいかに着地していくか、その方法の探索（生成と構想）である。

④ 以上の一連の作業は、「生産性／生殖性」を中心原理とした壮年期を頂点とする文化のもとで看過されてきた人生後半の意味地平をラディカルに媒介させることによってなされうる［小倉 2006：21–22］。

(12) 小倉はこの点に関して、「《人生後半の意味地平に理論的負荷を置きつつ加齢プロセス全体を捉え直していく》というミクロな作業は、近代産業社会に適合的であった人間形成観を、近代産業社会そのものを問い直す〈再帰的近代としての高齢化社会〉という歴史的社会的文脈から捉え直し、つくり変えていくというマクロな作業に架橋する視角を提供するのである」［小倉 2006：21］と述べている。社会学者の矢野亮は、同和地区の高齢者のライフヒストリー調査から、〈天田の指摘する現代の高齢化社会における傾向は認めつつも〉調査した同和地区では親密圏において意味のせめぎ合いを行ってきたがゆえに老いが通常とは違ったかたちで変容してきた可能性を指摘し、地域的な文脈における老いの多様性の存在について言及している［矢野 2004：105–107］。

(13) もちろんそうした老人たちも場合によっては「元気老人」や「寝たきり老人」としてひとくくりに描かれる可能性がないわけではない。実際本研究で取り上げるような沖縄離島における老人たちの生活は、ある文脈ではいわゆる医療難民として、また は別の文脈では沖縄的な「元気な老人たち」として描かれることは珍しくない。

(14) シモンズはHRAF（Human Relations Areas File）のなかから老人に関わる民族誌的なデータを収集し、そこから七一の未開社会のデータを利用して通文化的な老年・老人像を形成しようとした。［Simmons 1945］。

(15) エイジング研究に連なるもの、「エイジング研究に見向きもしなかった」人類学的研究の例外として挙げられることの多いいわゆる伝統社会の長老制や年齢階梯制といった研究は、確かに対象として老人の年齢集団を扱っているので老いる人びとに関する研究と言えなくもない。またそこから新たな議論が生まれることも当然考えられる。しかし人類学の初期に行われてきた伝統社会の長老制の研究はそもそも社会組織研究の一環として行われてきたもので、その目的と議論を考えればいわゆるレオ・シモンズ以降の老年人類学的研究と同等に扱うことは難しい。

(16) キースは老人に関する研究も人類学であることについて、次のような例を挙げたうえで主張する。彼女は老人の研究をしているという周囲の人びとから「それは本当に人類学なのか」もしくは「人類学というのは、エキゾチックな社会の研究を続け知られざる習慣と世界観について報告するものなのではないか（だからそれは人類学ではないのではないか）」といった意見を述べられるという。彼女はこれに対して、老人の研究もまた人類学的研究であると強調する。「老人たちは多くの産業社会においてエキゾチックな集団である。なぜならば私たちは彼らをアウトサイダーと見なしているし、彼らと距離を取っているし、そして彼らについてほとんど何も知らないからだ」[Keith 1982 : 1]（邦訳は筆者による）。

(17) アメリカ、サンフランシスコに住む六二歳から九四歳の四三五人の人に長期のインタビューを行い、老年期には価値観の変化や違う期待を持つことによって適応がスムーズになるという説を提出した。クラークはこれを「適応の作業（adaptive task）」と呼び、アンダーソンはこの過程を「脱文化化（deculturation）」とみなしている [Clark & Anderson 1964]。

(18) 科学技術の発展、医療技術の発展、都市化が老人の地位を変化させたというもの。この議論は多くの論議を誘い、その後修正もなされている。

(19) この流行を受け、アメリカ人類学会の七五回例会では「老年とコミュニティ形成」というシンポジウムが開かれている。

(20) 老親ともに存命で健康な場合、一ヵ月から四ヵ月おきに結婚している子どもたちの家をまわるシステムのこと。

(21) 一九八五年に中国政府は女性の権利を認める全国共通の相続法を施行し、一九八〇年代後半には老人の福祉政策にも力を入れはじめた。しかし老親介護は家族問題とする考え方は根強く、ほとんどの老人は年金を受け取っていない状況であったという [Ikels 1993]。

(22) 片多はAnthropology of aging もしくは、Gerontology and Anthropology の訳として老年人類学という言葉を用いている [片多 1981]。現在でも一般的に「老年人類学」や「老いの人類学」といった訳語は用いられる一方で、agingという言葉の原義に戻り「老い衰えゆくこと」などの言葉が用いられることも多くなっている [天田 2010 (2003)]。本書で「老いる」という動詞を用いているのも、aging の本義に戻り、生きるという動的な経験の連続として捉えようとする意図に基づく。

(23) 藤田は生きがいを文化人類学の立場から一つの文化的概念であると述べている。またクリフォード・ギアーツの議論に基づき「生きがいとは、ある文化で人が生きていくうちに、意義を見いだし、心の支えとして価値づけした概念」と定義している。つまり人は、単に生物学的に生存しているだけではなく、「人生とは何か」、「何のために生きるのか」、「どのような生き方をしたいのか」という問いを発し、生きることに意味づけをせずにはいられない動物で、その意味づけを行う際に人びとが知らず知らずのうちに依拠しているのが文化体系である。よって藤田は生きがい概念の考察は人びとの生活を形成している文化体系のなかで他の文化概念との結びつき方を明らかにすることになると主張している［藤田 1991：3–4］。

(24) たとえば、青柳まちこ（編）『老いの人類学』［2004］では、様ざまな社会の老人についての事例が紹介されている。

(25) ケアの議論は高齢者ケアに限定されるのではなく、病める人や障がい者の人びとのケアもその対象となる。

第2章　経験を考える

1　あなたの経験／わたしの経験

「老いる経験そのもの」と「老いる経験の物語」は異なるものである。「老いる経験そのもの」はそれを経験している本人しかわかりえないものであるし、本人さえ自らの経験のすべてを語ることはできない。わたしたちの経験にはほとんど意識にのぼらない経験はたくさんある。また「老いる経験の物語」はひとつではない。ある時は「衰えに対する気づきの物語」として示され、ある時は「介護やケアの物語」として示される。たとえ当事者は意識もしくは企図していなくても、老いる物語の一部もしくは老いる経験を形作る重要な手がかりとして解釈しうるような物語――ライフヒストリーに代表されるような人生の物語や日常生活における他者や死との関わり――も存在している。後者はいわば調査者の存在なしには立体化してこない物語で、こうした複数の経験や物語が重層的に存在すると言える。

すべてをひっくるめて「老いる経験の物語」として、筆者が同定し議論するのは問題ではないか、という批判もあろう。確かに人びとの自覚している「老いる経験」の「物語」だけを抽出し、吟味して考察する方が、わかりやすく「老いるという経験」の諸相をすくい上げることができるのかもしれない。しかし調査の初期において（筆者の未熟さを露呈することになってしまうが)、「あなたにとって老いることとはどういうことですか」という漠然とした、抽象的な問いかけでインフォーマント(語り手)から返された反応の多くは戸惑いと沈黙であったことを考えれば、老いるという経験は通りいっぺんのインタビューによって明らかになるとは思えなかった。なかには髪が白くなるとか、目がかすむとか、腰が悪くなるとか、膝が痛いとか具体的な身体的な衰えについて語る人もいたものの、それを考察するだけでは本研究の目的に照らせば、十分ではないだろう。

前章でも取り上げた更年期について議論を行ったマーガレット・ロックは、老いるというような身体感覚の体現化された経験について次のように述べている。

幸福、健康、病いをはじめとする身体感覚が体現化された経験は、生物学的身体によって一部つくられ、その生物学的身体はそれ自体が進化や、環境、食生活その他の要素に依存して生じる。体現化(embodiement)は、自己や他者がその知識や経験のローカルなカテゴリーによって、身体をどのように再現し語るのかにもかかっている。もし体現化が社会的におこなわれるとすれば、歴史も、政治も、言語も、また利用しうるかぎりの科学的知識を含むローカルな知も、必然的に関係してくる。生物学的なものも社会的なものも、双方ともに不確かで偶然的である、したがって——両者ともローカルなものなのだ[ロック 2005(1993):6]。

ロックはこの議論で女性の閉経という経験は複雑なプロセスであることに言及し、それを生物学的変化に心理的、社会的、文化的要素の重なった差異として説明できるとする。ロックは、ローカル・バイオロジーの立場から個々の主観的経験を重視し、社会的プロセスとしての老いを考察したわけである。ここには経験から見る可能性が提示されているように思われる。

本章では、他者の経験を表象することをめぐる諸問題を整理・検討することによって、経験という時間的深度を持った人びとの営みから老いるという事象を考えることの方法論的有用性について考察する。具体的にはヴィクター・ターナーらの「経験の人類学」の議論を中心に、ウィリアム・ジェイムズの「宗教経験」に関する経験に関する一連の議論や鶴見俊輔、作田啓一ら社会学者の戦争体験に関する「経験」と「体験」の議論などを比較しつつ、経験という視角の可能性について検討する。またライフヒストリー研究やエスノメソドロジーなど経験を対象化してきた手法を踏まえ、他者の経験を対象化する具体的な方法として民俗学的な聞き書きという方法を取り上げることの有用性についても議論を行いたい。

2 経験を考える

(1) 現実・経験・表現

他者の経験こそが主たる分析対象でありながら、それは困難極まりないことであることはフィールドワークという質的調査を主な調査方法とする人びとにとっては共通の課題であろう。そのため他者の経験を語ることをめぐる問題は、政治性を主題としたポストモダンの議論をはじめこれまでに多々議論されてきた。なかでも一九八〇年代に行われた「経験の人類学（anthropology of experience）」[1]における議論は、経験そのものを対象化しているという点で興味深い示唆を与えてくれる。「経験の人類学」とはその名が示すとおり[2]、どのように個々人が現実に彼ら自身の文化を経験し、どのように出来事が彼らの意識に受け止められているのか、ということに対して強い関心を寄せる領域である[3]。経験の人類学にまつわる一連の研究において、中心的な役割を果たした人物がヴィクター・ターナーとエドワード・ブルナーである。ターナーは経験に伴う困難さについて*Anthropology of Experience*（1986）で次のように述べている。

すべての人間科学と研究で、人類学は最も深く社会的なものと調査者の主体的な経験に関係している。自らの調査からもたらされ、観察されたすべてのことは、最終的には「調査者の視点（pluses）で」研究される。もちろんそこでは、多くのことが考慮され、計測され、統計学的な分析が行われる。しかしすべての人間行動は意味で充満させられており、理解されることもあるが、はかなく多義的なものであるので、意味を計測することは難しい［Turner 1976：33］（邦訳は筆者による）。

ターナーとブルナーは哲学者ヴィルヘルム・ディルタイの「わたしたちにとって現実とは、内的な経験によって与えられた事実の自覚のなかにしかない（reality only exist for us in the facts of consciousness given by inner experience）」［Dilthey 1976：161, Bruner 1986：4–6］という基本的立場を踏襲し[4]、個人の内的な経験を重視した。「経験（experience）」とは、わたしたち自身に認知されている経験を指すが、一般的には同義として用いられることの多い「行動（behavior）」とは概念的に別のものである[5]。何か「経験」について話すということは、単にわたしたちが実際にとった行動やそれに対する感じ方だけを述べることを指すのではなく、それに対するわたしたち自身の考え方も含み込んで述べるということである。話される「わたしの経験」とは「わたしが行ったすべての経験」を指し示すのではなく、「わたしの意識にのぼって記憶されていること」を指す。わたしたちは「すべての経験」を意識するわけではない。

わたしたちは日常的にルーティーン化された行動の多くを覚えていない。いったんは意識にのぼったとしても、ある部分はすぐに削除されるし、逆にある部分は実際の出来事よりも強調されて記憶される。また出来事を経験しているとき、出来事のある側面については全く気付くことはできないかもしれない。よってたとえ他者の経験に関するどんなに多くの手がかりを得たとしても（そしてすべての時間をその推測に費やしたとしても）、他者の経験について「完全に」知ることはできない。それどころか、自身の経験ですら語ることが出来るのは出来事の一部の側面にすぎないということになる。

どうすればその限界を乗り越えることができるのか。ディルタイは、わたしたちは「表現を解釈することによって経験の制限された輪郭を越える」［Dilthey 1976 : 230, Bruner 1986 : 5］（邦訳は筆者による） ことはできると述べ、表現——話されたこと——の重要性を指摘している。[6] もう少し言えば、ここには①現実（reality）——そこで実際におこっている／かもしれないこと、②経験（experience）——どのように現実は意識されているのかということ、③表現（expression）——どのように個人的な経験が形成されているのかということ、の問題が関わっている。[7] 当然のことながら①と③は同じものではない。だが、③は決して①や②から完全に切り離されているわけでもない。経験は文化的にあらかじめ仮定された経験の理解を通して形成される。わたしたちは自らの経験とそれに対する理解に基づいて、他者と他者の経験を理解している。こうした地平において、表現（話されること）とは、他から孤立したテクストではなく特定の文化社会的状況に生きる人びととつながったものであるということができる。表現を解釈することによって、わたしたちは他者の経験の一部を知る。

経験のなかで与えられたわたしたちの知識は、生活（life）の対象化とその解釈を通して拡大する。ひるがえれば、それは主体の経験の深い部分を繋ぎあわせる（plumbing）ことによって可能になるのかもしれない［Dilthey 1976 : 195, Bruner 1986 : 6］（邦訳は筆者による）。

(2) 他者の可能性

ディルタイに基づくターナーとブルナーの議論は、経験そのものはその経験をした本人ですらすべて語りえることはできないのだという他者による経験の把握の限界が示されている。同時に経験に関する表現を通して他者のすくい上げることのできる経験（ターナー流に言えば表現）の可能性も見て取れる。もっと言えば、ここでは直接議論されてはいないが、他者だからこそすくい上げることのできる経験の側面もあるということになる。

他者の可能性について、ロジャー・アブラハムは具体的に議論している。よってエスノグラフィーには二重の経験が存在するという意味において経験の一部であると同時に、目撃者でもある。わたしたち調査者は参与しているとい る。このうちひとつはフィールドにおける調査者自身の経験および調査対象に対する理解であり、もうひとつは調査対象者自身の経験およびわたしたち調査者にとっての彼らの経験である［Abraham 1986：45–72］。

この点についてレナート・ロザルドはフィリピンのイロンゴト族の事例をもとに民族誌的に明らかにしている。イロンゴト族は実際の狩りを「良い話」として持ち帰るために直接的な経験を部分修正するという（場合によっては森での行動そのものも大きく改変してしまう）。彼らはハンターであると同時に語り部でもある［Rosaldo 1986：97–138］。ロザルドの議論に従えば、彼らの経験は彼らの物語によって変質しうるものである。ここでは他者の存在は複奏的な経験をもたらすものとして議論されているが、言いかえれば、経験した本人が意識していない場合（語られない経験）であっても、他者を通じて感得される経験から、それ（語られない経験）をすくい上げることができるということにもなろう。この点は他者の経験を考察することの有用性を考えるうえで重要である。ターナーは『象徴と社会』という著書で社会学者ズナニエツキ(8)の研究について次のように述べている。

彼（＝ズナニエツキ）にとって、社会学的な資料か否かを見きわめる基準とは、主体としての人間ではなく、他者の行為の客体としての人間なのである。彼は社会学者による個人的な体験と観察、ならびに他の人びとによる個人的な体験と観察をもとに資料を提出している。体験は本人によるものであろうと、他人のものであろうとかまわない。また観察も、直接的でも間接的でもかまわないのである。社会学的研究において個人的な資料を利用することの意味は彼のそうした意見から充分に読みとれると私は思っている［ターナー 1981 (1974)：30］（傍線および丸括弧内は筆者による補足）。

ターナーは、ズナニエッキは意識的な動因と行為の役割を強調し、自然的体系を「客観的に与えられ、人間の経験及び行動とは無関係に存在する」ものとし、文化的体系を「人間による参加と相互関係に立脚してはじめて存在し、意味をもつようになる」としているとする［ターナー 1981 (1974)：30］。ここでは主体としての人間ではなく、他者の行為の客体としての人間が議論の溯上にあがっている。ターナーは研究者による個人的な体験と観察、他の人びとによる個人的な体験と観察の両方が資料となりうるという立場を取っている。

(3) 経験／ある経験

ターナーはディルタイの区別に従って、経験を「経験（experience)」と「ある経験（an experience)」を分けて論じている。「経験（experience)」とは「単なる受け身の忍耐であり出来事の承認」であり、「ある経験（an experience)」とは「禅の庭の石のように平たい過ぎゆく時間と年月からでき上がっており、ディルタイが〝経験の構造〟と呼んだものを構築する」ものである［Turner 1986：35］。この区別に対しブルナーは、「経験」を「意識によって認識される個人的経験で、一時の流れ」とし、「ある経験」を「間主観的な経験の明瞭な表現で、そこにははじまりと終わりがあり、表現として変換されるもの」である［Bruner 1986 : 6］と説明している（邦訳は筆者による）。

ターナーやブルナーの言う「ある経験（an experience）」とは、いわば「語られる経験」であろう。川田順造は「物語」は、「はじめと終わりのある、ひとまとまりの言述（ディスクール）として、少なくとも発話者によって意識されている言述を指し、おそらく物語という用語の最広義に用いる」［川田 1992 : 186］と、物語の特徴を述べている。また川田は「『かたる』行為が、『かた』になる『かたい』『かたまった』ものを、ことばで型《かた》取り、象《かたど》る行為であるとして、もとになる『かた』のあり方には、大別して二種のものを見るべきであろう。『かた』がすでに、はじめと終わりをもったひとまとまりの言述としてある場合と、かたる者自身の生の体験（記憶）である場合とである」［川田 1992 : 266］（ルビは原文のまま）とする。物語の特徴は、ターナーの言うところの「ある経験」（もしくは「表現」）と同質のものであると言える。

何らかの経験がはじまったばかりの時に、それはまだ終わっていないので、わたしたちは何を経験しているのか知ることはできない。よって当然それらを語ることはできない。前節で述べたとおり「ある経験」とは、経験そのものではなく「表現」であるので、それは完全に話者自らが考えていることや感じていることのすべてが述べられているわけではない。このように現実、経験、表現の間には不可避のギャップが存在しており［Bruner 1986 : 7］、経験を主題化するものにとってギャップは常に問題となる。「経験」とは、わたしたちの意識がどのように現実を表現しているのかの表出であり、「表現」とはこの個人的経験がどのように形成され、組織化されているかの帰結であると言える。ディルタイは人生とは一時的な流れであり、絶えず動いている連続（restless progression）であると述べている［Dilthey 1976 : 239, Bruner 1986 : 8］。ここで言う過去とは「再生産された記憶」のことであり、「期待と潜在可能性」によって現在は未来と繋がれている。現在の経験とは過去を説明するものであると同時に、未来を期待するものなのである。

(4) 個人的経験と感情

ディルタイの議論をもとにターナーやブルナーらによって展開された経験の人類学の議論では、とくに経験とそれに伴う表現（語り）に重きが置かれているが、これらの議論に先立って行われた経験に関する議論のひとつに、一九〇〇年代にアメリカの心理学者ウィリアム・ジェイムズによって行われた個人的経験に関する議論もある。[9] ジェイムズは宗教における回心や神秘的体験、祈りなどの主観的な経験——「個人的な経験」——に着目し分析を行っている。彼は『宗教的経験の諸相』[10]のなかで、宗教は人生の具体的な経験の事実であり、経験の対象たりうるものは現実的なものとして認められねばならないと主張している。[11]「人間めいめいとしては、どんな経験であろうと、自分自身の経験のなかに留まるのが、そして他人としては、めいめいの者をそのままにしておいてやるというのが」最善であると述べ［ジェイムズ 1970（1901-1902）: 342］、「科学の方は個人的見地をまったく放棄する」のに対して、宗教は個人的経験が重要であるとする［ジェイムズ 1970（1901-1902）: 346］。

個人的経験とは単に自己中心的な地平だけを提供するのではない。ジェイムズによるとわたしたちの経験の世界は、客観的な部分と主観的な部分との二つの部分から成り立っており、客観的な部分の方が主観的な部分よりもずっと多い。客観的な部分はどんな時にでもわたしたちが考えることのできる一切の事物の「総計」であるが、主観的な部分は志向が行われる内的「状態」であるということができる。ジェイムズはこの点に関して次のように述べる。

内的状態は私たちの経験そのものである。内的状態の実在性と私たちの経験の実在性とは一つである。意識の場プラス感じられた、あるいは考えられた意識の対象プラスその対象に対する態度プラスその態度が属している自己の感覚――このような具体的な個人的経験は小さなものであるかもしれないが、しかし、それは存続しているかぎりは実質のあるものである［ジェイムズ 1970（1901–1902）：358–359］。

ジェイムズのこの立場は、ターナーの「『経験（experience）』とは、わたしたち自身に認知されている経験である」という定義と類似したものであろう。「もしそれが真であるなら、経験の自己中心的な要素は削除さるべきであると科学が言うのは、不条理である」［ジェイムズ 1970（1901–1902）：359］と述べているのは興味深い。彼の「私たちが私的および人格的な現象そのものを扱うやいなや、私たちはもっとも完全な意味での実在を扱っているのである」［ジェイムズ 1970（1901–1902）：357–358］（傍点は原文のまま）という言葉に端的に表れているように、実在の軸は（ジェイムズによると）自己中心的な場所しか通過しないので、世界を叙述するのに、個人的な運命の危機のさまざまな感情、さまざまな精神的態度を除外するのは、お腹がすいている人に「食べでのある食事の代わりに、印刷した献立表を出す」［ジェイムズ 1970（1901–1902）：359］ような、的外れなものになるに違いない。

経験における個々の感情の重要性については次のようにも述べている。「個性は感情に基づいている。そして感情の奥底、すなわち性格のより暗くより盲目的な層こそ、私たちが真の事実の生成過程をとらえ、事象がどのようにして起こるか、業《わざ》が現実的にどうしてなされるかを直接に知覚する、世界における唯一の場所なのである。このいきいきとした、個人化された感情の世界と比べては、知性の観想する普遍化された対象の世界などは、中実《なかみ》もなければ生命もない」［ジェイムズ 1970（1901–1902）：362］（ルビは原文のまま）。ジェイムズのこの議論は、宗教的経験を説明しようとするものだけれども、人びとの経験が生き生きとした経験が感情と分かちがたく結びついていることは、何も宗教的な経験のみに限られたものではない[12]。意識の問題について論じたデネットは「精神分析という名のパーティ・ゲーム」の思考実験[13]［デネット 1998（1991）：24–25］を例に、人の知覚が当人の現在の期待や関心、こだわりや心配などによって左右されていることに言及している。

(5) 経験と体験

ジェイムズの定義に従うならば、経験を考えることはそれに伴う感情込みで考察することになると考えるのはおそらく間違いではない。西欧キリスト社会をバックグラウンドとした彼の議論をそのまま日本社会の事例に当てはめることは難しい。しかし、感情という部分に焦点を当てることは人びとの経験を焦点化させるうえで重要な視点であると考える。感情を視野に入れた議論のひとつに、戦後の戦争体験にまつわる「体験」に関する議論がある。鶴見俊輔は、日高六郎、上山春平、作田啓一、多田道太郎、橋川文三、安田武、山田宗陸と行ったシンポジウム「現代日本の思想——戦争と日本人」において、日本人の戦争体験というものに関して次のような発言をしている。

> 「経験」と「体験」というのはどう違うかという問題なんですけれども、「体験」というのは、だれか自分というものがあって、その自分が自分の肉体を通して経験した、しかも、自分がその経験について目撃者としての責任を持つから、自分のなかに、その経験が思想と化してある種の遺産になって蓄積されていく性格を持っている。また、自分の持っている思想的方向性によってゆがめられていくきっかけもある。ゆがみもあり、またそのゆがみに対して責任があるというふうな「経験」の蓄積形態が、「体験」だと思うのです。
>
> よく、「経験」を「体験」までに高めなければいけないという主張を時々エッセイストの文章のなかに見るのですけれども、それは「理論」を「思想」に高めなければいけないというのと、並行して出てきている問題のような気がするのです。

だから、「経験」と「体験」とどちらがたいせつかといって、「経験」より「体験」のほうが常に上だとは言えない。「体験」より「経験」のほうが広いわけですから、つまり他人の経験もあるし、追試という形での公けの実証と決定的に結びつくのは、「体験」ではなく、「経験」だと思うのです。だが、人が生きてゆく上で非常にむずかしい問題に出会って、それをある仕方で解くというふうな時には、その基礎になるのは「体験」なんです。個人の決断の基礎には「体験」があると思う［鶴見 1967：4–5］（傍線部は筆者による）。

鶴見の見解を受け社会学者の作田啓一は、「経験」は「ただ傍観して認識したり感じたりするだけで、特になにかが奪われるということがなくても成り立つ」が、体験は「極端な場合でしたら生命を奪われるというような、何かのディプライヴェーションがないと成り立たない」［作田 1967：19］と述べている。鶴見のそれは戦争体験をもとに論じられているし、鶴見の発言を受けて行われた作田の定義は、戦犯受刑者の遺書および遺稿の研究を背景に語られているため、一般的な経験や体験のそれと同列に扱うことには注意が必要であろう。しかし、鶴見の体験には「私性《わたくし》」がある［鶴見 1967：5］（ルビは原文のまま）という点に関しては、おそらく戦争体験という特異な出来事に限られる議論ではない。鶴見によればこの「私性」は、肉体ともからむものでたとえば「あいつは虫が好かん」とかいったような、絶えず自分勝手な判断につながるという傾向を持つ(14)［鶴見 1967：7］という。

鶴見や作田の指摘に従うならば、ジェイムズの言う宗教的経験の多くはまさに「体験」のひとつであると言えるかもしれない。先に挙げたターナーらの言う経験のなかにもこうした「体験」が含まれていることにもなる。鶴見は「人が生きてゆく上で非常にむずかしい問題に出会って、それをある仕方で解くというふうな時には、その基礎になるのは『体験』なんです。個人の決断の基礎には『体験』があると思う」［鶴見 1967：4–5］と述べる。

本研究では老いる経験を考えるうえで経験と体験を区別して考察を行うことは考えていないが、いわゆる「経験」

だけでなく「体験」をも含み込んだ「経験」を考えていく必要があるだろう。そしてそこではジェイムズの言う感情や鶴見のいう「私性」を抜きに考察することは難しい。

(6) 小括

経験の考察には先に挙げた現実・経験・表現に伴うギャップの問題などいくつかの困難さは確かに存在する。しかし経験に関する諸議論がわたしたちに教えてくれるのは、困難さよりもむしろ可能性である。経験を考えることはたんなる出来事の検討にとどまらない。経験という動的なアクションを考えることは、現在だけでなく、現在につながる過去、未来にも考えることにつながり、それを経験した人びとの私性、情感も含めて考える可能性も秘めている。

本研究では、語られる老いる経験（ターナーの言うところの表現）を中心に、観察者の観察した経験を交えながら老いる経験を考察していきたい。具体的には①本人に「老いる経験」として明確に自覚された経験（たとえば、家族間や地域の役割変化に伴う経験や身体的な衰えに関する経験）を第4章と第5章において、またそれだけでなく②「いま―ここ」の老いる経験を理解するうえで必要な経験（人生の経験に関する物語）を第6章で、③本人に「老いる」経験として自覚されてはいないけれども、他者（調査者）から観察しうる、老いる経験（たとえば、死という未来との対峙の経験）として考察すべきだと判断できるものについても第7章および第8章で取り扱う。このように重層的に経験という事象を取り扱うことによって、老いるという事象をより被覆的に捉えることも可能になるのではないかと考える。またこれらの語りは調査者（筆者）とのやりとりから生まれたものであり極力それを省くことなく、記述においては調査者である「私」の存在を含めて記述していくこととしたい。

こうした試みは経験の人類学に限らず、本章第3節で取り上げるエスノメソドロジーなどの日常的実践に関する研究のなかでも展開されている。田辺繁治は日常的実践を「社会的世界と個人の経験との関係のなかで構成されるすべての人間行為」[田辺 2002：3] とし、制度、規則や規範に従属することによって人びとの行為は生み出されるのではなく、過去からくり返されてきた慣習によって生みだされるのではないか、と述べている。そのうえで「慣習やルーティーンとは過去から反復されてきた不変のものではなく、むしろその反復は変動と差異をともないながら実践を生みだす」ため、人びとの日常的実践は、「それぞれの場面において能動的に社会にかかわりあいながら社会的世界を構築していく過程」だと考えるべきだと主張した [田辺 2002：3]。田辺は語りを含む多様な日常的実践を、個人の孤立した行為ではなく、心、身体、モノ、文化とそれらのすべてに連動する活動によって組織される実践ととらえ、この実践が生成し、組織され、変動する場所としてコミュニティを研究対象とすることは、人びとの社会的世界が構築される過程を理解するうえで重要であり、二十一世紀の人類学が貢献しうる最大の概観を提供する [田辺 2002：31] と述べている。

老いる経験の対象化もこうした日常性への議論に貢献しうる可能性を持っていると考えるが、本章の目的とは異なるためここでの議論は控える。では、具体的にはどうすればそれを掬い上げることが可能になるだろうか。

3 聞き書きの方法論

(1)『忘れられた日本人』から

〈トシヨリ〉のところいったら〈トシヨリ〉っぽい。(二〇〇四年九月二日)

調査地の島で八〇歳代の女性に言われた言葉である。自分は〈トシヨリ〉で〈トシヨリ〉っぽいから、当時二〇代後半で彼女にしてみれば「年若かったわたし」（筆者）には〈トシヨリ〉の話は面白くないだろう、という意味で投げかけられた言葉だったが、調査を行ううえでいつも頭の片隅にあった言葉だった。ここで彼女の言う〈トシヨリ〉らしさとは一体どのようなものだったのだろうか。〈トシヨリ〉についての民俗誌を書いた宮本常一は『忘れられた日本人』[15][2002（1960）]のあとがきで古老たちを取り上げた理由について次のように記している。

これらの文章ははじめ、伝承者としての老人[16]の姿を描いて見たいと思って書きはじめたのであるが、途中から、いま老人になっている人々が、その若い時代にどのような環境の中をどのように生きて来たかを描いて見ようと思うようになった。それは単なる回顧としてでなく、現在につながる問題として、老人たちのはたして来た役割を考えて見たくなったからである［宮本 2002（1960）：305］[17]（注は筆者による）。

宮本が全国を歩いて繊細な聞き書きをもとに描いた村々の老人たちの話をもとに編まれた『忘れられた日本人』は宮本の代表作の一つである。そこには村々の老人たちとともに宮本の祖父の話も描かれている。

ある日、日がくれかけて、谷をへだてた向うの畑を見ると、キラキラ光るものがある。何だろうと祖父にきくと、「マメダが提灯をとぼしているのだ」といった。マメダというのは豆狸のことである。マメダは愛嬌のあるもので、わるいいたずらはしないし、人間が山でさびしがっているると出て来て友だちになってくれるものだとおしえてくれた。実はこれは粟畑の鳥おどしに鏡のかけらをさげていたのへ、夕日が反射して光っていたのである。その事は後に父からおしえられた［宮本 2002（1960）：203］。

宮本は「マメダがキラキラする提灯をとぼしてくれることが、夕ぐれのひとときの大きななぐさめになった」［宮本 2002（1960）：203］と記す。宮本は八、九歳になるまでこの祖父に抱かれて寝ており、山仕事へも一緒に行っていた。その際、たくさんの昔話を祖父から聞いたという。上述したマメダの話もそうした昔話の一つである。

宮本の祖父の物語は祖父の経験の物語であるとともに、宮本自身の幼き日の経験の物語でもある。「どこにおっても、何をしておっても、自分がわるい事をしておらねば、みんなたすけてくれる」［宮本 2002（1960）：203–204］、「納得のいかぬことをしてはならぬ」［宮本 2002（1960）：207］といった人生訓や、盆のほとけ参り、正月の親類まわりといった「世間のつきあい」［宮本 2002（1960）：208–209］は祖父から身をもって学んだ生き方で、その後も宮本のなかに息づいていたにちがいない。個人の経験が単なる個人に帰結する経験でないことを感じさせられるエピソードである。こうした経験のリンクは、祖父のエピソードのみに見られるものではない。ある村の寄合の様子について触れた一節には次のような小話が記されている。

私はそれで今に忘れぬ思い出がある。子供の頃であった。村の寄りあいへ何となくいったのである。祖父についていったのか、父についていったのかも明らかでない。大ぜいであつまって話しあっていた。そしてその中の一人が大きい声で何かしきりに主張していた。子供だから話の内容はわからなかったが、とにかく一人でしゃべっている男の印象だけつよくのこっている。ところが、一人の老人が、「足もとを見て物を言いなされ」といった。すると男はそのままだまってしまった。その時の印象が実にあざやかにのこっている［宮本 2002（1960）：39］。

古老たちの経験を記述しながらも、ここには宮本自身の経験と実感がちりばめられている。(18) ここに他者の経験と対峙するヒントが隠れているように思う。「いま老人になっている人々が、その若い時代にどのような環境の中をどのように生きて来たか」という問題を「現在につながる問題として、老人たちのはたして来た役割を考えて見たくなった」〔宮本 2002（1960）：305〕と述べているように、村落社会で生きてきた老人たちの「いま」だけではなく「これまで」に力点が置かれている。そして彼らの「これまで」は「いま」と深く関わっていることが同時に示される[19]。

老いる経験を記述するうえで、「これまで」（過去）との関わりに重きを置いた宮本の手法は示唆的である。『忘れられた日本人』における著述はいわば第1章でも触れたライフヒストリー的特徴を兼ね備えているが、宮本が民俗学的な聞き書きによって記した老人たちの物語は、録音機器やワープロ機器の発達以前のもので、宮本の記録と記憶によって再構成されている。そのため、蓄音機で逐語的に文字化されたライフヒストリー研究とはいささか事情が異なるかもしれない。その点で宮本の一連の記述はライフヒストリーというよりも、生活記録や人生の一時期、生活の一コマを語るライフストーリーの集積によって組みあげられた生活史であるといった方がより正確であるかもしれない。

そこには宮本の主体的なかまえが存在する。上述した村の寄合にまつわる祖父のエピソードは当該社会における老人の地位と役割を物語る好例だが、このエピソードを老人の経験として提出しているのは宮本自身であって、祖父や老人たちではない。しかしそれはひるがえせば宮本の解釈こそが、連続した事実（現実）をある意味を持って浮かび上がらせているのである。実はライフヒストリーにおいても同様のことを指摘しうる。先にも述べたとおり、ライフヒストリーとは人びとが語る人生や出来事を「調査者が伝記的に編集して記述したもの」を指し、そこには調査者の解釈は必ず介在する。

(2) 現実とイメージ

これらの問題は何も調査においてのみ問題となるのではない。わたしたちは日常的にあらゆる場面で解釈を行っている。だからこそ経験の議論において他者という存在の可能性を見て取ることができる。丸山眞男はイメージが創りだしている現実の曖昧さについて次のように述べている。

イメージというものはだんだん層が厚くなるに従って、もとの現実と離れて独自の存在に化するわけでありまして、つまり原物から別の、無数のイメージ、あるいは本物と区別していえば、化けものでありますが、そういう無数の化けものがひとり歩きしている、そういう世界の中にわれわれは生きているといっても言い過ぎではないと思います。……つまり本物自身の全体の姿というものを、われわれが感知し、確かめることができないので、現実にはそういうイメージを頼りにして、多くの人が判断し行動していると、実際はそのイメージがどんなに幻想であり、間違っていようとも、どんなに原物と離れていようと、それにおかまいなく、そういうイメージが新たな現実を作り出していく――イリュージョンのほうが現実よりも一層リアルな意味をもつという逆説的な事態が起るのではないかと思うのであります［丸山 1961：127–128］（傍点は原文のまま）。

丸山のここでの指摘は、イメージについての所感を述べているのであって、他者の経験の解釈の問題を指摘しているわけではない。だが、日常的な解釈が繰り返されているといった点では解釈を取り巻く諸問題とも共通する部分がある。そもそも日常生活において他者を理解する場合わたしたち自身の経験と理解を基礎に置いている。他者（調査者）の解釈がまるっきり日常的な他者理解と大差があるわけではない。だからこそ、こうしたあたりまえの作業を研究方法として検証するにはいくらかの工夫がいる。

(3) 「聞き書き」の可能性

① ライフヒストリー研究とエスノメソドロジー、社会構成主義

他者の経験そのものを考察してきた代表的な研究のひとつが、第1章でも取り上げたライフヒストリー研究であろう。ライフヒストリー（生活史）とは、人生の再現の集積である。[20] 一般的に「個人の一生の記録、あるいは、個人の生活の過去から現在にいたる記録」［谷 1996：4］（傍点は原文のまま）と定義され、具体的には口述史、自伝、伝記、日記を指す。録音機器の発達以降は、とくに口述史の聞き取りが最もメジャーな方法となっている。

このうち口述史（オーラル・ヒストリー）は、社会学者谷富夫によれば調査者の質問に答える対話形式で調査対象者に生まれてから今日までの歴史を語ってもらうもので、方法論としては、録音機で録音し、逐語的に文字化し、その記録から重複や不要部分を削除もしくは順序を入れ替えるなどの編集作業を施して、ライフヒストリーに仕上げる。よってライフヒストリーとは、正確に言えば、人びとが語る人生や出来事を調査者が伝記的に編集して記述したものを指し、その方法とは「対話形式で調査対象者に生まれてから今日の歴史を語ってもらったものを調査者が編集する」といった方法であると言える［谷 1996：4–6］。こうした方法によって行われてきたのが前章で触れた社会学的なライフヒストリー研究であった。質的なエイジング研究において主流であるこの調査法は様ざまな批判が行われつつも、中心的な役割を果たしている。

これに対しハロルド・ガーフィンケルやハーヴェイ・サックスによって大成されたエスノメソドロジーは、日常的実践に着目しその生成の分析に力点を置いた研究という点で経験を考えるうえで重要な示唆を与えてくれる。ガーフィンケルは「エスノメソドロジーとは社会のメンバーがもつ、日常的な出来事やメンバー自身の組織的な企図

をめぐる知識の体系的な研究だ」［ガーフィンケル 2004（1974）：19］（傍点は原文のまま）と述べる。山田富秋によるとそれは「きわめてローカルな文脈において現象を生まれるままに忠実にたどろう」［山田 2004b：8］とする立場であると言う。エスノメソドロジーの主流は会話分析だが、会話分析を行うことがエスノメソドロジー研究の本願なのではない。ドロシー・スミスが、構造化されていない学生インタビューを分析し、Kという人物が友人によって精神病と定義されるまでの経緯を分析している［スミス 2004（1978）：87–166］[21]ように、日常の生成の場面に重点を置くうえで会話分析をすることもあるといった方が正しい。

エスノメソドロジーと同じく日常の構成の場面に着目したのが、ケネス・J・ガーゲンらによる社会構成（構築）主義の一連の仕事である。彼らはとくに言語機能に注目することによって、日常に光をあてた。この点についてガーゲンは次のように述べている

> 言語を含む世界や文化全体に視野を広げ、言語がその中でどのように機能するのか、つまり、言語による構成がすなわち文化への参加であるということに焦点をあてた研究も多くみられます。こうした研究では、対話がいかに私たちの生を、私たちが当たり前としているやりかたで『構成』していくか——例えば男性／女性として、黒人／白人として、若者／老人として——が明らかにされます。言葉は、私たちの生を創造するという点で非常に重要ですが、その重要性は、行為のパターン、物質的な状況、社会的な慣習の中にはめこまれてこそ生まれるものなのです［ガーゲン 2004（1999）：95］。

またそこでは語りを進行中の関係性として捉え、意味は関係性の内部に生まれる［ガーゲン 2004（1999）：329–354］。

ライフヒストリー研究もエスノメソドロジーも、社会構成主義もそれぞれの立場から人びとの実践や日常にアプローチしてきた分野であると言える。しかしこうした対話の生成の場面に注意を払いながら経験に着目してきた分野がもうひとつある。それが宮本常一の例に見た聞き書きを主たる方法として人びとの経験に着目してきた民俗学である。

② 民俗学と「聞き書き」

民俗学における聞き書きとはいわゆるインタビューではない。そこで重視されるのは人びとの意見ではなく経験である。対話を繰り返すことによって、被覆的に再定義される過程そのものを指すと言ってもよい。そして人びとの生活そのものを考えるために専らその方法と採用してきたのが、先に挙げた宮本常一や柳田國男といった民俗学者であった[22]。

宮本常一の例に見てきたとおり、人生の生活史（人生史）を語ることは単なる一方的な情報運搬の行為を意味しない。それは聞き書きという過程を介して行われる、被覆的に繰り返される自らの足跡の再定義の過程である。そしてそこで得られた聞き書きの集積は、話者の個人的な経験のみに還元することができない、重層的な地域的・歴史的な経験として立ち現れることになる。また、人びとの生きられた経験の語りは、時に外部（全体）の時の流れとは別の速さで、個人の生き方の緩急によって立ち現れてくる。彼らの歩みをあぶりだすには、おのずと話者自身の今と過去の自己との対話に耳を澄ますことが求められる。話者と調査者の往還の行為すべてが聞き書きという行為だと言えるだろう。

聞き書きにはその方法論ゆえの限界はある。先の経験に関する議論のなかでも触れたとおり話者ですら語れない知、ポランニーの言うところの暗黙知［ポランニー 2003（1967）］が存在するのだから聞き書きという行為では知りえない話者の知恵がある。しかしながら、聞き書きという行為はいわゆる参与観察を通して観察者が徐々に話者のなかへと参入していくという過程であって、それは他から独立した行為ではないことを考えれば、話者の聞き書きという方法を中心に据えることは、本研究の目的と照らしても的外れではあるまい。とくに経験という当事者すら捉えがたい現象を対象化しようとする場合に聞き書きという方法をその主軸に置くのは、調査者と話者とのやりとり、被覆的な行為そのものを対象化するうえで、人びとの経験の多様な側面を記述する可能性を持つと考える。このような意図によって本研究では主に聞き書きという方法によって調査を行った。

日本には近代においてヨーロッパ流の自我の確立が成功しなかったと評した益田勝実は、「日常生活は〈群れ〉に守られ、〈群れ〉とともにしか行われていない。〈個〉の存立の場は、そこには少しもなかった」［益田 1964：49］と述べた。益田の指摘するように、沖縄離島で生きる人びとの経験も、「群れ」と共有されており、決して独立したものではない。他者の経験を考えるうえで、表現＝話に着目する必要はあるが、それも「群れ」と共有されているものである。本研究では個別具体的な他者の経験を議論にのせるが、そこではいき過ぎた構築主義的思考も注意深く避ける必要がある。大切なのは構築主義の議論で対話に着目したガーゲンが行為のパターンや、物質的な状況、社会的な慣習に注意するよう喚起しているように、あくまでも具体的な経験の検討を行い、「群れとしての経験」の視座を忘れないことにあるだろう。

老いを老いるという経験から考える利点は、老いをある限られた範囲の人びとが関係する事象ではなく、生きている人びとすべてに関わるものとして議論する可能性を提供してくれる点にあると考える。また経験の語りには過去・現在・未来が含まれているので、それを見ることはおのずと老いることを生きることへと再定置することにもつながる。本研究はこうした立場から老いるという経験を対象としようとする方法論的な試みでもある。

[注]

(1)「経験の人類学」という言葉は、一九八〇年代にアメリカ人類学会の年会のシンポジウムにおいてターナーによって提唱された[Bruner 1986：4]。

(2)ブルナーはターナーと考えた「経験の人類学(the anthropology of experience)」の名称に代わる他の候補として「プロセスの人類学(processual anthropology)」や「ポスト構造主義人類学(poststructural anthropology)」、「解釈的、解釈の人類学(hermenutic or interpretive anthropology)」があったとしている(邦訳は筆者)。結果として経験という言葉を用いたのは、経験、プラグマティック、プラクティス、パフォーマンスを焦点化するためであるとしている[Bruner 1986：4]。

(3)エドワード・ブルナーとの共編の論文集『Anthropology of Experience』[1986]では、人類学だけでなく、より広い人文学的な立場からも議論が行われている。ブルナーによるとターナーは一九八二年の時点ですでにこのトピックで独自の検討をしていたという。ターナーの死後発表されたこの論文集は、一九八三年にターナーが亡くなった時点ではまだ準備段階であったが、アイディア自体は一九八〇年のアメリカ人類学会の年会のシンポジウムにあり、ターナーはブルナーとともにその中心的役割を果たしていたという。論集には当時のシンポジウムのパネリスト全員に加え、ジェームズ・フレナンデス、フレドリック・ターナー、フィリス・ゴルファンらが加っており、クリフォード・ギアーツがコメントを寄せている[Bruner 1986：3]。

(4)ターナーの経験に関する議論は、主にドイツの思想家ヴィルヘルム・ディルタイの経験の概念(Erlebnis, lived through)に基づいて構築されている。

(5)ブルナーによると「行動」とは、あたかもある人がある出来事の観客であるかのように、ある他の誰かのアクション(action)を記録するという、外部の観察者を暗示するような概念である。そこには繰り返される日常的なルーティーンも含まれる。しかし「経験」は「もっと個人的なもの」である[Bruner 1986：4]という。

(6)ここでいう解釈とは、理解であり、解釈であり、解釈学の方法論であり、表現とは表象、パフォーマンス、対象化、テクストを意味する。表現(expression)は他者の経験を大切に保護することで、ターナーは、これに関して「かつて生きていた人びととの経験の結晶化」であると表現している[Turner 1982：17, Bruner 1986：4-5]。

(7)たとえばライフヒストリーにおいても、「わたし」が常に存在感を示しているように[Bruner 1989：7]、生きられたものとしての生活(現実)と経験されたものとしての生活(経験)、話されたものとしての生活(表現)の間には区別がある[Bruner 1986：7]。

(8)『生活史の社会学――ヨーロッパとアメリカにおけるポーランド農民』[トーマス&ズナニエツキ 1983(1927)]をトーマス・

ウィリアムとともに著したロシアの社会学者。

（9）ロジャー・アブラハムは、「経験の人類学」に関する議論で、ジェイムズの議論はプラグマティックな見方から哲学的な思索へと昇華したと評している［Abrahams 1986：59］。

（10）宗教的生活の特徴的な信念として次の五つの特徴が挙げられている。「一、目に見える世界は、より霊的な宇宙の部分であって、この宇宙から世界はその主要な意義を得る。二、このより高い宇宙との合一あるいは調和的関係が私たちの真の目的である。三、祈り、あるいは、より高い宇宙の霊――それが『神』であろうと『法則』であろうと――との内的な交わりは、現実的に業《わざ》の行われる方法であり、それによって霊的エネルギーが現象の世界のなかへ流れ込み、現象世界に心理的あるいは物質的な効果が生み出される」、「四、或る新しい刺激が、何か贈り物のように、生活に付加され、それが叙情的な感激か、それとも真剣さおよび英雄主義への訴えかのいずれかの形をとる。五、安全だという核心、平安の気持が生じ、他者との関係において、愛情が優れて力強くなってくる」［ジェイムズ 1970（1901–1902）：338–339］（ルビは原文のまま）。

（11）桝田啓三郎によるとジェイムズはマルセル・モースへの手紙のなかで『宗教的経験の諸相』のなかで彼が明らかにしようとした宗教的経験について次のように述べているという。「私が自分に課した問題は困難な問題です。第一には、『哲学』に反対して『経験』を弁護し、それが世界の宗教的生活の真の背骨であることを論ずること、第二には、聴衆あるいは読者に、私自身が信じざるをえないことを、すなわち、たとえすべての宗教の特殊なあらわれ（つまりその教条や理論）は不条理なものであったにしても、しかし全体としての宗教の生活は人類のもっとも重要ないとなみであることを、信じさせることです。ほとんど不可能に近い課題で、私には果たせないかもしれません、けれども、やってみるのが私の宗教的な行為なのです」［桝田 1970：416］（傍点は原文のまま）。

（12）わたしたちは宗教的な信仰以外にも、生きるうえである種の信念（belief）を持つことが多々ある。何らかの行動指針によって実践するということ、「努力すれば必ず報われる」といった信念によってたゆまない努力を続ける人は多いだろうし、逆に「一かバチか」といった逆の信念で行動する人もいるだろう。しかしバイロン・グッドによって指摘されているように人類学において絶えず使われる言葉でありながら、信念の概念の歴史はあまり分析されていない。グッドは人類学における分析カテゴリーとしての信念は宗教や、いわゆる民族科学についての議論に最も結びついていると指摘し、医療人類学において信念の問題が重要であることに言及している。「他者が病いをどう理解しどう治療しているのかを分析するのに、あくまでも医療に関する『信念』を慣習としてとらえようとするのはなぜなのか、信念が間違っていたらそれを正さなければならないと執拗に唱えられるのはなぜか」［グッド 2001（1994）：13］。

（13）ゲームは次のようなものである。まずゲームの参加者の一人に最近見た夢の話をしてもらう。話の間、鬼役には部屋の外に出てもらい部屋に戻ったあと参加者に対してイエス・ノーで答えられる質問をして、夢の話をした人物像についての精神分析を行ってもらうと告げる。部屋にいる残りの人びとにはただ単純なルールに従って鬼の質問に答えるように要請する。質問の最後の単語の最後の文字がアルファベットの前半にあればイエスと答え、後半にあればノーと答えてもらうというものである。「鬼が部屋に戻って質問を始めると、多少なりともまとまりを欠くか少なくとも根拠に欠けるかする一連のイエス。ノーの答えが返ってくる（中略）ここには、作者の意図も計画もまったく欠いた、細部の積み重ねのみからなる、お話し製作のプロセスがあるばかりで、言わば錯覚仕掛人なき錯覚しかないのである」が、鬼はこれを物語化することになる［デネット 1998（1991）：24–25］。こうした点はエスノメソドロジーの研究においても明らかにされてきた。

(14) 鶴見は同様にシンポジウムにおいて、「体験」の場合には自分しか目撃者がいないので、自由な改作の可能性があるが、改作をしないためには自らの決断がなければならない。こうした絶えざる意志がなければ、体験は危ういものになってしまうと述べている［鶴見 1967：6］。

(15) その頃の民衆の「日常茶飯事」について書いた書物は『物いわぬ農民』や『民話を生む人びと』といった限られた成果にすぎなかった［宮本 2002（1960）：209］。しかし宮本自身に『忘れられた日本人』を発表した時点に、すでにライフヒストリーのような構想が念頭にあったのかどうかについては疑問が残る。よって宮本の民衆の生活史をライフヒストリーと同列に評価することは慎重である必要があるだろう。

(16) 伝承者としての老人は決してすべての老いる人びととは一致しない。古老と呼ばれてきた人がその多くが①男性であり、②地元で生活してきた、③語りが得意な人びとであるという、いかに限定的な人びとであったのかについては以前小論で議論しているが［後藤 2006］、第4章でも触れているとおり、伝承者としての役割が常に老人の地位を保持しているとは言いがたい。

(17) こうした視点は初期の民俗学には含まれていたものである。たとえば川田稔は、柳田民俗学は自分たちの生活を客観的に考察する「自己省察」の学問、みずからを知るための学問でもあったと位置づけている［川田 1985：183–184］。

(18) 初期の民俗学においてこのような実感に基づいた調査の必要性はしばしば説かれていた。たとえば折口信夫は「民間伝承を採訪する事の外、地方生活を実感的にとりまこうと努めた」［折口 1975：500］と述べている。この点について高梨一美は「地方に残る古風な生活感覚をただ外部から客観的に観察するだけではなく、それを自らの感覚のうちにとりこむことによって、文献の知識を生きた人間の生活として立体的に再構成する『実感』を得ようとする。それが折口の旅の真の目的であった」［高梨 1988：117］と指摘している。

(19) もちろん方法論的な側面から言えば、宮本によって示された伝承者たる老人たちの姿は魅力的である一方で、他者の経験をめぐる方法論的な問題はほとんど議論されていない。しかし『忘れられた日本人』が庶民の生活史であるとともに、調査者が自ら伝承者の一人であるという、歴史学者網野善彦の言うところの宮本独自の民俗資料論［網野 2002（1984）：324］としての構想を備えていたことをくみ取ればこの批判はまったくの的外れであろう。

（20）人生の再現は記憶に基づいて行われる。「集合的な記憶」について議論したアルヴァックスは、過去は保存されるのではなく、現在という基盤をもとに再構成されていくとした。こうした過去の再構成は、一面では個人的なことがらであるが、基本的には「社会的」ないし「集合的な」ことがらであると述べている。「実際二つの記憶を区別する必要があろう。その二つとは言ってみれば、一つは内的なものであり、もう一つは外的なものである。別の言い方をすると、一つは個人的記憶であり、もう一つは社会的記憶である」［アルヴァックス 1989（1968）：48］。このアルヴァックスの議論を受けて、アンソニー・ギデンズは、「記憶とは能動的な社会過程であり、その過程をたんに覚えたことがらの想起と同一視することはできない」［ギデンズ 1997（1994）：120］と述べている。つまりわたしたちは過去の出来事なり状態についての記憶を絶えず再生産しており、こうした繰り返しが経験に連続性を与えていく［ギデンズ 1997：120］。

（21）スミスは学生たちに「あなたはこれまでに精神病かもしれないと思った人がいますか」という質問を含めたインタビューをするよう指示し、インタビューを行った学生たちは授業中にスミスに口頭で報告した。スミスはKという人物が精神病だとみなされていく過程のなかにいわゆる精神病とは別の共謀による排除のプロセスがあることを見いだした［スミス 2004（1978）：87–166］。

（22）柳田國男の『遠野物語』は「聞き書き」を最も有力な「方法」として採用する民俗学者は「話」を通してしか「事実」を書きえないことを示したと言える［山田 1998：128–129］とも言われる。

第3章　南島の老いの諸相
――調査地概要――

1　はじめに

(1)　沖縄と高齢化

長寿県のイメージが定着している沖縄だが、出生率が高いことから高齢化率は他県と比べ低い。内閣府が発表している「平成二五年版高齢社会白書（全体版）」によると二〇一二年の沖縄県の高齢化率は一七・七パーセントで、全国で最も低い水準にある（最も高いのは秋田県の三〇・七パーセント）。もちろん同じ沖縄県でも都市部と離島や郡部ではその事情は大きく異なる。沖縄県子ども生活福祉部高齢者福祉介護課が発表している「高齢者福祉関係資料」によると沖縄県四一の市町村のうち平成二四年（二〇一二年）の段階で六五歳以上の高齢者の占める割合が二一パーセントを超える市町村は一七ほど存在し、そのなかには三〇パーセントを超える市町村もあるが、ほとんどは離島や沖縄本島北部の市町村である。[1]

一方、一九七二年以降二〇〇九年まで常にトップだった人口一〇万人当たり一〇〇歳以上の高齢者数は、二〇一〇年に二位、二〇一一年に三位、二〇一二年には五位になっており、かつての勢いには陰りが見られる（ちなみに二〇一二年の一位は高知県、二位は島根県である)。沖縄県福祉保健部高齢者福祉介護課の発表した二〇一二年九月一日時点の沖縄の一〇〇歳以上の長寿者は八一一人(男一〇四人、女七七七人)で、このうち多くの人が那覇市、うるま市、沖縄市などの都市部に在住している。

一九七一年より開始された調査によると一九七一年当時は一四人しかいなかった長寿者は、一九八一年以降は増加の一途をたどり一九八八年には一〇〇人を突破していた。沖縄は最も信頼できる世界最長寿地域だとみなされ、一九九五年には県知事が世界長寿地域宣言を行っていた。しかし二〇〇二年一二月、厚生労働省の発表した「二〇〇〇年都道府県別平均寿命」において沖縄男性の寿命は全国二六位に大きく転落した。当時の男性の平均寿命の全国平均は七七・七一歳であるのに対して、沖縄のそれは七四・六四歳と全国平均以下へ急落したのである。一九九七年にはすでに長野県に記録を抜かれていたため、学識者からはそれ以前から指摘されていたが、こうした認識は学識者に限られていた。そのため、はっきりとした数字で表されたことは各方面に大きなショックを与え、「二六ショック」と呼ばれた[沖縄タイムス「長寿」取材班 2004:1–6, 片多 2004:44]。

急落の原因としては、運動不足と脂肪の多い食事などからくる生活習慣病の多さ、そして自殺率の高さによる沖縄県男性の三〇歳代から五〇歳代の死亡率の高さが指摘されている。二〇〇〇年の統計では沖縄県の自殺者は三四七人で人口一〇万人に対する自殺者の割合は二六・五人と、全国一〇番目となっている[沖縄タイムス「長寿」取材班 2004:78–100]。こうした状況に対処するため沖縄県や医師会、婦人連合会など三一団体で作る健康沖縄二〇一〇推進県民会議では、一人一人が主体的に健康づくりに取り組もうと、長寿の危機緊急アピールを発し、『琉球新報』、『沖縄タイムス』といった地元の二大紙も大々的なキャンペーンを行った[片多 2004:44]。二〇〇一年にNHKの朝の連続テレビドラマ「ちゅらさん」で全国に広がった「おばぁの島」のイメージ[沖縄タイムス「長寿」取材班 2004:136]とは裏腹に、沖縄と高齢者の問題は二〇〇〇年代に入ってから転換期を迎えており、全国どこでも問題となっている高齢者問題ももはや例外ではありえない。

(2) 南島で島を考える

南島という言葉がある。学術的には色々な議論のある言葉であるが、地域的には主に南西諸島を指している[2]。戦中は特攻隊として戦後も一時奄美で生活し、沖縄をたびたび訪れた作家の島尾敏雄はこの「南島」［島尾 1960：251］や「琉球弧」［島尾 1992（1970a）：17］という言葉も好んで用いていた。同時に日本から沖縄諸島・台湾・中国からベトナムおよびニューギニアに至る領域を「ヤポネシア」という言葉で捉える必要性も説いている［島尾 1992（1970b）：13］。「ヤポネシア」という言葉を用いることによって、大陸に向きがちだった日本人の意識を変えるとともに、日本のなかにいながら日本の多様性を見つける必要があると考え、なかでも東北と琉球弧にその可能性を見ていた［島尾 1992（1970b）：14–16］。この点について島尾は「日本列島のなかでのいろんな人間的な動きや歴史の展開を、その中で一つにして考えたい」［島尾 1977：102］（作家の大城立裕との対談での言葉）と述べている。島尾の「ヤポネシア」という発想に対する学識者の評価は分かれるが、文芸評論家の奥野健男との対談のなかで奄美での生活について「一がいに異郷とは言えない……もっと中間を通り越してずっと昔の、自分の感覚ができないような、ずっと底に沈んでいるような先祖の要素がまだ残っている、そういうところにいきなり連れていかれたわけだ」［島尾 1977：17］と語っているように南島（琉球弧）に特別な可能性を見ていたことは間違いないだろう。また琉球弧の島々について次のような心もちも述べている。

やはり離島というのは淋しいところです。矛盾も不如意もいっぱい、悲しい状況もいっぱいです。しかしぼくは琉球弧の島々に傾く心がおさえられない。ぼくは土着のものを持っていない外からの者だから、方言も使えず、島の人びとにすっぽりかさなることもできません。しかしたとえ異和を以て迎えられても、島の珊瑚礁を抱きしめてじっとしていたい思いです［島尾 1992（1970b）：112］

一方、全国を歩き回りながら一九七〇年代当時に全国の離島振興の仕事に関わっていた民俗学者の宮本常一は、（南島だけには限られないが）日本の離島について次のような一節を記している。

島の社会はせまい。一人が島内で群をぬけばバランスはすぐ破れる。破れると誰かが不幸な目にあう。……（中略）……土地もほとんど平等に持っている。……（中略）……狭い世界で小さいことにこだわりあうのは、小さいことでも島では解決のつかない問題をはらみ、しかもそれが広い社会につながっているからである［宮本 1983（1970）：43–44］（傍線部は筆者による）。

島は狭い。だが、それは裏を返せばそれだけ濃く、深い社会でもあることを意味している。島尾は「島の珊瑚礁を抱きしめてじっとしていたい」と述べたように、また宮本は「広い社会につながっている」と指摘したとおり、決して昔から隔絶された場所ではない。沖縄県にある五四の離島のうち有人離島は三九島にのぼり、そのうち一、〇〇〇人未満の島は二八島である。本書で対象とする島はその二八島のうちのひとつで人口一、〇〇〇人足らずの小さな、高齢化の進む島である（以下、島と表記する）。

月にほぼ一回行われる村行事や先祖ごとなどは旧暦で行われ、むかしながらの祖先祭祀と神行事が盛んな島である。村は三部落で構成されており、このうち二部落は明治初期までは一つの部落であった[3]。この二つの部落を通称では上の〈部落〉を〈陸《アギ》〉と呼び、下の浜側に位置する〈部落〉を〈浜《ハマ》〉と呼ぶ（以後、フォークタームは括弧

〈 〉内に記載する)[4]。〈陸〉にある〈大屋《ウフヤー》〉という屋号は沖縄本島の〈本家《モトヤー》〉に相当するとされ、この血縁集団の当地にはじめに住みついたのではないかと考えられており、人口は次第に増加するに従い発展移住したと考えられている。古来より人びとは農業で生計を立てていたが、島には川はなく天水とわずかな湧き水に頼っており、しばしば台風や旱魃の災害を直に受けた。環境的な制限と災害に左右されやすい生活基盤のためだろう。廃藩置県前後の一八七九年(明治一二年)以降、県内外への移動が自由になってからは、相続の限られた次三男を中心に那覇や大阪に移住する人も増えた。一九四四年一〇月一〇日の一〇・一〇空襲の後那覇から避難してきた住民で一時島内人口が爆発的に増えるものの、戦後はまた島外への移住者は増加。結果的に、現在では沖縄県の他の小規模離島と同様に三分の一は島内に在住し、三分の二以上は那覇や京阪神地方といったその他の地域に第二の故郷を求めるといったライフスタイルを確立している。事例の検討は、本章に続く第4章、第5章、第6章、第7章、第8章で行うが、本章では島の概況についてまず簡単に記述しておきたい。凡例と序章でも明記したとおり本書では調査地の地名およびインフォーマントの人名、家名などはすべて匿名で表記している。

2　つながりの基盤

(1)　地縁と血縁

どっちもこっちもみんな親戚だから、わたしの親戚も、こっち(夫のこと)の親戚も、同じ親戚。他人からはきてないから。(八〇代女性)

〈内地〉だとね、〈親戚であっても〉付き合いない人多いですからね。〈八〇代女性〉

調査中に耳にした言葉である。島の付き合いは濃い。その基盤となるのは血縁であり地縁である。島では血縁的起源を同じくする〈陸《アギ》〉と〈浜〉の違いは顕著であると強調されることは少なくなかった。たとえば戦前まで〈陸〉と〈浜〉の通婚はほとんど見られず、戦後しばらくは日常的な交流すら少なかったと話す人もいる。〈浜〉出身の五〇代後半のある男性は、子ども時分、〈陸〉の子どもたちと一緒に遊ぶことはほとんどなかったと話す。小中学校は〈陸〉よりの〈浜〉と〈陸〉の中間ぐらいに位置しているが、以前は〈浜〉から学校へ向かう道は木々で鬱蒼としており、現在よりはっきりと空間的に分かれていたらしい。ある〈陸〉出身の八〇代の女性は、〈浜〉の同級生の家に立ち寄ったのはほんの最近のことでそれまで一度も訪ねたことがなかったのだと話す。現在では〈陸〉と〈浜〉を結ぶメインストリートは見通しのよい一本道となり、結婚に関しても戦後〈陸〉と〈浜〉の交流・通婚はもちろんのこと、島外との交流も盛んである。

〈門中《モンチュウ》〉とは父系の親族集団を指す。同様の意味で〈一門〉という言葉も使われていた。島の各〈門中〉の本家は首里や今帰仁《なきじん》に〈四年マール〉、あるいは〈五年マール〉で巡拝する場合もある。(5) 旧暦の九月には〈門中〉揃いの行事があって、各〈門中〉は〈ウフヤー〉に集って祖先祭祀を行う。このように祖先祭祀は基本的に〈門中〉単位で行われている。〈門中〉は父系血縁集団で、女性は嫁入りすることで〈門中〉一員となるものの、だからといって生家とのつながりが切れるわけではないらしい。生家の〈四年マール〉や〈五年マール〉に参加する女性は珍しくなく、人によって多寡はあるものの生家との付き合いは結婚後も続く。屋号は変化することも珍しくないようで、次のような話も聞かれた。

事例1：親父が亡くなってからね、屋号。みんなわかる。本当は〇〇〇〇っていうんだけど、それはどっかいっちゃって。〈□□（父親の名前）ヤー〉でわかる。親父の、あれ（名前）で。（二〇〇七年八月一二日）

屋号は、他の島と同様に島独特のものである場合は多い。よって慶弔時の不義理を防ぐためにほとんどの人は毎日チェックを欠かさないという地元二大新聞の「黒枠広告欄」の屋号さえ見れば島内の関係者かどうかすぐにわかるのだと話す人もいた。

(2) 〈小字クンジョー〉

字ごとにそれぞれ下には〈組〉と呼ばれる組織があり、多くは小字ごとに形成されている。いくつかの組は倶楽部と呼ばれる共同出資で建てられた施設を持っていた。基本的に〈組〉単位の行事はこの倶楽部を中心に開催される。組によっては宿泊のできるような施設になっており、ある組では島を離れた人びとの臨時的な滞在場所としても活用されているようであった。那覇には〈組〉ごとでも郷友会が組織されているそうで、ある組の郷友会には一時期二、〇〇〇人近くの会員がいたこともあったらしい。

戦前までの婚姻は、先にも触れたとおり親同士がお互いの子を夫婦にしようと〈インジキ〉するのが一般的だった。これは子どもが生まれたら親同士で結婚を前提に縁結びすることを約束することで、子どもたちが適齢期になると結婚させた。伝統的な〈インジキ〉による婚姻は戦前まで行われており、現在八〇歳代の女性の多くは、〈インジキ〉で決めた許嫁と結婚しており、夫の実家は現在の家の「むかいの家」だとか「お隣のお家」であるといった言葉が聞かれた。こうした小字の結びつきはしばしば〈小字クンジョー〉という言葉でも表現される。これは小字同士の人びとの結びつきが強いことを示す一方で、そこには同時に多少なりとも排他的な意識もあったことを指している。ちなみにこうした意識は島に限らず筆者が調査した北部九州の農村漁村でも見られた。

事例2：〈小字クンジョー〉といってね、他の人には見せんようにしとった。だから誰も覚えていなくて、残っていない。（五〇代男性）

舞や棒術は組ごとに違ったものが伝えられていたが、それぞれ字内で他字の人に知られないように秘匿されていたために字内の継承者が途絶えてしまった結果、全くわからなくなってしまったものもあるのだという。(6)

3 宗教との関わり

(1) 宗教的環境と〈ウマレダカイ〉人びと

島は宗教的な行事の多い島でもある。その中心たる場所である〈御嶽《ウタキ》〉は『琉球國由来記』にあるとおり数か所存在し、このほかに六〇ヵ所以上の〈拝所〉や〈殿《トゥン》〉が存在する。村レベルの神行事には豊作祈願にまつわる行事などが残っており、古来よりこの島が農業によって生活してきたであろうことを今に偲ばせる。それぞれの神行事は、宗教的職能者と彼女たちを手助けする区長や親族らを中心に行われており、中には一般の人びとの目にはあまり触れない行事もある。島最大の神行事である旧暦六月の神行事では、行事で用いられる〈粟酒《ミチ》〉が各字で準備され、島の人が司祭者の祈願を受けたりするなど規模としては他の神行事と一線を画す。この行事期間中は祭りの中心となる〈御嶽〉周辺への立ち入りは禁じられている。(7)

島には他にも〈マリングヮ〉と呼ばれる人びとがいる。〈マリングヮ〉とは霊能を持つ人を指す広義の言葉で、神を〈ミル〉人から〈ユタをする〉人まで含まれるようだが調査時点においてその能力については判然としなかった。[8]〈ウマレダカイ〉もしくは〈サーダカウマリ〉という言い方もなされる。彼／彼女らは幼いころから身体が弱く、もしくは〈マブイ〉[9]を落としやすい、頻繁に〈カミ〉や先祖などを〈ミル〉〈キク〉などといった経験を持つことが多いという。むかしは〈タカイ〉生まれにあることがわかると、神仕事〈カミグトゥ〉をさせないために無理やり島から連れ出した、といった話もあったそうである。ある女性は母親が一心に庭でお祈りしているのを見てたまらなくなり、母親を取らないでくれと取り乱したこともあったと話していた。

〈マリングヮ〉は本人の〈ウマレ〉が重要と言われる。家や〈門中〉の拝みは普通〈門中〉内の〈マリングヮ〉によって務められていることは少なくないが、〈門中〉内にそうした人物のいない場合は〈門中〉外の人に依頼されることもあるらしい。[10]〈マリングヮ〉や〈ユタ〉は〈門中〉によって大体決まっていて、基本的には毎回同じ人物に依頼するらしいが、途中で変更する場合もあると話す人もいた。

沖縄の宗教者の研究を行った桜井徳太郎は、沖縄最大の聖地と称される久高島の〈ウムリングヮ〉を、①成巫過程において〈カミダーリ〉の巫病的特徴の見られること、②巫呪的資質はその資格として重視されること、③私的な行事・儀礼の主催者たる祭祀的役割の中に巫者的職掌が見られること、④民衆の要望に答えて卜占とか神託の実施者となること、時には神霊や精霊の統御者とみなされること、⑤いわゆる憑依を受けて、口寄せの巫儀を展開することなどを挙げ、〈神役〉[11]とは区別して議論している［桜井 1985：36］。また波平恵美子は、鹿児島県奄美における〈ユタ〉を「クライアントの求めに応じて占いや祈禱を行う人のことで、職業を別に持ってはいても『職能的ユタ』と考えられる」とし、また同時に「クライアントの占いや祈禱などの依頼には応じない人を、一般に『オキャクを取らないユタ』『自分のためだけにカミを拝むユタ』と呼んでいる」［波平 1990：240］と述べている。

島では、「〈カミ〉の道を磨く」といって自らに関わる沖縄本島の聖地を巡ることに加え、島の聖地を歩いてまわるといったことをすると話す〈マリングヮ〉もいたが、島独特の成巫式といったものは調査時点では確認できなかった。

(2) 島の宗教的職能者

村の祭祀の中心的な役割を務めているのは〈ヌール〉、〈カミンチュ〉[12]と呼ばれる中・高齢の女性である。[13]ある〈マリングヮ〉に聞いた話では〈村番《ムラバン》〉の啓示を受けると〈ヌール〉、〈神番《カミバン》〉の啓示を受けると〈カミンチュ〉になるのだという。〈ヌール〉も〈カミンチュ〉ももとは決まった家筋から出ていたらしい[14]が、判然としなかった。

沖縄における〈ノロ〉と〈ユタ〉役割について、桜井徳太郎は、〈ノロ〉と〈ユタ〉の両者の領域が混然とした「第三の領域」があるとしている［桜井 1973：145］。また津波高志は、桜井に異を唱え、〈ノロ〉と〈ユタ〉の二分が可能なのは沖縄本島における理念型としてであって、現実には両者の重なり合いがかなり見られると主張している［津波 1990：137–140］。

島には〈御嶽〉のほか、御香炉が置かれた〈拝所〉や〈殿《トゥン》〉といった祠を有する宗教的施設が存在し、祠によっては決まった家によって管理されていることもある。だが、どこの〈拝所〉もしくは〈御獄〉の〈カミンチュ〉もしくは〈マリングヮ〉といったような言い方は確認できていない。彼女たちが祀る〈カミ〉は多様であるが、〈カミ〉の名前をみだりに口にすべきではないといったような姿勢もあるようで、個々人の〈カミ〉を知ることはなかなか難しい。島の人びとの間では「力がないと、(神迎えのとき)〈カミ〉が見えない」といった彼女たちの能力に対して揶揄する人も見られたが、島全体で共有されているわけではない。どちらかと言えば「畑の責任はとれても、〈カミンチュ〉の責任はとれない」といったように、いわば畏れの対象として〈カミグトゥ〉とは一定の距離を保つことのほうが多いようだった。

(3) 家の祭祀と女性

家レベルにおける主な神祭祀・祖先祭祀としては、毎月一日、一五日の〈ヒヌカン〉への〈ミズトウ〉[15]や月命日のお供え[16]に加え、毎月のように行われる年中行事がある。基本的にすべて旧暦で行われるが、命日のお供えなどを新暦で行っている人もいた。

年中行事のうち祖先祭祀に関わるものは、旧暦一月一六日の〈ジュールクニチー〉[17]、旧暦二月のお彼岸[18]、旧暦三月の清明祭《シーミー》、旧暦七月七日の〈タナバタ〉の墓参り、旧盆、島では四月の清明祭よりも盛大に行われる旧暦九月の〈門中〉総揃いの行事[19]などその数は多い。他にもそれぞれの家庭にも関係する行事には、旧正月、旧暦八月の〈柴指し〉[20]、旧暦一〇月の〈カママーイ〉[21]、旧暦一一月（冬至）の〈トゥンジー〉[22]、旧暦一二月九日の〈ムーチー〉[23]、旧暦一二月二四日の〈ウガンブトゥチ〉[24]などがある。

〈門中〉レベルで行われる祖先祭祀の司祭は、門中の〈マリングヮ〉によって担われるそうだが、なかには那覇から〈ユタ〉を呼ぶ人もいるようである。家内の行事においてお供え物の準備をはじめ行事を支えているのは多くは主婦たちで、宗教的な素質のあるなしにかかわらない。毎月一日、一五日の〈ヒヌカン〉への〈ミズトウ〉はかかさない人は多い。また故人の月命日には仏壇に〈オチャトウ〉やお供えをする。行事の時は前の日から料理（お供え）の準備をはじめる。主婦たちの実践の様子は次章以下で取り上げるため、ここでの詳細な記載は避ける。宗教者だけに限らない女性たちの宗教的な役割の大きさは島の暮らしを考えるうえで大きな要素であると言えよう。

4 島で暮らすということ

(1) 島の世間

島の世間は狭いようで広い。実のところすべての人は顔見知り、という世界ではない。ある人と付き合えば、ある人とはその間全く顔をあわせないことも普通だった。不思議に思って知人にたずねたところ、「よく気が付いたね」と妙に褒められたこともあった。狭い世界だからこそ他者との付き合い方には濃淡のあるということらしい。

一方で島のネットワークは、濃淡はありながらも不思議とつながってもいる。派手な格好をした観光客の噂など、いつの間にか耳に入ってくるようになっている。島は外の気配に敏感だ。ある時、ひざ上のミニスカートをはいた観光客の女の子の話がフェリーの到着した一時間後にちょっとした話題になっていたのには驚かされた。むかしは港に船が入ってくると「用事もないのに、民宿の前(港を見渡せる場所に建っている民宿)に立って、見てんのよね。島の人だけど。あの人はどこの人って。何にも用事もないのに。笑」(六〇代女性の話)といったような状況であったという。

事例3:(島には)何もいない、あれには、いいさ。なにもいないさ、ハブもいないし。いろんな、軍隊もいない。酒飲んで、わ〜わ〜する人もいないさ。酒飲んで、わ〜わ〜わ〜わ〜したら怒られるからね。(筆者:昔はおったんですか?)おったらしいよ。酒を飲んで。今はないさ。むかしはあったらしいよ。(八〇代前半の女性)

島内にはいくつかの飲食店もあるがほとんどの人は外ではなく家で酒を飲む。週末の仕事終わりはどこかの家に集まって〈シマ〉（泡盛）を飲むことも多い。しかし「酒飲んで、わ〜わ〜する」ことはないと言われているように、島では那覇にいるときほど自由ではいられない。この島の世間の広がりは島という物理的な枠に収まらない。

事例4：あんまりね、（家の）外に出たらね、身内が亡くなってるのに、よくそういうことして歩けるなぁ、そんなあれ。公のところにもいったらダメって。だから公けのところに、ね。上の方〈陸《アギ》〉のこと）はもっとこだわるみたいよ。だから、どこも行かない。そんなのが当たり前。……大阪の情報入るの早いから、ほんとよ、島の人情報入るの早いよ。（五〇代後半の女性）

那覇であれ大阪であれ、島と関係づいて生まれた人びとのすべては多かれ少なかれ島の世間のなかにいる。だから島にいない人びとの動向を驚くほど詳しく知っていることもある。とくにそれが〈門中〉や組内であればなおさらで、たとえ一年の多くを島外で生活していても何かしら情報は入ってくるものだという。だから島ではそれを常に意識して行動する必要はある。女性の言葉はそれを端的に表している。

事例5：わたしはどこの〈門中〉って出たという表現はしなくてもね。あそこはどこの人かなっていうさぁね。（八〇代女性）

出自はその人物を認識するうえで重要な要素のひとつである。だが、こうした関係こそ、「自分たちが働いたらな、金はなくても、種さえ買ったら、食べさせていける。ほんとよ」という力強い言葉にもつながっている。

(2) 付き合いの作法

事例6：そういう人は、にこにこしてね、付き合いしなさい。（八〇代前半の女性）

そういう人とは、苦手な人という意味である。「公けの場」ではもめ事を起こさないように努める。だから「にこにこしてね、付き合い」しなければならない。「和合をとる」というような言い方もある。島での付き合いの方法のあり様がこの言葉には凝縮されている。

事例7：うまくいかない人とでもね、なんとかして付き合っていかなくちゃいけない。（五〇代後半の女性）

島の付き合いは、選択的なものではない。もちろん冒頭で述べたとおり付き合いの深度は様ざまで島内の人だからといってすべからく同じように付き合うわけではない。それでも「付き合っていかなければならない範囲」というのは必ず存在する。この付き合いでもっとも重要なことのひとつは「義理を欠かない」ことである。自分の生活の苦しい場合であっても冠婚葬祭の付き合いはおろそかにしない。また普段の「付き合い」は先に述べたとおり親戚を中心に行われる。たとえば自家消費される野菜の交換などもその一つである。

事例8：キュウリもたくさんできたからね、あの〇〇さんの家に持って行ったよ。〇〇さんの〈オトゥ〉とわたしとは、イトコ。子どもたちとはマタイトコになる。〈オジィ〉とうちのお母さんは兄弟よ。（お母さんは）〇〇家から来た。だから、野菜作る時は、あっち〈小《グァ》〉に（持って行く）。（八〇代女性）

字内結婚の多かったことを考えれば字内の人びと同士であれば少なからず血縁関係を持っていることが多い。だから実際の付き合いは、血縁関係があっても必ず保たれるわけではないが、付き合いの理由として血縁関係が挙げられることは少なくない。こうした付き合い方は老いる人びとの方がより顕著だ。夫が亡くなって年金以外の収入のないなかでも慶弔時の付き合いは欠かさない女性。家族に「もういいのではないのか」と言われても、どうしても包まなければ気の済まないのだという。このような付き合いのあり方は、人びとの日々の生活に直に関係している。次章以下では、本章の議論を踏まえ具体的に人びとの実践を議論していきたい。

［注］

（1）二一パーセントを超えると超高齢社会と見なされる場合が多い。ここで最新のものではなく、二〇一二年の資料を参照しているのは調査時期に合わせてのことである。

（2）奄美・沖縄研究は伊波普猷や柳田國男以降、沖縄学、琉球学、沖縄研究、琉球研究、南島研究と呼ばれてきた。しかし森田真也によるとそこには「古い日本」としての日本から奄美・沖縄に向けられたオリエンタリズム的まなざしが内包されているという［森田 2002：300–304］

（3）〈陸〉と〈浜〉では細かな方言も全く違っている。字の下にはそれぞれいくつかの小字組織（〈組〉と呼ばれる）が存在する。

（4）現在の沖縄研究の抱える問題——他領域との没交渉——の原因のひとつとして沖縄内部でも地域ごとに異なるこのフォークタームのわかりにくさも挙げられて［森田 2002：305］いる。本書では、必要と思われるものに関してはそのつど解説を加える。

（5）三年おきに回ると話す人もいた。

（6）調査当時行事はすでに開かれたものとなり、観光客向けにもそれぞれの字の祭りのタイムスケジュールが記されたチラシが用意されていた。とはいっても小字ごとの仲間意識は強いようで、とある字の旧暦正月祭りに参加したときに、ある男性から

（7）「他のとこ（字）にはもう行けんね」と含み笑いをされながら法被を渡されたこともあった。

（8）旧暦六月中は関係する場所には祭りの終わるまで立ち入るべきではないと言われ、慣習的に立ち入りを慎む。外の人びとにまで徹底されているわけではないため、しばしば事情を知らない観光客が立ち入ることもあり宗教者たちは苦慮していた（観光名所のひとつであるため）。唯一神迎えを行う時間は車の入ってこないよう、辻々に人びとが立って車の誘導を行っている。

（9）〈マリングヮ〉の語源は明らかではないが、〈ウマレダカイ〉人びとを指す。

（10）魂のこと。〈マブイ〉はびっくりした拍子に落ちると言われ、落とすとやる気がなくなり喉がとても渇くのだという。また長い間〈マブイ〉が身体から離れるといずれ死んでしまうと言われ、落ちたときは宗教的職能者にお願いして（もしくは自分で）〈マブイゴメ〉を行わなくてはならない。〈マブイ〉を落とした場所がわからない場合には、〈フール〉の神（トイレの神様）に頼るのだという。ある人は、むかし子どもたちと一緒に海沿いを散歩していると、通りかかった近所のおばあさんから「お前の子どもの〈マブイ〉が道に落ちている」と言われ、あわてて〈マブイ込め〉をしたと話していた。その後無事〈マブイ〉は戻ったらしい。

（11）島の祭祀者である〈ヌール〉や〈カミンチュ〉の在島者は調査当時ほとんどおらず、彼女たちが日常的な拝みに対応することは難しい状況にあった。代わりに、二〇〇七年当時村の屋敷の拝みなどを担っていた島在住の〈マリングヮ〉は（確認できたかぎり）五人だった。

（12）〈神役〉とは一般的に血筋によって〈神〉を継承する宗教者のことを指す。島で言えば、宗教的司祭者のうち〈カミンチュ〉と呼ばれる人びとを〈神役〉とも言う。

（13）本書では村行事の司祭を務める女性の宗教的職能者については、基本的に〈ヌール〉と〈カミンチュ〉という島で用いられているローカルフォークタームを用いることとする。これは①調査当時最長齢の〈ヌール〉が自らを称する際に、〈ヌール〉という呼称を意識的に用いていたこと。また、②島で人びとが一般的に島の祭祀を司る宗教的職能者を指す用語として〈ヌール〉と〈カミンチュ〉が混在して用いられていること、この二点に拠っている。島内における呼称のブレは、宗教的職能者の役割が多岐に渡っていることによると考えられる。たとえば彼女たちのなかには村落祭祀だけではなく、〈門中〉内の祭祀や、一般的に〈ユタ〉が行うとされる個人祈願も引き受けている人も少なくない。

本来〈ヌール〉と〈カミンチュ〉の役割は、もともとは異なっていたのかもしれないが、現在島内の祭りは両者によって担われている。旧暦六月に行われる神行事の時、彼女たちは二座に分かれて座る。行事の調査を実施した二〇〇七年当時、〈A座〉には三名、〈B座〉には四名の〈カミンチュ〉が所属していた（二〇〇六年に予備調査、二〇〇八年に事後調査を行っているが、全日程について参与観察を行ったのは二〇〇七年。また二〇〇七年に調査を行ったのは〈A座〉である）。

(14) ある〈マリングヮ〉の説明では〈村番〉とは「村の祀りごとをする役」を指し、〈神番〉とは「神役につく人」を指すらしい。〈ヌール〉に「祝女」ではなく「神女」の表記を用いる人もおり、表記は「個人の資質に関わっている」といった見解もあったが、調査段階ではよくわからなかった。祭祀については本書の目的とは異なり、不明な点も多いため詳しい議論は避ける。

(15) 〈ヒヌカン〉に供えるのは水であるので本来〈ミズトウ〉だが、これを〈オチャトウ〉と呼ぶ人もいた。

(16) 月命日は三十三回忌を迎えていない人びとに対して行われ、一般的に仏壇に祀られている人数分の料理が用意され（旧正月や旧盆のお供えに比べると簡素化されている）、沖縄線香〈平ウコー〉を焚く。人がいない家でもその日ばかりは灯りがともされ、先祖が帰りやすいようにと出口も開け放しておく。このほか、年に二回は行うことが望ましいと言われる〈屋敷ヌ御願〉などもある。〈平ウコー〉については第7章注27も参照のこと。

(17) 〈グソー（もしくはグショー）正月〉ともいう。〈グソー〉とはあの世のこと。仏前に料理を供え祖先を供養する。

(18) 〈内地《アギ》〉のように墓参りはほとんどしない。仏壇にご馳走を供えて祖先供養を行う。

(19) 〈陸〉と〈浜〉では、別の日に行われる。〈陸〉から〈浜〉、〈浜〉から〈陸〉へ嫁に行っている場合はその両方に参加することもままある。

(20) 〈ヨーカビー〉（妖怪日）とも言い、魔除けのために家の四方に柴を指す。以前は夜に魔除けのため爆竹を鳴らす家もあったという。

(21) カマドや屋敷の掃除を行う日という意味。集落の樹木を伐採してよい日とされる。木の伐採は〈ヌール〉たちの祈願の後に行われており、慣習的にはこの日以外に木を切ってはならないとされている。

(22) 沖縄風の炊き込みご飯〈ジューシー〉を作って〈ヒヌカン〉に供える。

(23) 月桃やクバの葉に餅を包んで蒸した餅菓子を火の神や仏壇に供える。〈ムーチービーサー〉という言葉もあるようにこの時期に急に冷え込む。

(24) 御願解き。火の神《〈ヒヌカン〉》はこの日に昇天して一年間に家庭で起こったことを天の神に報告する日とされる。よって普段から火の神の前での悪口は慎む。〈屋敷ヌ御願〉を行ったあとに〈ヒヌカン〉の御香炉を掃除する。天に上った〈ヒヌカン〉は旧暦一月四日に戻ってくる。

第4章 〈トシヨリ〉の席

1 はじめに

(1) おばあちゃんの遺言と軒下の〈オバァ〉

おばぁちゃんから言われたから戻ってきた。しばらくは、夜はさみしくて浜で泣いてたよ。……親が（同じことを）言っても絶対に戻らなかったさ。両親は、そのまま僕を飛行機に乗せて（那覇で一泊もせずに島へ）連れてきた。僕が、行きたくなくなると思ったんだろうね。島に戻るのが（おばぁちゃんとの）約束だったから……。（二〇〇四年九月四日）

家主を失った空き家の多い一方、島で生まれた長男やあと取りは「家を継ぐため」に帰郷する人も珍しくない。現在（調査当時）は島外で生活していても、「長男だからで将来的に帰郷する」というような語り口は、あとを継ぐ当人たちからもしばしば耳にした。冒頭の言葉を発したAさん（調査当時三〇代）も、そうしたあと取り息子の一人である。両親は島出身だったが、Aさん自身は幼少期から高校卒業まで那覇で生活しており、夏休みなどの長期休暇での滞在を除けばまとまった年月を島で生活したことはない。高校卒業後は県外で就職し、サラリーマンとして働いていたそうだ。

就職して数年後、父方の祖母が他界すると両親はAさんを島に呼び戻した。那覇には立ち寄らずに直接飛行機で島へきたという。当時日に一便しか就航していなかったフェリーで島に戻るには、那覇で一泊しなくてはならなかった。日常的な移動は、飛行機は船に比べて少々値が張るため、フェリーを利用する人が多い(2)。だが両親はAさんが那覇に立ち寄って里心を出し、決心が鈍ってしまうことを懸念したらしい。島に戻ってしばらくの間、浜辺で遠くにかすむ那覇の灯りを見ながら涙したこともあったと話す。結果的に帰郷をそのまま受け容れたAさん。彼に島に戻ることを決意させた大きな要因は、「おばぁちゃん」の遺言であったという。彼の祖母は、Aさんの帰島（家を継ぐこと）を強く望んでいたらしい。祖母は沖縄戦で夫を亡くした後、女手ひとつで子どもを育て上げ、子どもの独立した後はひとり島で家を守っていた。

当然帰郷には他にも様ざまな理由もあったことだろう。だが祖母との密接なつながりは、その大きなきっかけになったことは間違いない。一九七〇年代に完全に火葬場での火葬へと移行したとされる沖縄本島(3)とは異なり、島では今も選択的に洗骨が行われることもある(4)。そしてそれは故人の遺言に基づいて行われることが多い。ある三八歳の男性も祖母の遺言で近年洗骨をしたと話す。自宅で自然死した場合など場合によっては司法解剖も必要であるため、いったん遺体は那覇へ送る。この時火葬する場合はそのまま那覇で火葬する。洗骨をする場合には、火葬してしまうと骨がもろくなってしまうので遺体をそのまま島に戻し、墓内に安置する。よって運搬の費用も余計にかかる。しかし男性は祖母の「遺言だった」ため洗骨をすることを決心したと述べる。このように手間暇をかけねばならない洗骨という方法をあえて選択していることには、祖父母の存在の大きさを考えさせられる。しかしこのように慕われているのは血のつながりを持った祖父母ばかりではない。

気づいたら〈オバァ〉が勝手にそこ（軒下）に座ってお茶飲みよるもんね。（二〇〇四年九月五日）

この〈オバァ〉は、先ほどの「おばあちゃん」――彼の血縁的なつながりを持つ祖母――を指しているのではない。〈トシヨリ〉の女性たちを緩やかに指している。[5] Aさんの家の近所に住む〈オバァ〉たちは一人暮らしの彼を心配して、しばしば様子を見にあらわれてはお茶を飲んでいく。ふと何気なく目をやると家の軒下に座っていることもあるという。そして〈サンピン茶〉（ジャスミン茶）を飲みながら、〈ユンタク〉[6]していくのだという。

こうした光景はAさんの家の軒下に限らず、しばしば目にする日常風景である。〈オバァ〉たちは、親戚や友達の家にしばしば〈ユンタク〉に出かける。両親の生まれ育った土地であり、家のあと継ぎという意味において、Aさんにとって島は故郷である。それと同時に島出身の両親を持つとはいえ島言葉はほとんどわからず、島における思い出も幼馴染といった存在もほとんどいない点ではストレンジャーであるAさんにとって、〈オバァ〉たちは心強い味方であるらしい。

(2) 近代化と老人

このような島の〈トシヨリ〉たちの姿は、老人の地位の低下の自明視されている現代社会から眺めると、どこか「むかし懐かしい情景」に映る。現代日本、とくに都市部において人びとは、老人と関わることは少なくなり、老いることを実感として受け入れ難くなっていると指摘されてきた。この点に関して社会学者の天野正子は、近世社会と比して現代社会に「老いの入る席」はなくなってしまったことがそれに関係していると指摘している。天野によると、近世の日本には隠居の慣行が明確な形で存在しており、孫の世代との交流を誰もが持っていた。隠居衆に入ることはできないような老人であっても、孫世代との交流の場は保持されており、老人たちの居場所になっていた。その意味で、伝統的社会において身近な老人の存在は、子どもたちにとって老いや老人を学び取る何よりの機会であった。天野は、近代文明は農村を衰退させただけでなく、青年と壮年の視点を中心に据え、代わりに老人と病人を見えないところに追いやったと指摘する。老いることや死にゆくことを老人ホームや病院、もしくは役所、教会、葬儀産業の手に委ねてきた結果として、近代人は老いと死を怯えるようになった〔天野 1999：18–20〕と述べる。

中野新之祐もかつては日常的な老人との接触のなかで、子どもたちは社会の持つ老い観・老人観を学び取っていたと指摘する。そのうえで現代日本において我々の身近な場所から老人はいなくなり、老人観を身につけることができにくくなっていると歎じる〔中野 1992：96〕。天野や中野の指摘は、「今の私たちのくらしの中では、死は見えなくされており、死者はすぐかたづけられてしまう。見わたすかぎり、生きているものばかりの景色である」〔鶴見 1991（1976）：173〕という鶴見俊輔の指摘にも通じるものであろう。高齢社会で高齢者は溢れているにもかかわらず、ある意味老いる人びとは見えないところへ追いやられてしまっている、というわけである。

近代化に伴う老人の地位の低下の議論は、文化人類学的なエイジング研究においてもとくに目新しい議論ではない。第1章でも取り上げたドナルド・カウジルとローウェル・ホームズは、*Aging and Modernization*〔1972〕のなかで、老人たちは近代化によって排斥されたという疑似進化論を唱えている。科学技術の発展、医療技術の発展、都市化といった変数は、老人の地位を低下させたというものである〔Cowgill & Holmes 1972〕。この議論はのちに批判され大幅に修正されることになったが、近代化に伴う老人の地位の低下は今や自明なものとして受け止められている。

福井栄二郎はバヌアツのアネイチュム島の事例をもとに、老人というカテゴリーやそこに付随する社会的な規範は社会的、言説的、歴史的に構築されているという考え方の再考を行った。アネイチュムでは他の多くの地域と同様に「老人は伝統を知っている」という社会通念や規範がある。一方で人生の大部分をアネイチュム外部で送り、それゆえ「伝統を知らない」と考えられるという老人たちが存在しているという。福井は、ここからアネイチュム社会において老人への尊敬は、彼らは「伝統に詳しい」からではなく、「年を取る」という宿命的な現象ゆえだと述べている［福井 2008：576–628］[7]。福井の指摘するとおり「老人は伝統を知っているから尊敬されるのだ」というこれまでにも繰り返されてきた老年人類学の一定の語り口は、老人自身の生活の多様化した現代沖縄離島で生きる老人のそれを考える場合にも、もはやふさわしくないのかもしれない。しかしながらそれでもなお老人たちは「尊敬されている」。冒頭の事例に表れているような、当該地域における人びとの老いる人びとに対する愛情や敬意をどのような視点から考えればよいだろうか。

第1章で触れたとおり研究対象としての老人とは誰か、という概念規定の問題はエイジングに関する研究において常に問題となる。本書ではあくまでも「老いる経験」の考察に主眼を置いているものの、当該社会において「老人」がどのように処遇されているのかを知ることは人びとの経験を知るうえでは欠かせない。本章は当該地域の「長生き」そのものに価値を置く文化的背景について、長寿儀礼の〈カジマヤー〉のあり様や島内の伝統行事における役割を考察することから「老いる人びと」の文化的、社会的位置についてその一様を明らかにすることを目的としている。

2 長寿の文脈

(1) 長寿の島？

第3章で触れたとおり状況は変わりつつあるが、日本有数の長寿地域としての沖縄のイメージはいまだ保持されていると言っていいだろう。調査当時、島には一〇〇歳以上の長寿者はほとんどいなかったもの[8]の、〈トシヨリ〉たちの長寿化は都市部と同じく進んでいた。しかし沖縄における長寿イメージは構築されたのはそうむかしのことではない。明治時代の『琉球新報』には次のような記事が掲載されている。

國頭郡羽地間切川上村平民大城牛助といふ當年五十六になる老人□去十三日同間切屋我村字天願岬の海中に溺死せる□とを發見したり（『琉球新報』明治三五年九月一九日刊第三面、□は判読不明）。

「老人の溺死」と題して報じられたこの事件は、沖縄本島北部の国頭《くにがみ》郡の当年五六歳の男性の溺死を報じている。ここでは五六歳という年齢をもって「老人」と記されている。当時沖縄においても齢五〇歳を超えれば「老人」と呼ばれていたのである[9]。こうした老人に対する暦年齢イメージは、長い間おそらく一般的な感覚だったであろう。

長寿の受け止められ方も現在とは異なっていた。受け止められ方の一端を同年同月付の『琉球新報』の別の記事に見ることができる。「懸下各地の長壽者」と題された記事は、『琉球新報』に五回に渡って連載された記事で、毎回数名の県内長寿者が出身地域別に挙げられている。そこでは長寿者の名前、住所、生誕地だけにとどまらず、生活の程度、生来の養育、職業、住所の地質と飲料水、家屋、子どもの数、果てはその子どもの生死、視力、聴力、歯の状態、手足の状態、食べ物、血族の高齢者の有無、父母の体質、衣服や沐浴羅病の有無なども紹介されている。第三回目の連載で取り上げられた長寿者のなかからひとり取り上げてみよう。

◆百謝 ツル

北谷間切屋良村士族文化九年十一月生當年九十歳也

△生産地及生活 北谷間切平安山村に生れ廿四歳の時當家に嫁す生活程度ハ村内にて中等なり

△生来の養育 父母の膝下にありて農業に従事し普通の養育を受けたり

△職業 専ら農業に従事し壮年の時は□度の労動を爲せしも年を取るに従い其の度々減し目今の處にてハ何業をも手に□かさる有様なり

△住所の地質及飲料水 地質□乾燥にして飲料水は善良なり

△家屋 本懸普通の茅藁葺家屋にして南に面し屋敷の四面竹木を以て生垣を囲ゐ空氣の流通宣し

△配偶者 目下存命中

△□子 男四人女二人にて長男五十五歳次男四十九歳三男四十四歳四男四十二歳長女四十七歳次女三十八歳何れも存命

△視力聴力歯牙手足 視力ハ若き時より劣りたるも聴力は能く□□歯牙は全く脱落腰部屈曲し四肢の活動自由なるも腰部曲がりたるため歩行は常に杖を用ゆ

△食料 若き時ハ甘藷を常食とせしも年老ひたる□は朝夕二回は米飯□は甘藷を食し米の食量ハ一度□付凡五勺位甘藷ハ半斤位なり

△血族高齢　父ハ五十歳母ハ八十五歳にして死亡せり
△父母の体質　母は強健にして父ハ柔弱なりし
△衣服沐浴罹病　衣服は芭蕉及ひ木綿□着し常に洗濯ものを好む沐浴ハ水を用ゆ一ヶ月七八度位にして重病に罹る事なし（『琉球新報』明治三五年九月二二日刊第三面、□は判読不明）。

沖縄本島の北谷《ちゃたん》〈間切〉(10)の当年九〇歳の女性に関する記事である。離島や本島北部のような離れた場所の人びとについて情報を得ることはできなかったのであろう。記事にはほとんど取り上げられておらず、取り上げられてはいても詳細な情報までは書かれてはいない(11)。

内容に関してみると血族の健康状態のみならず、家屋の状況、住所の地質まで言及しているのには驚かされる。だが、それ程当時九〇歳の長寿は稀であり、人びとの長寿に対する関心は強かったのであろうことは想像に難くない。

(2)　島の長寿者

周辺からの人口が集中していた沖縄本島ですらそうだったのだから、離島における長寿者は実際に古来稀なる出来事であったのだろう。「懸下各地の長壽者」の連載された明治期当時の長寿者についてははっきりと知ることはできないが、記録に残っている昭和初期の島内長寿者の数を見てもそれは歴然としている。図1はその昭和初期における島内長寿者の数をあらわしたものである。これによると昭和初期、女性は九〇歳以上の人は二、三人存在しているが、男性はまったく存在していない。女性についても九〇歳前半だったのか、もしくは一〇〇歳近くだったのかはこの資料からは判然としない。

図1　昭和初期における島内長寿者数（郷土資料から作成）

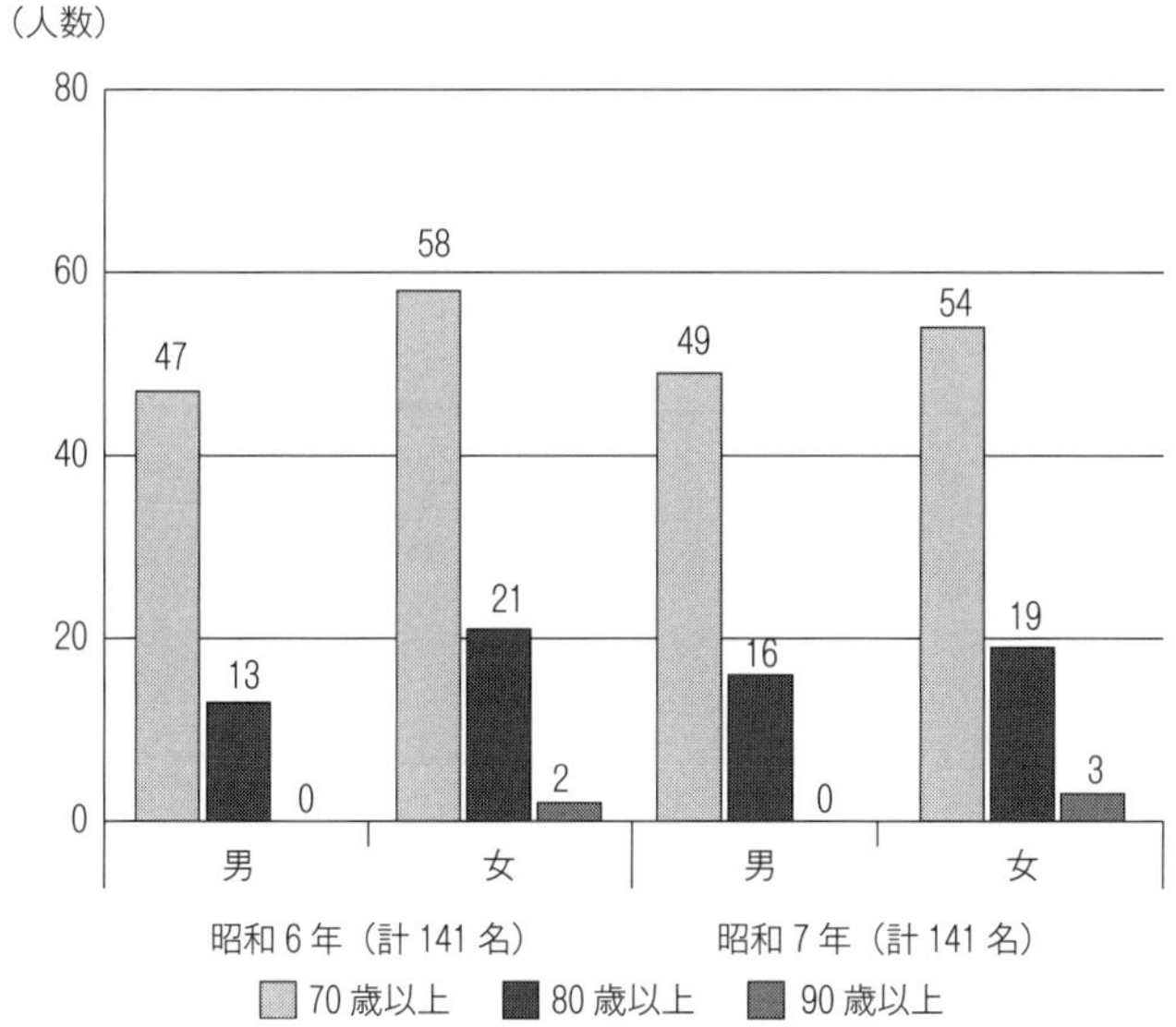

〈カジマヤー〉とは、沖縄独自の年祝のひとつで九十七歳の年祝《トゥシビー》である。[12] 一九七〇年後半に『那覇市史』編纂に携わった源武雄は那覇市内の〈カジマヤー〉に関する調査について次のように記している。[13]

> 十二支思想で設定された生まれ年に八十五歳の次の九十七歳があるがその祝いをカジマヤーウィエーという。……こんどの調査で分ったが、戦前九十七歳のカジマヤーを迎えて祝われた人は、ほんとうに稀だったらしい。それこそ古来稀なりであった。九十五歳の老女にあっても、戦前九十七歳のカジマヤーをやった人は知らない。だからどんなことをしたかわからないという返事であった。そんなわけで一般の人々はカジマヤーという言葉は知っていても、いくつの年の生まれ年祝いなのか、どういう行事をしたかなど分かっていなかったと思われる［源 1979：623］。

源の弁に従えば、那覇市内ですら戦前に〈カジマヤー〉をしたという確証はとれないのだから、島のような離島においてはなおさらのことではないか。可能性は否定できないが、戦前にはほとんどいなかった、もしくはいたとしても多くは〈カジマヤー〉を行う状況にはなかったのであろう(14)。

(3) 〈トシヨリ〉と〈カジマヤー〉

長い間多くの人が〈カジマヤー〉を実際には見たことがなかったとしても、長寿者を貴ぶ気風が沖縄にあったのは間違いない。〈カジマヤー〉は、もともと長寿の賀ではなく厄払いとしての思想が勝っていたのではないかという指摘もある。この点について源は次のように述べる。

元々、トゥシビーの当年は厄年だということが一般に信じられていたが、現代になってから、この考え方はだいぶうすれて、四十九歳以下のトゥシビーは軽視され、六十一歳以上を長寿の賀と考える風習が、ほとんど一般化しようとしている。しかし今日の段階でもやはり大正の頃まではトゥシビーは厄年だ――という信心があったことが調査してみて分る。首里那覇でも他地区と同じように、生まれ年に当ると厄が入る年だといって火の神や祖霊に守護を求める祈願を行った。沢山の人が呼ばれてにぎやかな祝宴を張った。そうすると厄神が逃げると考えたのである。生まれ年の翌年をハリヤク（晴れ厄）といって、厄の神が去り厄が晴れたとして小宴を催す風習があった［源 1979：620–621］。

源の見解は、南島の年祝こそが本土の厄年の本来あったかたちであるとして議論した柳田國男をはじめとする日本本土の民俗学者らの議論とは、見解を異にする。たとえば宮田登は次のように指摘している。「沖縄などの南島方面では、厄年というよりは年祝の習俗が強いことが、すでに民俗例として報告されている。すなわち十二年目ごとにくる生まれ年を年祝いとするのであり、男女の別なく、十三歳を出発点とし、二十五歳、三十七歳、四十九歳、六十一歳、七十三歳、八十五歳とつづく。比較的本土の影響を受け易かった八重山は、十三歳は女子、二十五歳は男子と分けているという」[宮田 1979：113]。「厄年を、基本的には年祝いと考える方がはるかに妥当なことはたしかである。本来ヤクドシを厄年と記さず役年と記すべき必然性があったとする考え方が、柳田民俗学から出されている。日常生活の営みにおいて、マイナスに働く要素とプラスに働く要素が、このヤクドシには両義的に存在するのである」[宮田 1979：116]。ここでは厄年に先行するものとしての南島の年祝について触れている。また、もとは模擬葬儀であったというような解釈も存在する。

九十七歳のカジマヤーで首里・那覇とはちがった行事をした村が二カ所、北部地区から報告されている。国頭村比地では、カジマヤーは先祖が後生に引き取るのを忘れてしまっているというので模擬葬式をして墓へ送った。部落民がその行列に出合うことは禁忌とされていた（『沖縄の民俗資料』国頭村比地より）。国頭郡名護のカジマヤー祝いでは、行列を組んで村中をねり廻り、ななさの橋、さもなければ七つのアジマー（十字路）を通過する。後生支度というので葬式と同じく路傍で歓迎することを忌む風習は今でも残っている。今はすたれたが旧藩時代には死人と同じ取扱いを受け枕を西に、枕元にはお重を供え祈願は当人の祝福でなく子孫の幸福を祈るというものであった（『沖縄の民俗資料』名護より）［源 1979：624］。

「後生」とはあの世のことである。厄を「払うべき」ものだったのか、はじめから「祝うべき」ものだったのかという意味の変遷に関する議論はひとまず横に置いておくにしても、この長寿儀礼が今なお沖縄の独特の長寿儀礼として広く行われ、人びとの生活で重要な意味を持っていることは興味深い。

古来稀なる年祝だった〈カジマヤー〉は、今では都市部に限らず離島や郡部においても「稀なる」ことではなくなった。長寿の高齢者をもつ家族や親族は、〈カジマヤー〉や〈トーカチ〉[15]の半年や一年も前から実行委員会などの組織を作って準備することも珍しくない。時にはホテルの大広間を借り切って数百人もの出席者によって祝うこともある。村落や離島では全世帯をあげて参加し、〈カジマヤー〉の人をオープンカーに乗せて集落をパレードしたり、親族のなかには東京や大阪からツアーを組んで参加したりする例なども報告されている［片多 1991：980–982］。そのため長寿儀礼は、一方では家族に多大な経済的な負担を強いるものでもある。新聞投書を掲載した沖縄タイムス社の『長寿の島の教え』のなかに、〈カジマヤー〉をひかえた母親を抱えた家族の話が紹介されている。

「九十七歳のカジマヤーまでお祖母さんは元気だから大丈夫よ」と皆が話しているよと言うと、「その年まで生きていたら、子や孫達にお金を使わせて迷惑をかけるし、その後で逝《い》ってしまうと二重にお金やいろいろなお世話をおかけして大変なので、それまでは生きていたくないわ。そしてね、三十三回忌まで法事を行うから身を包むだけのお金も用意しておかなくちゃね」と話した。そして「八十歳を過ぎたら長命だから、私の葬式は盛大に行って、来客には食事も何もかも出してね」と日頃から話していて、いつ迎えがきても良いように、トーカチに着た着物と預金を用意していた［沖縄タイムス社 2000：25–27］（ルビは原文のまま）。

八五歳の年祝も〈トーカチ〉も〈カジマヤー〉も、一般的には元気な〈トシヨリ〉のみ行う儀礼であり、伝統的には寝たきりのような場合には行わない。自分は〈カジマヤー〉を行う予定はないけれども、と話す那覇在住の八〇歳代の女性は次のように述べる。

事例1：五～六年前は、四〇〇人から五〇〇人の招待客を招いて、〈カジマヤー〉を行っている人も多かったけれども、ここ最近は減っています。若い人が参加しないから。地方では小学校が休校になったりもするのよ。鼓笛隊が出るからね。病気の人は、年祝はしません。座れる人、話せる人だけね。（二〇〇四年一月二二日）

島内では「古来稀なる」といったほどではないにしても、〈カジマヤー〉の行われる数は先に述べたとおり沖縄本島都市部に比べると多くない。退職を機に島を離れる人は少なくないため、〈カジマヤー〉を迎えるまで元気であっても島にいないことも多い、といったような事情もあろう。(16)

だが人によっては〈カジマヤー〉ではなくとも、六一歳の年祝の際に那覇のホテルで三〇〇人近くの招待客を招いて開き、豪華な琉装で撮った写真や、家族親族からのお祝いの言葉や自分史を載せた本を自費出版し盛大に祝う人もいる。(17)〈カジマヤー〉も、寝たきりで自分で立ち上がることはできずとも、場合によってはごく限られた間柄でお祝いが行われることもある。事例の詳細は第6章に譲るが、寝たきりになったある八〇代の女性の家族は「〈カジマヤー〉までは生きる」と口にしていた本人の希望と、気力を持たせた方がいいだろうという家族の判断で、ごく身内での〈カジマヤー〉を企画していた。

プライベートなかたちとは言っても、寝たきりでの〈カジマヤー〉の開催企画は、〈カジマヤー〉という人生儀礼のもつ祭祀の意味の変化であると言っていいかもしれない。長寿文化を代表する行事として認識される沖縄の年祝〈カジマヤー〉は、「むかしから」人びとにとって親しみのあった慣習とは言えないのかもしれない。しかし〈カジマヤー〉を迎えるまでは頑張ると口癖のように話していた女性の例を鑑みれば、少なくとも現在、人びとの生活において意味を持った儀礼であるということは言えよう。

3 〈トシヨリ〉の席

(1) 〈オジィ〉と〈オバァ〉

前節では長寿儀礼〈カジマヤー〉をもとに当該地域を含めた沖縄における長寿の変遷について概観してきたが、では〈トシヨリ〉とは一体誰を指しているのか。日本社会を研究したデイビット・プラースは個人の加齢や生物学的変化よりも、その人の社会的秩序のなかでの成熟度のほうが重視される［プラース 1985（1980）：317］と述べている。とはいえ、現代日本社会を考えるうえで、社会制度上明示されている暦年齢——前期高齢者（六五歳以上）や後期高齢者（七五歳以上）——は、日本社会においても意味を持った数字である。年齢による老人のカテゴライズ化は、介護保険制度をはじめとする様ざまな公的サービスと関連しており、現在を生きる人びとの生活に直に関わっている。しかしプラースの指摘するように社会的・文化的カテゴリーとしての老いる人びとを考えるうえで、暦年齢だけを考察するだけではおそらく十分ではない。

島では男性の高齢者に対しては〈オジィ〉、もしくはおじいさんという呼称が使われ、女性の高齢者に対しては〈オバァ〉やおばあさんといった呼称がよく使用されている。実の祖父・祖母には〈オジィ〉や〈オバァ〉といったいい方は、あまり使わないと話す人もいた。マスメディアの影響で〈内地〉（日本本土）でもよく知られている〈オジィ〉や〈オバァ〉という呼び方は、かなりくだけた呼び方であるためだという。

同様の話は島だけではなく、二〇〇四年の予備調査で話を聞いた那覇市首里出身の八〇歳代の女性からも耳にした。彼女は、首里はいわゆる「士族の町」で、この女性曰く「商人や庶民の町」であった那覇で一般的であった

〈オジィ〉〈オバァ〉といったような目上の人びとに対する気安い物言いは許されなかったのだ、と話していた。同様にむかし那覇では「男の一人くらい養えない女はだめだ」と言われていたそうだが、首里では逆に「(女は)表には出るな」と言われていたという。那覇では「首里の女は長男の嫁にはしない」という諺もあったらしい。女性の祖母も「難しい」人で反抗すると必ず一時間くらい「女は嫁に行くのだから」と怒られるため、毎回よせばよかったと後悔したものだと話していた[18]。どちらも士族の町であった首里と、商人の町であった那覇らしい物言いとエピソードである。島でも戦前生まれの女性たちを中心に、「むかしの人」の言葉遣いなどのしつけの厳しさについて話をする人は少なくなかった。

家族以外での呼称のやりとりに目を向けると、呼称の使い方は日本本土のそれとあまり大差はない。基本的には家族であれば孫のある/なしや年齢で呼称を決定している。家族以外では先の条件に加え、孫はいない場合であっても親より上の世代であれば〈オジィ〉〈オバァ〉と総称されているようであった。対面の場合にはその場の状況(その場に年少者のいるかいないか)にも左右される。それ以外であれば親族など親しい目上の人びとに対しては、〈〇〇ニイサン〉もしくは〈〇〇ネエサン〉といった言い方もなされていた。

たとえばある六〇歳の女性(孫あり)は島の子ども(小学生)たちに〈オバァ〉と呼ばれ、自身も筆者に対しても「もう〈オバァ〉だけどね」と自称する一方で、彼女と同世代以上の人に限らず彼女よりも年若い人であっても、他の人は彼女のことを〈オバァ〉と呼んでいるところに(たまたまかもしれないが)遭遇したことはなかった。彼女と同級生の女性(孫なし)は子どもたちにも〈オバァ〉とは呼ばれていないし、自ら〈オバァ〉と自称することもなかった。ある八〇歳の女性は八七歳の女性に対して、普段は〈〇〇ネエサン〉という言い方を用いて呼びかけていたが、筆者に対してはその八七歳の女性のことを指して〈おばぁちゃん〉と言い、自分たちの世代を〈トシヨリ〉と総称していた。

男性同士になると、一般的に青年期以降の場合に目上の人間に対しては〈センパイ〉という尊称をつける人が多かった。男女や世代に限らず同級生や親しい年下の人に対しては下の名前で呼んでいることも多い（屋号をもじったあだ名で呼ぶこともある）[19]。

(2) 祭りと〈トシヨリ〉

日常的な家の祭祀の主たる担い手は女性たちである。宗教的な事柄に関しても、島出身の高齢女性たちのなかには、豊かな知識を持つ人も多い。〈ユタゴト〉にはほとんど関心のない人もいるが、祖先祭祀はそれとは別で熱心であることも珍しくない。これまで指摘されてきたとおり［片多 2004：23–29］、沖縄女性の長寿の社会的・文化的要因には、宗教的役割の大きさも関係しているのかもしれない（この点については第6章で詳しく取り上げる）。

島では老いる人びとの島における位置をうかがえるもう一つの機会がある。それは祭りの席である。島をあげて行われる旧暦大晦日の行事を例にとってみよう。これは旧暦大晦日夕方から、人びとが太鼓や鐘を打ち、踊りを踊りながら家々を祝ってまわる行事である。もともとは大晦日厄除けの塩《マース》を配ってまわる行事だったようだが、調査当時、塩を配るという厄除けの側面はあまり強調されていなかった。祭りに向けて各組では一週間ほど前から、夜、組の倶楽部[20]などで練習が行われる。当日は、小組ごとに子どもと大人の舞い手および大人の太鼓と三味線、鉦の奏者で編成される隊が組まれ、夕方から深夜もしくは明け方近くまで時間をかけて回り、組によっては翌日の七時すぎまで続く組もあった。

沖縄の代表的な芸能行事として知られる盆踊り〈エイサー〉[21]は行われてなかった島において、本行事は大人にとっても子どもたちにとっても一大イベントである。この日ばかりは学校も臨時休校になり、子どもたちも行事に参加する。どの組も途中、学校の先生たちの暮らす教員宿舎をまわるので、先生たちも遅くまで教え子の来るのを宿舎の前で待ちかまえている。一方、待ち受ける各家の家主たちは、ふるまいの酒と料理を用意してまわってくるのを自宅で待つ。毎年同じぐらいの時間に来ることになっているとはいっても、必ずしも決まった時間にまわってくるとは限らない。各家に到着すると進行役は家主への挨拶を行い、その後進行役の指示で踊りを披露する。二〇〇七年に実地調査を行ったある小組で舞われる踊りは全部で九種類あり、各家では進行役の選んだ二つ三つの踊りを披露していた[22]。踊り終えると家の主人から進行役にご祝儀が渡され、各伴奏者と演者には泡盛とおつまみ、子どもたちにはお菓子が渡される[23]。子どもたちはご祝儀のなかからお駄賃も渡されるとのことで、それを楽しみに参加している子も多いという[24]。

家で待つ高齢者たちの多くは床の間〈一番座〉に陣取り楽に耳をかたむけ、子どもたちの舞に目を細めながら眺める。島ではいわゆる赤瓦で平屋建ての沖縄の伝統的な家屋のつくりを引き継ぐ家はまだまだ多く見受けられる。そうした家は〈フェーンケー〉（南向き）で、間取りは表の東側から〈一番座〉、〈二番座〉、〈三番座〉、そして各々に〈裏座〉のとってあるつくりが多い[25]。

図2はそうした伝統的なつくりを持つ家のつくりを簡単に模式化したものである。大晦日の行事に限らず祝事などでは、招待客の男は〈一番座〉に座し、女性は〈二番座〉に席を取ると話す人もいた。これは、女性に対する男性の優位を表明するという話をする人もいたがすべての家でそうであるわけではなく、どの程度慣習的になされてきたのかについての詳細は不明なままだった。沖縄の家屋における空間認識についてはさまざまな議論も存在する[26]が、それは島でもある程度当てはまる部分もあるのかもしれない。

今では老若男女区別なく参加する行事であるけれども、先にも触れたとおりいつからかは不明だが昭和三〇年代ぐらいまでは女の子の出る習慣はなかったらしい。日の暮れた後に一週間ほど練習のあること、当日も深夜から明け方にかけて大人や男の子たちのなかに混じって踊るので、女の子は望ましくないとされていたようである。島で

図2　伝統的な家の模式図（〈二番座〉までの場合）

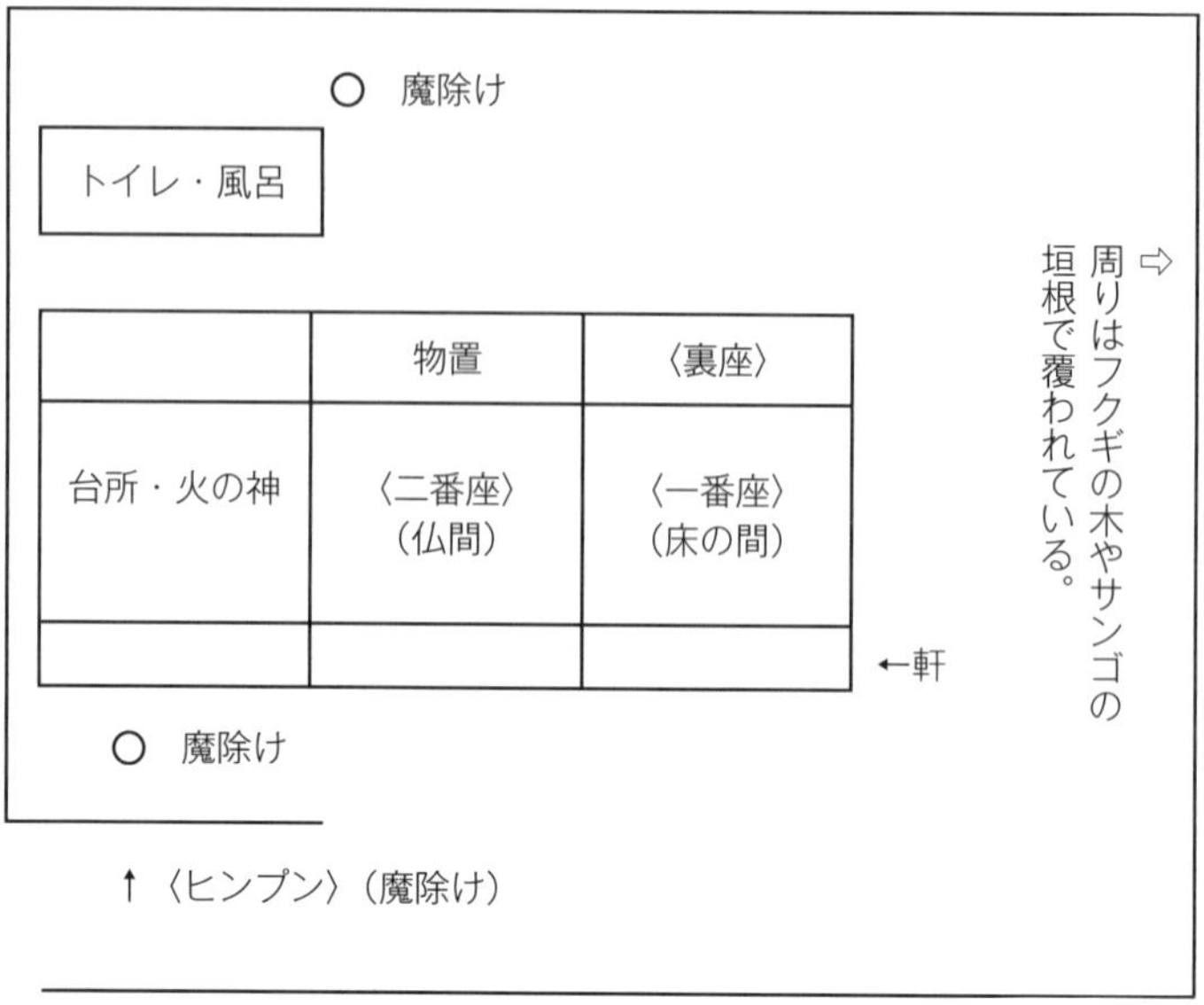

＊昔は台所を別棟とすることは普通であったが，現在では家内に作る家も多い。トイレや風呂は台所の横につけているところもあるがトイレ（〈フール〉）の名残か，まだ外にあるところは多く，その場合〈裏座〉の後ろか台所側にある。現在では屋根もしくは出入り口には魔よけとして〈シーサー〉のある家も見うけられるが，一般的には魔除けとして貝殻とサンゴを置く。伝統的な家屋には玄関はない。

は戦前は多くの家庭において、女の子に三味線や踊りといった芸事をさせることを好まない風潮もあったらしい。そのためだろうか、調査当時も実際に参加している人のなかに、三味線や踊りに子どものころから親しんだりしている年配の女性は多くなかった。現在参加している芸達者な女性の多くは、子育てをやり終えた頃から習い事としてはじめたという（第6章でも触れる）。

一方、子ども時代に島を離れた男性の多くは行事自体よく知らない。「大晦日に参加したことはない。以前は中学生や ら青年が中心となって行っていたため、小学校六年生で卒業すると同時に島を出た自分は経験がない」（八〇代男性）ということらしい。二〇〇七年の大晦日に子どもの時分以来、初めて参加したという六七歳の男性もいた。[27]

こうした意味では島外に仕事を求めてきた大正、昭和初期生まれの老人世代もある意味伝統を知らない人びとであるのかもしれない。生活の糧を求めて若いころから島外で生活してきた高齢の男性たちの多くは、参加した経験すらないという。早くから島を離れていた人のなかには一般的な沖縄言葉〈ウチナーグチ〉とは異なる島独自の島言葉《〈シマクトゥバ〉》をしゃべれない人も多く、「今は（島言葉をしゃべれないことを）後悔しているさぁ。ちゃんとむかしの人に習っておけばよかったって」（八〇代男性）と嘆息する人もいた。

ここで重要なのは、彼らはいわゆる「伝統」を知っているか、知っていないかというよりも、当該社会のなかで彼らはどう遇されているのか、それは何によるのかを考察することであろう。旧暦大晦日の行事では高齢の女性たちの場合は伝統を知らないことこそが「伝統的」であるのだから、老いる人びとの持つ知識を「伝統的な知識」として固定化することにはほとんど意味はない。そもそも人類学や民俗学でよきインフォーマントであった、長老や古老と呼ばれてきた人びとの保持してきた知識は特権的な知識で、すべての老いる人びとの共通の知識などではなく、ごく限られた立場（多くは男性）のみに許された知識であったのである。

では、老いる人びとすべてが持ち得ていたのはなんだったのか。もちろん「伝統的な」知識も含まれていただろう。だが、それはそれぞれ人生という長年の経験の蓄積から獲得していた経験知であったと言える。こうした経験知に対する畏敬は、冒頭に触れたような老いる人びとに対する敬老の風土なしには成立しないものであろうが、敬老の風土そのものを考察するには、島のみならず沖縄や日本本土を含めたうえでの儒教の影響など思想史的な議論など、より幅広い考察が必要となるためここで議論するには材料が十分ではない。しかし少なくとも、〈カジマヤー〉に代表される長寿儀礼の存在や、祖先祭祀を重視する風潮は、冒頭に触れたような人びとの老いる人びとに対する態度の基盤となっていることは間違いない。

(3) 〈トシヨリ〉と子ども

子どもと老人の親和性は様ざまなかたちで語られてきた一方で、現在はその老人世代と子ども世代の交流はなくなってきている、といったことはこれまでも指摘されてきた。冒頭でも挙げた中野新之祐や天野正子は、伝統社会においては、子どもにとって老人は身近な存在であり、老人との様ざまな交わりのなかで子どもたちは老いの意味を学びとっていたと指摘する。一方現代は身近な場所から老人はいなくなり、子どもたちは老人観を身につけることが出来にくくなっているのと嘆息する［中野 1992：96，天野 1999：18］(28)。島においても、子どもの数は年々減少しているので、子どもたちと〈トシヨリ〉との交流は限られ、個人差も大きい。それでも様ざまな事情から、島で孫の面倒を見ることもないわけではない。

幼いころに母親を亡くした長男の子どもを引き取って、高校生になるまで面倒を見たという八〇歳の女性は、次のように語る。

事例2：お母さんがいたらね、そんなことしないが、……お母さんが（亡くなって）いないから、面倒みる人がいないから、連れてきたんだよ。……中学三年まで。ひとりは、二人は那覇で学校出して。一人は△△商業（高校）出して。ひとりは、このうっとん坊（長男のこと）は、大阪。……娘の子どもも小さいときから、こっちでおっきくして。あれの子も、こっちで、一歳半からこっちで、育てて、大きくして。あれは、□□高校、あれは、推薦でいった。（八〇代女性、二〇〇七年八月一五日）

事例2の女性は長男の子どもだけでなく、娘の子どもの面倒を見たという。このような話は別にこの女性に限られたことではない。母親の病気などさまざまな理由で子どもの世話が十分にできない場合、祖父母に限らず兄弟親族に預けるといったようなことは沖縄戦以前から行われていたようで、次の話は他の八〇代の女性から聞いた。

事例3：このひと（夫）たちも、お母さんがちょっと病気して、大阪から一〇歳の時に（島に）帰ってきたって。（八〇代女性、二〇〇七年八月五日）

事例4：閏年の子どもが、兄さんの子どもがいたから。ちょっとあれ（子ども）を大きくするのに、（手間が）かかるから、呼ばれて。田舎（島）に帰ってきて、出ようとしたら。あれから戦争（がはじまった）。（八〇代女性、二〇〇七年八月一五日）

「自分たちが働いたらな、金はなくても、種さえ買ったら、食べさせていける。ほんとよ」という島の生活は、島外で暮らす人びとにとっての重要なセーフティーネットであり、よりどころでもあった。孫世代と祖父母世代の関係性も戦前から今に至るまでそのような背景をもとに、親密な関係が形成されていたのであろう。事例2に挙げた高校生まで祖母に育てられた孫は、独立した今も年に一度は「お母さんの墓参り」に訪れるという。

このような関係は島であればどの家庭であっても形成しているわけではないし逆に島でのみ形成されている、といったことでもない。夏休みに親に連れられしぶしぶ島を訪れていた那覇育ちの高校生に、（筆者のたびたびの訪問を）「何もないのに一体何をしに来るのか」といった言葉をあきれ気味に投げかけられたことも多々あったが、多くの子どもたちは島ではなく島外で成長していることを考えればそれは当然の感覚である。

事例5：（自分の実家を指さしながら）あっちがわたしの実家。〈カワラヤー〉だったけど、兄さんたちは小さい時から来ないからね、あっち（那覇）で生活して、孫たちもあっち（那覇）。あれ屋敷番してるだけ。〈トートーメー〉もみんな那覇でやってる。（八〇代女性、二〇〇七年八月五日）

〈カワラヤー〉とは瓦葺の家を指す。「瓦葺の立派な家だったけれども、子どもの頃から那覇で育った兄弟たちは島に来ることはなかった」というわけである。〈トートーメー〉とは位牌のこともさすが、ここでは祖先祭祀をさしている。島では那覇で主に生活している場合でも、島の家はそのままに仏壇も残していって祭祀ごとに島に戻る人びともいる。事例5の家では墓は島においているものの、基本的には祖先祭祀は那覇でやっているという話であった。もちろん島でなくても親族の親しい関係性は保たれる。現在は島から離れた場所で生活する六〇歳代の女性は、日曜の孫とのモーニングは最近の習慣だと話す。

事例6：むこう（大阪）におるとね、（嫁いだ）娘がいつも子どもたち（孫）を日曜の朝になると連れてきてから、子どもが、ばぁちゃんご飯食べ行こっていうから、モーニング（近所のハンバーガーショップのモーニング）をね、食べに行くんよ。（六〇代女性、二〇〇六年一一月一九日）

こうした例を鑑みれば、事例2の女性の例に見られるような家族間（とくに孫世代）との親密な関係性を特別視することはできない。個人差もある。だが、島で生きる／関わる人びとに今なおこのような分厚い関係を持ちうる基盤が存在しているのも事実である。

4 〈トシヨリ〉と〈トシヨリ〉

(1) 「〈トシヨリ〉はいじめたら大変」

本章ではこれまで長寿と長寿儀礼、呼び名、祭りでの位置、子どもとの関係などから島における老いる人びとの当該文化における文化的社会的位置について見てきたが、本章の最後に〈トシヨリ〉の語る〈トシヨリ〉について取り上げておきたい。

図3を見ると七五歳以上の後期高齢者の占める割合は高い。個別具体的な事例については次章以下で取り上げるためここでは詳述することは避けるが、そこからは漏れてしまうエピソードについて取り上げておきたい。

事例7：〈トシヨリ〉だからね、〈トシヨリ〉は使われんでしょ。〈トシヨリ〉は大事にしなきゃ。〈トシヨリ〉はいじめ方が違う。若い人はどんだけいじめてもね、〈トシヨリ〉はね、怖い。(二〇〇七年八月九日)

〈ネエサン〉たちの手伝いをまめまめしく行っている八〇代の女性が、筆者にこっそりと零した言葉である。〈ネエサン〉たちは〈トシヨリ〉だから使われないと話すものの、彼女自身も八〇歳をすでに超えており、十分〈トシヨリ〉である。はじめ「〈トシヨリ〉は、怖い」とあまり穏やかでない言葉にびっくりしたものだが、若い人はいじめてもいいけれど、〈トシヨリ〉は「怖い」からいじめてはいけないという彼女の言葉には、〈トシヨリ〉というものに対する単なる敬い以上の、畏れのようなものを感じ取らざるにはいられない。ここで垣間見える〈トシヨ

図3　島内人口に占める75歳以上の割合
（『長寿社会対策ハンドブック』［2002］より作成）

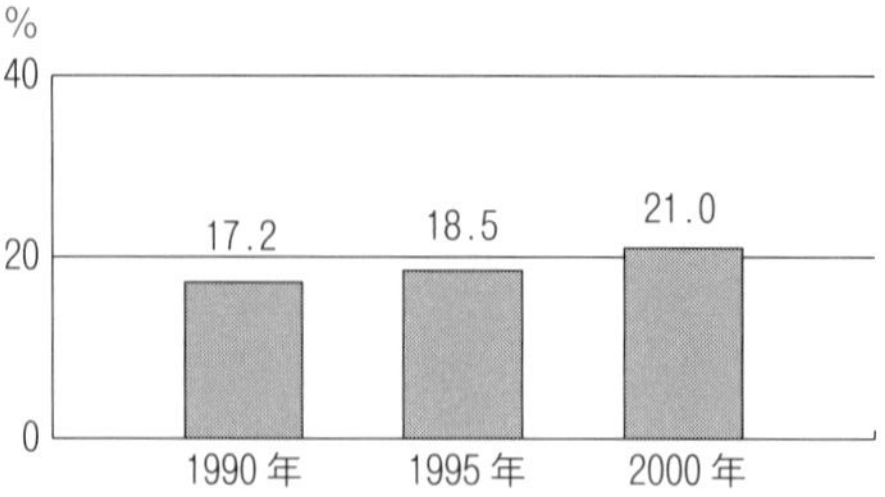

リ〉と〈トシヨリ〉の関係性は、〈トシヨリ〉以外の世代から向けられるまなざしとは異なるものである。[29]

事例8：年取ってるからね、おばぁちゃんたち、年とってるからね、……わからんばぁて。（二〇〇九年七月二七日）

事例8は八〇代後半の女性の九〇歳前後の女性たちについてもらした言葉である。「年とってるから、わからない」とは、先の「〈トシヨリ〉は、怖い」とは違った自分よりも少し上の世代の〈トシヨリ〉評である。

事例9：あの～うるさい。〈トシヨリ〉、わたしも〈トシヨリ〉だがね、他人のことはあんまり言わん。（二〇〇七年八月一六日）

事例9は八〇代前半の女性が、別の八〇代後半の女性について口にした言葉である。「他人のことはあまり言わない」というのは、他人の悪口は言わないという意味である。このように〈トシヨリ〉の〈トシヨリ〉評は、同世代の気軽さと付き合いの濃密さからか、年の離れた下の世代からのそれに比べていささか辛口であるように思われた。

同級生ともなると気兼ねなさからであろう、さらにその傾向は増していたように思われる。島における付き合いのなかで、親族関係やそれに基づく地縁関係、職場関係のなかでも、小中学校の同級生同士の付き合いは高齢者に限らずどの世代においても特別である。日常的な親しさを説明する理由として「同級生だから」といったフレーズはよく持ち出されるし、島内で幼少期を過ごしていない人びとや同級生のほとんどは島を離れている人びとは折に触れて「同級生がいないから」といったようなことを口にする。同級生たちは機会のあるごとに集まって飲んだり、男性であれば〈モアイ〉や〈タノモシ〉[30]をしたり、女性であれば家々を行き来して〈ユンタク〉するといったように深い付き合いをする人も少なくない。島では高齢の女性は家を空けることはあまり多くないが、彼女たちが出かけて〈ユンタク〉する先は親族の家か同級生の家である。そのため小さな島であるにもかかわらず、付き合いはなくほとんど顔を合わせることはないといった状況も生まれる。

(2)「家と畑しか行かんさ」

事例10：そっちは行ったことないからわからんさ。家と畑しか行かんさぁ……でも迷うことはないよ。（二〇〇四年三月七日）

島に通い始めた当初、八〇代の女性に島内唯一のビーチへとつながる道を尋ねたときに返された言葉である。小さな島の浜を知らないとは一体どういうことなのか。はじめは面食らったが、彼女に限らず島の人はほとんどビーチで泳ぐことはない。ビーチで泳いでいるのは大体観光客である。五〇代の島育ちの男性によるとビーチは集落外に位置するため、子どもの頃からわざわざそこまで足を運ばずに船付場など集落の目の前に広がる海に飛び込むのがあたり前だったのだという。高齢の女性たちは、先に述べたとおり親族同士の付き合いを別にすれば畑や海の〈アザリ〉など仕事や家事のほかはあまり外出しない人も少なくない。主婦が頻繁に外出して「家を空ける」ことはある特定の世代以上では眉を顰められることもあるようで、「那覇では皆自由だけど、こっち（島）ではあんまりな」といった言葉に代表される、女性に関する厳しいまなざしは、彼女たちの日常生活のあり方も規定している。

島の〈トシヨリ〉をめぐる文脈は、決して特殊なものではない。しかし近代化によってその地位は奪われてしまったと嘆かねばならないような状態にもまだない。長寿を祝い、老を敬う気風が残り、そこでは長寿儀礼の存在に力づけられる女性や、孫世代との緊密な関係性を持つ人びとがいる。これらの関係はどこか窮屈なようにも見えるが、密接な人びとの付き合いやつながりの延長線上にある。

こうした文化的・社会的背景が個々人の経験にどのように反映されているのか、といった問題の議論は次章以下に譲る。老いる人びとを取り巻く様ざまな文化的背景は、彼／彼女らの生き方に大きく影響しているのではないだろうか。次章以下ではより具体的な人びとの経験からこの点について検証していきたい。

[注]

（1）船と比べると当時二倍ほど割高だった。

（2）那覇に家族や親戚が居住している場合も多く、那覇に別宅を持ち島と行き来している人もいる。買い物、美容室、歯医者、病院通いなど多い人になると月に数回「那覇に行く」。フェリーのなかでは「どこにいくのか?」「那覇に行く」といったやり取りはあいさつ代わりに交わされている。

（3）大正期に火葬場の設置されていた沖縄本島の那覇や石垣島、奄美の名瀬といった都市部とは異なり、沖縄の他地域の近代的な火葬場の設置は、第二次世界大戦後に進められた。一九五一年に沖縄本島北部の大宜味村喜如嘉に設置されて以降、沖縄各地に広がり一九七〇年代半ばには一部離島を除き火葬は定着した［尾崎 1996：63–65, 酒井 2005：196］。葬儀や死者儀礼については第7章を参照のこと。

(4) 死者の埋葬方法や島に残る伝統的な墓の説明については第7章に譲る。
(5) 〈トシヨリ〉という言い方は、〈オジィ〉や〈オバァ〉とは異なりいわゆるフォークタームではない。だが、老いる人びとを総合的に指す語彙として島で最もよく用いられていたので、本書では括弧付きでフォークタームとして表記している。〈オバァ〉は日本本土と同様に、祖母―孫関係を前提として家族・親族内で使用されるが、この子どもを中心に据えた呼称は決して決まったものではなく、家族内では〈オバァ〉のほかにもおばあちゃん、ばぁちゃん、おばあさんなどは一般的に用いられていた。
(6) おしゃべりのこと。
(7) 伝承者としての老人については別の意見もある。アンソニー・ギデンズは、伝統の議論のなかで「口承文化では、年長者たちが伝統の保管庫（さらには多くの場合、守護者）になっているとすれば、それは、年長者たちが伝統を他の人たちよりも早い時期に吸収してきたからだけでなく、年長者たちが同年齢の他の人たちとのやり取りのなかでこうした伝統の細部について確認し、それを若い人びとに教えていく時間的余裕のあるからでもある」と指摘している［ギデンズ 1997（1994）：120］。同年齢の他の人たちとのやり取りのない場合には伝承者として伝統の細部について確認することはできないので、伝承者とはなりえないことになる。伝承者としての役割は老人たちすべてが担えるものではない。
(8) 二〇一二年九月一日時点での島内における満一〇〇歳以上の人びとは、男性は一名、女性は三名の計四名と報告されているが、二〇一一年は〇人だった。
(9) 厚生労働省の発表している完全生命表による平均余命の年次推移報告によると、明治二四年から三一年の平均余命は、男は四二・八歳、女は四四・三歳である。ここから考えれば、暦年齢五〇歳を超えれば老人であるというのは沖縄に限らず日本全般に共通していた老人に対する暦年齢イメージであろう。昭和二二年（一九四七年）七月一二日の『朝日新聞』では、品川区五反田の目黒川でモンペ姿の老婆の変死体の発見されたことを報じているが、この「老婆」も五〇歳代と記載されている。
(10) 〈間切〉とは当時の沖縄の行政の単位。
(11) 島尻や宮古島の人びとの例は、本文中に示したものに比べると省略されている項目はあるものの形式に従って紹介されている。
(12) 〈カジマヤー〉という言葉はあの世にわたる十字路を意味するとか、風車のことでこの日には老人も再び童心にかえって風車で遊ぶということから来ているなどの諸説がある。
(13) 一九七九年に刊行された『那覇市史』の編さんを担当したのは、宮里栄輝（沖縄歴史研究会会長）、源武雄（沖縄県文化財保護審議委員）、福地唯方（郷土史・民俗研究者）、国吉真哲（郷土史研究者）、平敷令治（沖縄国際大学文学部教授・民俗学専攻）、比嘉政夫（琉球大学短期大学部助教授・社会人類学専攻）ら当時の地元知識人である。彼らによって作り上げられた調査・編集指針の下、各所で民俗調査が実地された。編集の際に理念として掲げられたのは、専門家を対象にした概念的、分析的な論文発表とならないようにすること、市民を対象とした具象的、総合的な資料記述をすることであった。その目的は、市民の伝承的な生活を浮き彫りにすることであった。民俗編の実際の章、節、目の立て方は柳田國男の『民俗学入門』（一九四二年）、和歌森太郎の『日本民俗学』（一九七三年）、文化庁文化財保護部監修『日本民俗資料辞典』（一九七〇年）にならっている［那覇市企画部市史編纂室 1979］。

(14) 〈カジマヤー〉を行うことができるのは、通常は座れる人、話せる人とされていて、寝たきりの人は含まないとされる。

(15) 現在では〈カジマヤー〉と同様に八八歳の〈トーカチ〉の祝いも広く行われているが、〈トーカチ〉は日本本土の米寿祝から来たもので〈カジマヤー〉とはその起源を異にしている。本来沖縄では八五歳の時に年祝を行うため、八八歳の〈トーカチ〉は一般的ではなかったと話す人もいた。

(16) 敬老会は島内の施設で行われているが、〈門中〉や親族で行われる祝いごとは〈カジマヤー〉に限らず、結婚式〈ニービチ〉も那覇の結婚式会場で開催されていることも多いという。ある人によれば島では大人数の人の収容できる施設は限られるうえ、料理等の準備を考えれば那覇で済ませた方が楽に開催できるためであるという話だった。

(17) この女性は〈ユタ〉をする宗教的職能者であるので、例外的な事例かもしれない。

(18) 粗相をするとすぐに祖母から怒鳴り声が飛んできたという。とくに祖母は女の子に厳しかったそうで、幼いころ弟と四つ上の叔父は座敷で寝そべっているのに、帰ってきたばかりの自分に水汲みを頼むので、頭にきて水汲みの道具をガラガラ鳴らして水を汲みに行っていたら、通りにある母方の祖母に「おばあさん（ここでは父方の祖母）に怒られるよ」と怒られたという（二〇〇四年一月二四日）。

(19) 家族の間や子どもや年若い人たちの間では〈ニィニィ〉や〈ネェネェ〉といった呼称も用いられていた。戦前は数回改名することもあったらしい。「うちの次男はね、三回ぐらい変えてるよ。え～っと、今の名前は自分で変えてきてるわけ。それまでは大次郎。次郎。家の者には今でも次郎って呼ばれているけどね、大次郎が良かったのにね。嫌だったんでしょうね。今はね、（簡単に）できない。母親がね、変えに（役所に）行ったら、同姓同名はダメって（同姓同名が親族にいたとのこと）。そしたら兄貴が簡単に変れたって」と話す女性もいた（二〇〇七年八月一七日）。

(20) 第3章でも触れたが公民館と同様に倶楽部はこうした行事の拠点となる。

(21) 〈エイサー〉は旧盆行事に伴う芸能で、外間守善によると語源は、「ゑさおもろ」の「ゑさ」に求められるという。「ゑさおもろ」は集団舞踏を伴うもので、〈エイサー〉はこれに念仏踊りを加えてつくりあげられたものと考えられるという。〈エイサー〉は円陣舞踏が基本で、この舞踏は日本本土の風流踊り系のものだと言われる［外間 1986：175］。当地では〈エイサー〉は旧盆の慣習としては行われていなかったようだが、調査時には青年会を中心に〈エイサー〉をはじめようとする動きもあった。

(22) 踊りは進行役が決める。家主の希望に沿う場合もあるが、臨機応変に選曲される。女の子が道具を使わず舞う〈ハトマブシ〉と〈島ヅクリ〉、小学校の男の子がオールを模した棒を用いてオールを漕ぐ真似をしながら舞う〈カチリ（節）〉、子どもがザルを使って舞う〈タンチャメー〉、子どもが太鼓とバチを使って踊る〈アシビナー〉、成人女性が〈ハナズミ〉と呼ばれる肩掛けを使って舞う〈イチュビグヮー〉、道具なしに踊る〈デンスナー〉、〈フジンフウ〉、八重山から持ち込まれたと言われる成人男性と女性が舞う〈メデタイ節〉など。

(23) 泡盛はおちょこで水やお湯で割らずそのまま飲む。二〇〇七年に調査したある字では、泡盛やお菓子の外にも〈クースー〉（泡盛の古酒。三年たった泡盛は〈クースー〉と呼ばれる）につけた梅酒、ジュースやヨーグルト、春雨やクラゲ、刺身の酢の物、魚やタコの刺身、お正月の伝統料理である豚の血を炒った〈チイリチー〉、巻きずし、エビなどの天ぷら、ゆで卵、炊き込みご飯の入ったいなりずし、〈サーター天ぷら〉（沖縄風のドーナツ）、〈ミミガー〉（ブタの耳の酢の物）、ハンバーガー、アメリカンドック、みかん、たんかんなどが振る舞われた。ある家ではインスタントラーメンが用意されており、口直しになるという理由で踊り手に人気のメニューであった。

(24) 深夜は大人のみになる。

(25) 〈三番座〉はない家も多い。台所はおおむね西側に位置する。最近では新築する際〈内地風〉に玄関を設ける家も多いらしい。

(26) 沖縄の伝統的な家のそれぞれの座には役割があるとされる。たとえば赤嶺政信によると八重山諸島での小浜島で〈一番座〉は「祝い事があるときに、皆が集まる座敷」であり、〈一番座〉の入口は「偉い人や福の神を持って来られる方が出入りし、この家庭にいいことばかりを迎えさせる場所」。〈一番座〉の〈裏座〉は、「この家の長男が嫁を連れて来て、子どもを作る場所」。〈二番座〉は、「焼香やお盆の時に使う仏壇のある部屋で、祖先を大事にして幸福を迎える所」で、〈二番座〉の入口は「島の有志（村役員）や少しくらいの高い人がこの入口から入って来て、ユイマールなどの相談をするところ」、〈二番座〉の〈裏座〉は「この家の諸道具が集まっている場所」、〈三番座〉の〈裏座〉は「味噌瓶、醤油瓶、塩俵などを置いて自由に使う場所」、〈三番座〉の入口は「島の一般的な人々が用事で訪ねて来た時、ここから入って色々な話や交際をするところ」と説明されたと言う［赤嶺 1998：10］。島でも厳格ではないが、そうした使い分けが見られることもあった。

(27) 男性は島に家（現在は空き家）はあり、旧盆の行事などに合わせて帰島することもあるそうだが、基本的には現在の生活や交友関係を優先しているという。翌年は会社勤めの時代にお世話になっていた方が亡くなって、〈内地〉に行っていたため戻らなかったらしい。

(28) 鎌田東二［1988：1990］や山折哲雄［1991a：1991b］は、社会の主たる生産の担い手ではない老人と子どもは、民俗社会において依存者もしくは周辺にいる存在であるために、死に近い存在、即ち神に近い存在として意識されてきたと述べた。

(29) 次世代から現老人世代への言説は様ざまで、次のような彼らの経験知に対する敬意をのぞかせるものも多々ある。「〈オバァ〉たちは、腰が曲がっても足を引きずってでも体が動く間は畑に行くからね。わたしにはとてもできないわ」、「(海水をにがりの代わりに入れて作る手作りの豆腐を作りながら）このほうが味がいいのよ。〈オバァ〉たちが作るようにはいかないけどね。今度作り方を教えてもらおうと思っているの」（二〇〇〇年九月二日、どちらも五〇代の女性）など、昔ながらの豆腐の作り方などについてはやはり〈オバァ〉たちの方がよく知っているという認識があるようだった。

(30) 日本本土における頼母子講のような相互扶助組織・システムのこと。

第5章　衰えゆく身体の処方箋

1　衰えを考える

(1)　巫女たちの衰え

四〇歳のころ、〈ヌール〉[1]になりましてね。そうしないと、(自分は) どうにかなってしまったでしょうから。(二〇〇五年七月三〇日)

こう語るAさんは八〇代の女性だ。四〇歳ごろから島の宗教的祭祀をつかさどる〈ヌール〉と呼ばれる村の祭祀者を務めていた。同時に〈ミル〉[2]能力もあるという彼女は、南島で一般的に〈ユタ〉と呼ばれる宗教的職能者に近い役割も担っていた[3]。

ちなみにこのような説明は島の宗教的職能者に限られたものではない。こうした大病の経験は南島の宗教的職能者の成巫の説明体系としてよく聞かれるものである。彼女たちの多くは、子育てを終えて「一息ついた」と言われるような中年期に身体の不調を覚えたり、大病を患ったりする。その不調はたとえば頭痛であったり、鬱のような症状であったり、もしくは精神的錯乱状態のようなものであったり、人によって様ざまである。こうした身体の不調は、一般的にはその病を経験する本人にとっても、そしてその人を取り巻く周囲の人々にとっても、宗教的世界に足を踏み入れるきっかけ、〈カミサマ〉からの啓示として、理解され受け止められている。さてこうして宗教的世界に参入した彼女たちは、ようやく彼女たちを悩ませていた病から解放されることになる。だが彼女たちを今度は老化という個々人でその程度の差はあれ誰しも逃れることのできない衰えが襲う。

おばぁちゃんもねぇ、(お役目を)譲ればいいのに。(二〇〇五年七月二一日)

二〇〇五年の夏、腰が悪いために足を引きずり、杖をつき沖縄本島から手伝いに来た実娘に身体を支えられながら役割を果たしていたBさんに対して、それを傍から見ていた人がぼそっと零した言葉である。毎年のように母親の手伝いに島に戻って来る娘は、母親のあとを継ぐ資格があるとのことで、周囲の人たちのなかではBさんがお役目を引けば娘さんは〈タツ〉であろうというような噂話もまことしやかに話す人もいた[4]。

そういうものなのか、と思いつつ、ふと「怖くはないのだろうか」とも思った。島では〈ヌール〉や〈カミンチュ〉といった宗教的職能者に対してこのような(彼女たちの進退に関わる)言葉を向けることは、畏れからか基本的に忌まれる。それどころか儀礼の際に使用する道具には「触れない方がいい」と言う話も耳にしたし、彼女たちが関わる祭祀には「(一般の人は)あまり行くものではない」といって祭祀の行われる場所にあえて寄り付かないようにしているという人さえいた[5]。また「〈カミンチュ〉の口は怖い」、「畑の責任は取れても、〈カミンチュ〉の責任はとれない」とも言われることもあった。だから、彼女たちの進退に関わるようなことを直接口に出すことは怖くないのか、と気になった。

また一方で、彼女はやめたくてもやめられないのではないか、とも思った。彼女たちは一様にお役目を果たすことは「命がけ」であるということをしばしば口にしていたからだ。お役目をやめれば「命を取られる」。家族に累が及ぶ。だから、簡単にやめることはできないものとして語られる。なによりBさんはそのような苦労をしつつも「(〈オットメ〉ができることは)幸せなことですよ」と幸せそうに口にしていた。そのためすぐBさんがお役目を退いたときには驚いた。だが、普段の〈オガミ〉でも場合によっては一日がかり、島の祭祀によっては一週間ほどの行事を要する彼女たちの〈オットメ〉は決して楽なものではない。実際Bさんも最後の祭祀のときには、杖を付き子どもたちに支えられるようにしながら歩いていた。

道中は車を用いるといっても、夏は炎天下のなか、冬は寒空の下、悪天候のなかでも島中の〈御嶽《ウタキ》〉や〈拝所〉をめぐり〈カミ〉に祈りを捧げるため地べたに膝を折って正座をし、低頭して〈オガミ〉をするという行為を繰り返すことは、日々の家事もままならなくなっている弱った腰や膝にかかる負荷は半端なものではないだろう。役目を降りる理由は様ざまだ。しかし足腰の立たなくなったときには勇退していくことが多いらしい[6]。先述した怖いもの知らずと思われた言葉も、考えてみればBさんに対する深い気遣いの言葉でもあったのかもしれない。つまり老化によってもたらされている様ざまな不具合は、〈カミサマ〉への〈ツトメ〉によって軽減される病とは異質なものである。

(2) 〝年を取る〟ということ

事例1:年を取ったら、どこかカラダを悪くするのは当たり前。(二〇〇六年一一月一三日)

足を悪くしたという八〇歳代の女性に「大変ですね」と声をかけた際に返された言葉である。ここで言う「当たり前」という心持ちは一体どのようなものなのだろうか。老年期における健康は、人びとの幸せの形成に直結するものとして議論されている。たとえばＩＬＯおよびＷＨＯによって提示され、ウォーカーによって理論的に構築されたアクティブ・エイジング（Active Aging）の三つの柱①参加（Participation）、②健康（Health）、③安全（Security）［Walker 2002］[7]、にも健康が挙げられている。

島には一九九〇年代後半に特別老人ホームが建設され、診療所と老人施設に常住の医師や看護師、ケアワーカーもいる。しかし都市部のそれに比すればかなり限られた医療環境であることは変わりない。島の医療環境の変化については後に詳述するが、そのため「健康（もしくは自立）」であるか／否かという違いは老年期、どこで生活を送るかという状況を今でも大きく左右する要因になっている。

那覇で暮らす島のある八〇代男性は、定年退職を機に主たる生活の場を那覇に移住し、次男夫婦とともに那覇で生活を送っていた。男性が島から那覇へ移動した理由はいくつかあるそうだが[8]、医療環境の整った那覇に移っていたほうが何かあった時に安心だからという理由を一番に挙げていた。このような理由から定年退職後（専業主婦の女性の場合は夫の定年退職後）に那覇への移住を考える人は少なくない[9]。

どんなに島での暮らしを望んでいても、衰えてゆくなか島で暮らすには周囲の援助も必要となる。いざとなれば治療のために島を出なければならない。こうした島の環境を考えれば、健康は島での生活を保持するための必要条件のひとつであろう。けれども、身体の衰えは個人差が大きく、すべての人びとにとって島を出ることの決定的な理由になるわけではない。なかには「ぎりぎり」まで島での生活を望む人もいる。そこに見られるのは、病とは異なる衰える身体に対する向き合い方ではないか。本章の冒頭に挙げた「身体を悪くするのは当たり前」という、一見するとあきらめに似た消極的な態度は、こうした身体との付き合い方を端的に示す言葉であると言える。では、こうした身体との付き合い方を一体どうとらえればよいのか。

そこには治すべき「病」とは異なる、「衰え」の経験に対峙している人びとの姿が浮かびあがる。ここで考えなければならないことは、どの程度衰弱すれば老人になるのか、もしくは老人とみなされるのかといったような問題群ではなく、彼らは老いる身体とどのように付き合っているのか、という問題であるかと思う。

哲学者の鷲田清一は「〈老い〉とともに、ひとは人生を『できる』ことからでなく、『できない』こと、もしくは『できなかった』ことから見据えるようになるということだ。そして『できなくなる』こと、『できなかった』ことのほうからじぶんを見つめるようになるということは、何をする（あるいは、してきた）かというよりも、じぶんが何であるか（あるいは、あったか）という問い、さらにはじぶんはここにいるということへの意味への問いに、より差し迫ったかたちでさらされるようになるということだ」［鷲田 2003：127］（傍点は原文のまま）と述べている。

本章では、老年期に伴う衰えはどのように経験されているのかについて考察していく。身体的な衰えは「老いるという経験」のなかでも当事者である人びとが直接的に向かい合い、また表現のしやすい経験のひとつであるだろう。「いま―ここ」の老いる経験の一様を身体の衰えとの関わりから考えることが本章の目的である。

2 島の処方箋

島は他の沖縄の小規模離島と同様に長らく近代医療にはめぐまれてこなかった。このような背景から島ではいわゆる民間医療も発達した。瀉血や鍼灸、薬草を用いた療法は、現在でも近代医療とともに〈トシヨリ〉を中心に利用されている。〈医者半分、ユタ半分〉といった言葉で揶揄されることがあるように、〈ユタ〉とよばれる宗教的職能者による〈オガミ〉によって状況を改善しようとする（別の言葉で言うならば、「治療する」）行為も同様に行われており、この二つは近代医療と同時に病を治すための手段として用いられている。以下、島におけるさまざまな病治しの方法について簡単に触れる。

(1) 近代医療の導入

島には沖縄県立病院の出張所として診療所が一ヵ所設置されており、医師と看護師一名が常駐している。[10] だが戦前は医者はおらず、産婆もいなかった。そのため戦後すぐまでは食中毒などの理由で命を落とすこともままあったという。調査当時、緊急時には那覇の病院にヘリコプターでの患者の移送が行われており、救急時における対応は一通り確保されていた。歯科は終戦後診療所の設置が認められ現在に至る（那覇への行き来が簡便になって以降は島内での利用は限られているようである）。

一九九〇年代後半には島内に三〇人収容の小規模の特別養護老人ホームが開設され、施設を中心に様ざまなサービスが開始された。特養ができる前は、島に寝たきりの高齢者は「ゼロ」であったという話もあったが、内実は介護が必要になると那覇などの家族に引き取られるか、施設に入所するため本島に移らざるを得なかったという状況であったらしい。こうした状況を改善し、「最後まで村で暮らしたい」という高齢者の願いに答えるべく島内にホームは設立された。当初ホームへの入居に対して消極的であった人びとも数年後には利用するようになったという。調査当時は常に三〇人ほどの待機者がいるといった話だった。これは施設が島で受け入れられていることを示していると言えよう。もちろん一方では、ホームに入ることを受諾せず自宅での生活を望む人びともいた。

(2) 民間療法と民間薬

戦前は、医師はいなかったため、〈ヤブー〉と呼ばれる民間医療従事者、もしくは民間療法に頼っていた。専門的な産婆はおらず、古くはお産に経験のある人が従事し、家で産むのが一般的だったという。那覇との行き来が頻繁に行われるようになってからは、初産の産婦は那覇に行ってお産をすることが多くなったらしい。今は、那覇や嫁の郷里で出産する場合も多いという(11)。

民間療法にもいくつかあるが、一般的なものの一つはいわゆる薬草類である。島でよく利用されるものに、ヨモギ(打ち身の治療などに用いられる)、ショウガ(身体を温める)(12)、ニンニク(滋養強壮の効果があり、粉状にしたものを服用する)、ウイキョウ(のどのイガイガを取るといい、風邪のひきはじめに酒につけたものをお猪口一杯ほど飲むと効果がある)などがある。〈内地〉でも一般的な薬草のほかにも、抗酸化作用のあると言われる〈長命草〉(ボタンボウフウ)(13)や、ツルムラサキ(沖縄本島では〈ジュビン〉と言われ、食用にされる)といった様ざまな薬草(14)も用いられている。鰹節にお湯を入れて作る〈カチュー湯〉(15)なども風邪をひいたときやお腹を壊した際によく飲まれている。具体的に何の植物を指しているのか調査段階で確認は取れていないが、〈医者知らず草〉(もしくは〈医者知らず〉)と呼ばれる草があるそうで、この〈医者知らず草〉である人が結核を治したのだという逸話も聞かれた(16)。

写真1　島で飼われているヤギ(2005/3/7 撮影)

動物類では滋養強壮として、沖縄の他の地域と同じくヤギ、アヒルといったような動物が古くから民間医薬としても服用されていたらしい。ヤギは今では食用だが、昔から滋養強壮にも良いとされていた。アヒルはぜんそくに効用があるとされ、昔はアヒルの生肉を〈長命草〉と煮込んで服用したという。

(3)〈ユタ〉半分、医者半分

宗教者については第3章で触れているためここでは詳しい説明を重ねることは避けるが、家族に何か病気やけが、といった不幸があったとき、〈ユタ〉に〈ハンダン〉を取ってもらい、先祖供養をしたり〈カミウガン〉をしてまわったり、といったことは人びとにとって補論で取り上げる北部九州の祈禱寺院参りと同様に島における病気平癒の方法の一つである。これはいわゆる南西諸島ではしばしば見られることで、決して調査地域に限られたことではない。

〈ユタ〉による祈禱祈願の治療行為については、一九七〇年代から八〇年代にかけて盛んに行われた研究で医療の専門家としても評価されており、数多くの研究がある［桜井 1973, 大橋 1998, 波平 1984など］。そのため本書であらためて詳述する必要はないかと思うが、島で見聞きした事例をいくつか取り上げておきたい。

若い頃「ハンセン病のような」(17)皮膚病に悩まされていた五〇代の女性は、医者に通っても症状は回復せず、ひどくなる一方だった。そんなとき、〈カミツトメ〉をするよう啓示を受け、〈カミツトメ〉に励むようになった。その後、皮膚病は少しずつ改善し、現在彼女の手にはそのような痕はまったく見当たらない。彼女によるとまさしく〈オガミ〉によって病が完治したというわけである。

こんな話もある。四〇代より〈カミノミチ〉に入った現在八〇代後半の女性は、戦後突然ひどい腹痛に悩まされた。二〇歳そこそこだった彼女は、当時島にいた看護婦を呼んでもらうものの、看護婦が来ると腹痛が治まるといったような状況で、いっこうに原因は分からなかった。それがある時、夢で〈カミノミチ〉に入るよう〈カミ〉から啓示を受けたのだという。女性が「四〇歳になるまで待ってください」と言うと、「四〇歳までは子宝を与えよう」と言って消えたという。その後嘘のように体調は良くなったという。

病に罹った折に〈オガミ〉をするのは、このように宗教的素質がある人びとに限られたものではなく、病気平癒祈願を行うといったことも珍しくない[18]。たとえばある人は家族が手術をしたのち出血が止まらなかったために、あわてて知己の宗教的職能者に依頼し〈オガミ〉をしたと話す。この時は島に戻って〈オガミ〉をする時間がなかったため、滞在していた那覇で〈遥拝〉したらしい。島と那覇を行き来しながら生活する人びとは多いが、島での〈オガミ〉が出来ない場合には、那覇の港にある〈遥拝所〉と呼ばれる〈拝所〉で島に向かって〈オガミ〉をする。この時ばかりは普段は〈ユタゴト〉には批判的な親族もこの時ばかりは彼女が〈ユタ〉に依頼して〈オガミ〉をすることに批判をしなかったらしい（その後出血は無事止まったとのことである）。また別の四〇代後半の女性は毎夜娘の夢を見るので知り合いの〈ユタ〉に〈ハンダン〉を頼んだところ、娘が怪我をするかもしれないということだったので、あわてて〈ユタ〉に頼んで〈オガミ〉をしたと話す[19]。この事例の場合どちらとも主体となっているのは宗教的職能者というよりむしろ病める人を取り巻く人びと（家族）である。

3　衰えに対峙する

(1)「年には勝てん」

近代医療に比するならば、決して豊富ではないながらも、様ざまな治癒の方法の存在する島で老い衰えることに対峙するということはどういうことだろうか。以下、主に八〇代の人びとの身体との付き合い方について見ていきたい。

調査当時Cさんは一九二二年（大正一一年）生まれの八五歳。夫は数年前に病死したため一人暮らしだった。彼女は頼まれれば、家の改築の相談、店舗や土地のお払い〈屋敷ヌウガン〉なども請け負っていた。場合によっては、〈オキャク〉の依頼で那覇に出張することもあった。しかし足の調子はあまりよくないとのことで、祭祀で島内を回る場合には縁者や他の宗教的職能者たちが移動の手助けをしていた。

Cさんが、寝具の準備をしているときに、腰をくじいたのは二〇〇七年のはじめのことであったそうである。立とうとしても立てない。声をあげようと思っても痛くてそれもかなわない。朝方まで一睡もせずそのまま過ごした。結局朝方に、いつも開いているカーテンが、昼前になっても開いていないことに気づいた近所に住む親族が診療所に連絡してヘリで那覇に緊急搬送されることとなり、その後一ヵ月ほど入院することとなった。退院後祭祀者としての〈オツトメ〉を再開したCさんであったが、それ以前との身体の違いは彼女自身認めざるを得ないものであるらしい。神歌の練習をしていた時、ふと彼女が漏らした言葉は印象的だ。

事例2：やはり年には勝てん、去年までは何ともなかった～さぁね、腰だめにしちゃ～てから変ってる。笑。（がんばろうね～っていう年下の女性の言葉に対して）がんばらんて、いけません、がんばって頂戴。（二〇〇七年八月三日）

身体的な老いは個人差が大きく一律の基準を設けるのは難しいとされるが、身体の老化はまず、足からやってくるとも言われる。比較行動学の正高信男は、足の衰えはほかの身体の変化と心の変化に関係していると指摘している［正高 2000：8］。正高によると、人は加齢に伴う骨格筋の衰えによって、歩くバランスを当人が思うようにとれなくなってくるのだという。骨格筋の衰えは、骨格そのものを変化させてしまい、ひいては身体の様ざまな部分に大きな影響が出る。たとえば、首は前傾して顎は突き出てくる。肩から背中にかけての僧帽筋はやせて背中は曲がり、足はO型になる。背中が曲がると、今度は背中を支えるために本来はS字型である身体全体の骨格が立ち上がる。すると今度はバランスをとるために膝が曲がってくる。正高は「最近めっきり足が弱くなったな」と自覚することで、心理的に老けこむといった単純な話ではなく、もっと微妙な変調が、個々人の外界の認識と齟齬をきたす形で心に影を落とすのだと述べる［正高 2000：9–10］。

いつもは駆け上がって登っていた階段で息が上がってしまったとき、それまではまったく思ったこともなかったのに「年取ったなぁ」と思った、としみじみと話していた六〇歳の女性の話を思い出した。Cさんの事例も、腰を悪くしたことはきっかけであって、そのきっかけを彼女自身が「年には勝てん」と表現するまでに、様ざまな衰えを経験しているのである。そこには身体的な経験以外の変化も関係する。退院後、それまで彼女が行っていた個人祈願の依頼が少しずつ減っていた。周囲が彼女の体調を気遣って依頼するのを控えたからであったようなのだが[20]、Cさん自身「祈願が減った」という認識は自分の衰えを再確認するきっかけでもあったらしい。

日々〈オットメ〉に励みながらも、少しずつ動かなくなる身体をどうにかすることはできない。それはこれまでに経験した病とは確実に異なる。それらは、もはや〈カミサマ〉への奉仕によって取り去れるものではない。膝を折れなくなること、歩けなくなること、立てなくなること。こうした足腰の衰えは、〈オツトメ〉に影響する。そしてそうした自分に対する周囲の反応も変化する。Cさんの例は、むろん彼女が宗教的職能者であるといった特性を考えれば、それ以外の人とは少し区別して考える必要はあるだろう。巫女たちにも老いは逃れようもなく立ち現われてくることは確かだ。

衰えゆく身体と相談しながら、これから先どうしていくのか。それは若い頃もし〈カミツトメ〉をしなければ命を削がれてしまう、家族を害されてしまうといったような切迫した思いとは少し異なる状況であると言ってよい。

いつまで〈オットメ〉をするのか、そこには神との関係だけではなくまず自らの身体との問題が大きくかかわっている。Cさんは一見すると時に医者からもらった薬も服用しつつも以前とまったく変わりなく島で生活しているように見える。しかし彼女自身は昔のように無理をすることはしない。具合が悪い時は、年下の巫女たちに〈オットメ〉を任せ、休養をとることもあった。

(2)「年がいってから、こそこそしよったとよ」

先に述べたとおり現在では那覇の病院から派遣されている常駐の医師の存在と緊急時のヘリの搬送によって、近代医療へのアクセスは比較的簡単になった。フェリーや飛行機による通院も日常的に行われているので、船で通院する人もいる。都会のそれに比べると限られたものであるとはいえ、以前に比べれば医療環境はかなり良くなったと言えるだろう。しかしそうした状況下においても、病治しの方法は近代医療一辺倒になっているかというとそうでもない。

先に述べたとおり島内における病治しの方法は多様である。調査当時七九歳になるDさんは、戦後の貧しい時期には夫を支え、子どもたちに食べさせるために暇を惜しんでは畑と海に通う生活をしていた。そんななか、戦後すぐに食中毒ですぐ上の兄を亡くしている。

事例3：あの、カンにはいった、アメリカ製があるでしょ。ソーセージ小《グァ》の[21]。ちょっと大きいやつ。これはね、むかしは冷蔵庫ないでしょ。これをカン開けて、切って釜で焼いて食べさせてはいるんだがね、これはその食べた残りは、あの、水屋の引き出し入れとって、これを食べさせてね、食中毒。これで亡くなったん。医者もおらん。また米もないでしょ。イモ、イモジュルいって、昔は芋で、ちょっと厚いイモ買って、皮剝いて、ジユルジュルしてあげよったさ。どこでもあるはずだが。イモジュルみたいにさ。これあげたら。ほんで。亡くなって。滋養つけるものがない。（二〇〇七年八月一五日）

一九四四年（昭和一九年）に那覇を襲った一〇一〇空襲以後、続々と帰島する人々で人口は膨れ上がり、戦後しばらく島の食糧難は続いていた。彼女の兄が亡くなったのはそんな時だった。Dさんにとってこの兄の亡くなったのは、離島苦を痛感する出来事であったという。そんななか働き者の夫とともに歯を食いしばってがんばってきた彼女。子どもたちは手を離れ、ようやく夫とともに島でゆるやかな時間を過ごせるようになった。その彼女はここ最近（二〇〇七年七月頃）、「ぜんそくみたい」な咳に悩まされるようになった。病院に行ってもなんだかすっきりしない。

事例4：ん～で、ちょっとぜんそくみたいに、年がいってから、こそこそしよったよ[22]。あ～これだなぁと思って。お医者さんにちょっとぜんそくするんだが、熱じゃない、わたしは若い時はな。寒い時に海歩きよった。その冷たさが身体にきとるはずだから、薬頂戴、って。それ（病院の薬）を飲んでちょっとよくなった、また（咳）するからさ、グスグスするからさ。それで、これはこうではない。にんにく、粉（に）されたものがあるでしょ、これを野菜のおつゆに、ちょっとずついれてね、沢山はいれん、ちょっとずつ、これで飲んで、これで治った。これとショウガ。（二〇〇七年八月一五日）

医者には通っても判断をすべて医者に任せるのではない。「お医者さんの薬も半分。自分食べるのも半分」、（筆者に対して）「沖縄の人はこうしてるよ～とお母さんに言いなさい」と笑いながら語るDさん。自分の身体の調子に合わせて医者に行ったり、幼いころからなじんできた薬草や食事療法を用いたりして対処している。

Dさんの考える咳の原因は、彼女曰く若い頃家計を支えるため、「寒い時に海歩きよった」ためだと言う。これは家族の食事を準備するために寒い冬に海へ〈アザリ〉（潮の引いたときにサザエなどの貝類やタコなどを浅瀬で取ること）[23]に行って身体を冷やしてしまったという意味である。同様の説明は医者に対しても繰り返しており、ぜんそくをするけれどもそれは風邪ではなく、「若いころ海にはいりよったから」と説明するという。にんにくでとりあえず当座の症状は治ったというDさん。これは彼女の咳は完全に治ったということを意味するのではない。やはり咳を繰り返す。それに対して彼女は「今のところ」何かしようというつもりはないらしい。

実際のところDさんの咳は若いころの「難儀」によるものかどうかは定かではない。その後もDさんは咳が出ればにんにくを飲んで、時には医者から処方してもらった薬を服用しているように健康にとても気を使っているようだった。近代医療に対する信頼がないわけではない。だが、それがすべてではないと経験的に語ることは印象的だ。それは彼女が自分の症状に対する原因の説明体系をもち、なおかつそれに対する（医者の薬に匹敵するような）対処方法（ここではにんにく）を持っていること、それによって症状は治まったことが彼女の「治る」という一連の物語を成立させている。

(3)「八五歳までは大丈夫」

八五歳までは大丈夫。自分より年若い女性（五〇代）にEさん（調査当時八六歳）の言った言葉である。女性は近年大病を患って大きな手術をしたとのことで、それ以後手術以前とは違ってあまり無理はできなくなっていると話していた。そのためEさんの言葉を耳にしたときは何が一体大丈夫なのだろう、と不思議に思った。

しかしよくよく聞いてみると、Eさん自身は入院経験を繰り返してきたが、Eさんにとって八〇歳までの身体の障りは、もしかしたら治る（改善する）かもしれないもの、そして気力や努力でなんとかなるかもしれないものだが、それ以降の大病とはわけが違う（女性はまだまだ若いから大丈夫）という意味で話していたということがわかった。

Eさんは現実問題としてそうではないこと、若年であれば大病を患うことがないということを言っているわけではない。Eさんが述べているのは、老いるという身体的な衰えに対する経験上の知識のようなものである。八五歳という数字を一般化することには意味はない。だが、身体の衰えに関する分岐点的な感覚はEさんに限らず持っているのではないかと思う。八五歳を超えた彼女にとって彼女を襲う日々の不調はもはや、なんとかなるものではありえない。いわばそれはもう治るべきものではないものとして提示されていた。

4 差し控えの作法

(1)「年を取ったら病気するのは当たり前」

島で身体の具合の悪く、歩くのをつらそうにしている高齢の女性に何度か、那覇の大きな病院で診てもらわないのですか、と声をかけたことがある。もちろん朝から島唯一の診療所に頻繁に通う〈トシヨリ〉も少なくはないし、那覇と行き来しながら継続して治療を受けている人もいる。そうした健康不安を理由に、冒頭にも触れたとおり島を離れて那覇で生活し、病院通いは日課になっているという人もいる[24]。場合によっては島内ではなかなかすんなりと他者の援助を受け容れることができなかった場合でも、逆に島を離れることで気軽で介護サービスを受けられることができるようになった、という話も耳にした[25]。

一方で島に残っている〈トシヨリ〉もいる。彼ら／彼女らのなかには民間医療や食事療法を続けてはいるものの、それ以上のことは特別しようとしていないこともままある。それが不思議だった。そういうと彼らからはきまって、「年を取ったら病気するのは当たり前」といった言葉を返され二の句を告ぐことはできなかった。ある時、（縫いもの作業中に針を通す役割を仰せつかっていた）手元のおぼつかない高齢の女性の作業に差し出そうとした手を同じく作業をしていた先の女性よりも少し下の女性からとめられたこともあった。どちらも八〇代の女性である。戸惑った顔をしていると「本人のためにならないから」とこっそりと耳打ちされた。老いる人びとを取り巻く人びとの作法も注目すべきものはある（現世代と関わり合いながら自らの老後を形作りつつある次世代の老いる経験については第8章で触れる）。

Cさんの例に見られたように、衰えの経験は本人にとっては直接的なもので、時に刹那的に経験されている。場合によっては冒頭に挙げたBさんの事例のように、本人よりも周囲が先に他者の衰えに対応することもある。突然の病に見舞われた時、何もせずにいることは難しい。それは年を取ってからも変わらない。こうした切実な問題を鑑みれば、本章で見たような島における現老人世代に見られる身体との付き合い方や身体の衰えとの対峙の経験を、他の場面に簡単に持ち込むことは危険だし、ほとんど意味はない。実際のところ、家族の立場に立てばもっと医療の整った場所で安全に生活してほしいという思いを持つ人は多かった。入所待ちの施設からようやく連絡が来てほっとしたのだと話す家族の話もよく聞いた。だが、それでもここで見て取れる彼らと身体との緩やかな向き合い方にも学ぶべきものは多い。

(2) 差し控えとそなえ

「年を取ったら、病気するのは当たり前」といった言葉に代表される衰えへの肯定的な評価と治療に対する消極的な行為は、いわば老い衰える身体への差し控えという「そなえ」の行為と言えるだろう。ちなみにここで言う「そなえ」とは未知なるものに対する心構えや準備といったアクションという意味で用いている。老いることによってもたらされる身体の衰えとは、それを経験していない人びとにとっては未知なるものであり、そうした未知なる老いへの対処の一つが「年を取ったら、病気をするのは当たり前」という言葉にも表れている。

差し控えの行為は、彼らの身体に対する豊かな処方箋が前提にあるからこそ叶えられるものである。〈トシヨリ〉たちの姿から見て取ることのできるものは、病とは異なる老いの本質であり、人びとと身体との豊かな付き合い方なのではないかと思う。いささか結論を急いでしまうことになるだろうが、そこにあるのは治療すべき（治癒すべき）病といったものとは相いれない加齢による身体的衰えのあり様を見て取れる。

イリイチが『脱病院化社会』（一九七五年）の中で指摘したように、病んだわたしの身体はわたしの意志とは関係ないところで病名をつけられわたしたちの手を離れたところで処理されるようになった。老いもまた病と同様に囲い込まれている現実がある。医療の近代化に伴う身体性のはく奪への批判はもはや目新しいものではないだろう。老年学を中心に、生態学的に老いの基準をもうけることの困難さはしばしば言及されてきた。身体的な衰えは当該地域の老人の条件の一つとして機能しているという指摘も新しいものではない。

老いは病ではないのではないか。治療という観点に立つならば、もはや治るべきものではなく、加齢とともにゆるやかに悪化することの予測される身体的な変化であろう。[26] 老いはしばしば病を伴いその病状自体は治療の対象となる。老いにかかわる問題はしばしば介護、ケア（多くは当事者を取り巻く周囲の人びと）の問題として取りざたされ、そこではケアをするもの（家族、医療従事者）、ケアされるもの（老人）との対等な立場の構築の重要性は説かれているが、ケアされるものつまり老いる人びと自身はどのように自らの老いる身体と向き合っているのかといったことに焦点は当てられにくい。もちろんケアの問題は重要だ。だが、彼らの身体との向き合い方を見つめることも同時に必要であるだろう。

(3) 衰えゆく経験

衰えの経験は、それを経験する本人にとっては直接的で個人的なものである。ただしそこで経験されるものを一般化して「老いる経験」として定義することは難しい。なぜならば人びとは自らの身体の衰えに向き合うことは他の人びとのそれとはイコールではないからである。どんなにありきたりな症状であっても、人びとにとってそれは常に個別の苦しみをもったものである[27]。身体的な衰えの経験とは老いる経験の中でもより個々人の身体的感覚と密接にかかわった問題であろう。生物学的な衰えによって引き起こされる様ざまな症状と病名の認定は、個人的な経験とは異なる位相の問題が関係しているし、衰えの経験は必ずしも個人的な直接経験だけで構成されるものではない。わたしたちは他者の衰える経験を通して老いる経験を構築している。

その中心には自らの老いる身体と向かいあう主体的な経験があり、そこでの経験は言語化されえないような感覚的な経験も混在している。たとえばそれは、Cさんは声の出ない状況を「何か違う」と感じ、Dさんは医者の説明を「これではない」と判じ慣れ親しんだ方法を選択させたようなものだ。

つまり身体の衰えとは、人びとにとって「老いる経験」として直接的に「個人的なもの」として経験しうる出来事であるけれども、その経験自体島の文脈のなかで経験されているものなのである。逆に言うと、これらの処方箋は島の文脈なしには意味をなさないものであることも十分に踏まえておく必要があるだろう。

[注]

(1) 島の公的な祭事を司る宗教的職能者を指す。〈ノロ〉と同義。

(2) 〈ミル〉とは巫者的な能力のひとつを指す。
(3) いわゆる琉球王朝下における公的〈ノロ〉に対する私的な〈ユタ〉という区別は、当地では一部曖昧なものになっている。
(4) ここで〈タツ〉とは村の司祭者に「なる」ということ。
(5) その理由としては、〈カミサマ〉に見込まれるのを避けるためだというようなことを話す人もいた。
(6) 役を降りる理由は様ざまで、たとえば「〈ヤクメ〉が違っていた」などの理由から〈ヤクメ〉を降りる場合もあったという。
(7) 社会学者ウォーカーによるとアクティブ・エイジングの概念とは①「全体の幸福に意味ある行為（all meaningful pursuits）」で、②すべての高齢者を対象とし、③すべての年齢グループに関わる予防的（preventive）な概念であり、④世代間の連帯（intergenerational theory）が重要であり、⑤「権利」と「義務」の両方を持ち合わせ、⑥高齢者の参加とエンパワーメントを促進し、⑦国家や文化の多様性を尊重するものである［Walker 2002：124］。前田信彦はこのウォーカーらによるアクティブ・エイジングの発想をもとに、高齢期の職業キャリアと生活の質についての考察を行っている［前田 2006］。ウォーカーの邦訳は前田の邦訳を参照している［前田 2006：14–15］。
(8) 島に長男夫婦が生活しており家を継いだことも大きな理由のひとつ。島で生活しているときは長男夫婦と同居していた。
(9) 逆に県外や沖縄本島でサラリーマンをしていた人が定年退職を機に島に戻ってくる場合もあった。
(10) 二〇一〇年時点では老人ホームにも医師一名、正看護師一名、准看護師一名、数人のケアワーカーが常駐していた。
(11) 以前は村内婚が多かったが、現在は県外出身者の方が多く海外から嫁に来た人もいた。
(12) 風邪を引いた時だけでなく、お腹の痛い時にも飲まれる。
(13) 食用としても用いられ、サラダに彩りとして加えることもある。
(14) 薬は内服するものだけでなく、湿布薬として使われるものもある。「宮大工さんの話よ。こんな葉っぱでも中に芯があるでしょ。小さいの。これをまた、打ち身いうか、叩かれた人が、打ち身、打ち身取るっていうて、これもあるんよ」（二〇〇七年八月一六日）。
(15) 〈カチュー湯〉は風邪をひいたときだけでなく、おなかを壊したときなど病気の際に飲まれていた。ある八〇歳の女性は孫が風邪を引くと〈カチュー湯〉を作るのが日課だという。「わたしらの子どもが高校生がいるんだがな、ちょっと風邪引くと、風邪引くとな、〈オバァ〉、カツオの汁にな、カツオのおつゆに、ショウガ入れて、ちょっと肉を入れて炊いて食べさせてって言って肉買ってきて、油はいらない、これを薄く切って、カチューのお汁を作って、だし作って。カスはみんなとって。それとニンジンとね、ショウガ。すぐ明日から治る。すぐ治る」（二〇〇七年八月一五日）。彼女の〈カチュー湯〉はショウガと肉を入れたものであった。各家庭で少しずつ異なっているようで、一番シンプルなものは鰹節をお湯に入れて箸でつぶしたものである。

(16) こうした方法は他の沖縄の離島でも聞かれる。二〇〇四年の予備調査で話を聞いた別の島で父親の後を継いで〈ヤイト〉療法をしていたという〈ヤブー〉の男性の教えてくれた治療法もこうした野草や動物によるものが多かった。たとえば破傷風には〈トンガラス〉（島唐辛子のこと）三個、ニンニク二個を砕き、卵一個、泡盛、塩の五種を加えて薬を作り、破傷風患者の口をバールでこじ開け、口にたらす。風邪薬にはニンニクが一番で、漁師たちは酒に〈トンガラス〉を入れて持ち歩いていた。赤痢にはヨモギをたいて三食ごとに食べさせる。胃酸過多には〈ニガナ〉の根っこを削って乾燥させ煎じて飲む。ゲップには塩をおへそに入れて擦り込む。男性の島には終戦直後五年後ぐらいに診療所ができたらしい。それまでは産婆とともに出産にも立ち会ったと話す。当時の出産は座位で産むのが一般的だったが、男性は右足のひざの上に妊婦を乗せ、後ろからお腹を押し介助したと話す。妊婦は天井からぶら下がっている紐につかまり、産婆は前にいて子どもを取り上げた。出産の際に畳一枚分の出血は大丈夫だと父親に言われていたが、実際に血を目にしたときはびっくりしたという（二〇〇四年一月二五日）。

(17) ここでは学問的観点から女性の言葉をそのまま引用している。

(18) 何か不幸があった時に宗教的職能者にすすめられて、なかば受動的に宗教的儀礼を行うといった例もあった。

(19) 蛸島直は沖永良部島の事例からユタが行う〈ハンダン〉や儀礼とは別に、病を患う人やその家族によって主体的に判断されユタへの診断が行われる例を取り上げ［蛸島 1984］、東資子はそのような一連の過程を物語の生成として分析している［東 2006］。

(20) ある人はいつも彼女に頼んでいた〈ウガン〉を彼女が怪我をしてからは、体調を気遣って別の人に頼むようになったと話していた。

(21) 〈小《グヮ》〉とは、小さいものや愛らしいものにつける接尾語として用いられる。ランチョンミートは戦後米軍によって沖縄に持ち込まれた缶入りのソーセージで、〈ポーク〉とも言う。このアメリカ製の加工食品は戦後沖縄の豚食文化と合致して根付いたと言われている。〈ポーク〉に限らず沖縄には戦後たくさんのアメリカ製の製品が入っている。たとえば二〇〇四年に予備調査で話を伺った那覇出身の女性（八〇代）は、沖縄本島中央部にあったコザの収容所でたくさんの配給品を手にしたという。〈ポーク〉は、冷蔵庫がないので、アメリカ兵が夏の塩分補給用に飲んでいた塩の粒をもらってまぶして保存した。チーズは「アメリカさんの製品はなんでもいいけど、これだけはあわ立ちの悪い石鹸だ」と思ったらしい。当時はバターも食べ物とは思わずに、糊代わりに紙に塗る人が多かったと話す。女性が一番役に立ったのはメリケン粉だそうで、彼女はそれでよく蒸しパンを焼いた。逆に一番困ったのはカロリーが高いという理由で配給されたアイスクリームで（米軍の配給はカロリーが基準だった）、食べても腹の足しにはならなかったと話す。またコーンは炊いてもやわらかくならなかったのでひき臼で引いて粉にしてから炊いて食べたと言い、コーヒー豆も配給されたが豆だと思って炊いたもののやわらかくならず、食べられなかった苦い思い出があると話していた（当時コーヒーはひいたものしか知らなかった）。

たくさん落ちていたコーラの瓶は、ガソリンをつけた糸を真中あたりに巻いて火をつけ、水の中へ入れると綺麗に割れたので、磨いてコップとして使った。ヤカンからは〈カンカラ三線〉をつくった。糸は落下傘の糸を用いていた。〈ハンダマ〉（リュウマチの薬）を食べたりもした。「人間困ると考える」ものだと話す。当時、メチルアルコールを酒代わりに飲んで盲目になった人も多かったそうで、モビール油でてんぷらを食べて、消化せず、下痢をしたり、シラミ予防のDDTの粉をメリケン粉に混ぜて食べて亡くなったりした人もいるという（二〇〇四年一月二四日）。島でも米軍駐留後には様ざまな配給があったとのことである。

(22) 咳が出るということ。

(23) 現在でも大潮の日は遠浅になるため自家用に海に行く人は多い。特に夜はタコ、サザエなどの貝類、ナマコなど収穫も多いらしい。また夜に海で迷った時には、沖の方が明るく陸の方が暗いので暗いほうに進むと迷わないとアドバイスされた。

(24) 「島半分、那覇半分」で生活する人も多い。ある女性は治療を兼ねて沖縄本島で生活する娘一家のもとで一ヵ月から二ヵ月程度一緒に生活する暮らしをここ数年続けていた。また病院通いといった理由ではなく、「島半分、那覇半分」の生活を楽しむ人もいた。たとえば若いころ那覇でお店を開いていた七〇歳代のある女性は店を閉めたあと島に戻ってきていたが、完全に島に居ついているわけではなく、留守中の屋守は近所の親戚に任せて月の半分は那覇で生活している。夏は島で夕暮れの時間海を臨んだ自宅の庭の大きな石に座ってくつろぐのは何よりの楽しみだと話すが、慣れ親しんだ那覇での暮らしもやめられないのだという。

(25) 顔見知りの人びとのなかでの安心感のあるのは当然のことである。だが、なかには顔見知りの仲だからこそ他人を家のなかに入れたりすることを嫌がる場合や、他人を頼ることをなかなか是とせずに生活している人もいた。そのような場合、島とほとんど関わりのない島外の施設に入ることでそうした状況から解放され、他者の援助をすんなりと受け容れられるような例もあるのだという。
たとえば二〇〇六年当時七四歳だったある高齢女性は、夫が十数年前に亡くなって以降、ずっと一人暮らしを続けていたが、数年前からは足が不自由になり、補助がなければ立ちあがることもできなくなっていた。普段は娘や近所の親戚は折に触れて食事を持っていき、女性はその食事を解凍しながら食べていたが、からだの自由のきかない彼女を一人にしておくことは周囲にとってずっと気がかりであったという。数年前に介護認定の審査も行い、望めばヘルパーを入れることも可能だったが、他人を家に入れることをしぶった。よそ者を家のなかに入れることを嫌う人は彼女に限らず島では少なくない。それならば、ということで娘は一緒に住むことを申し出たが、娘を気遣ってすぐにはうんとは言わなかった。その後娘はしばらくの間母親の家に出入りすることをやめ、やっとのことで母親に同居を同意させたという（二〇〇六年一一月二〇日）。その後の話では、その女性は島外の施設に入所したそうである。

(26) 慢性疾患のような病との付き合い方のそれと衰えに対する向き合い方のそれは共通している部分があるかもしれないが現時点では議論をするために十分な資料を持っていないので今後の課題としたい。

(27) 医療人類学では病気についてすでに同様の指摘が行われている［Young 1982, 池田・奥野 2007］衰えの経験もまさに社会的に経験される過程として経験されており、病いと衰えの問題は重なる部分もあるとも言えるだろう。

第6章　人生の物語

1　はじめに

(1)　歌わない巫女の物語から

主人が亡くなってからうち民謡したことないですよ。……お父さんが亡くなってるから、歌いたくもないから。（二〇〇七年八月二日）

八〇代後半の女性が、仲間たちと神歌を練習していた際、ふと歌声の途切れた瞬間に漏らした言葉だ。のびやかに神歌を歌う彼女を見慣れていたせいか、むかしは大好きで今でも毎朝のラジオの民謡番組を楽しみにしていると話す民謡を、「歌いたくない」と強い言葉で拒否する様子はとても印象的だった。彼女の語りには、時折筆者の問いかけには関係なく、亡き夫は登場する。こうした強い思いに触れるたび、ごく個人的な過去の経験は彼女たちの「いま―ここ」の経験に深く影響していることを実感させられる。ある一定の筋を有する「人生の物語」(1)は、しばしば人びとの今を説明するものとして語られていた(2)。

(2) 問題の所在

第5章では身体の衰えを中心に、人びとの現在進行形の老いる経験の諸相について議論してきた。身体の衰えは彼/彼女の現在を左右する大きな要因の一つである。本章では人びとの現在（老いる今）を同定する過去を議論の射程に入れ、過去から現在までの時間的深度を持つ人びととの「人生の物語」について、環境の制限や身体的な側面といった第5章で見てきたこと以外の点から、考察していくことを目的としている。ここで言う「人生の物語」は、ライフヒストリー（生活史）[3]と呼ばれてきたものにほぼ相当するものとして想定している。第2章ですでに議論したとおり、一般的に口述史のライフヒストリーは、調査者の質問に答える対話形式でインフォーマントによって語られるものである。調査者はインフォーマントの語る「生まれてから今日までの人びとの歴史」を、多くはレコーダーで録音したのちに逐次文字化し、編集して仕上げる。しかしこうした物語は誰にでも語ることのできるものではない。スピヴァクのサバルタンに関する議論［スピヴァク 1998（1988）］を持ち出すまでもなく、なかには語りたくない人、語れない人もいる。それは調査者である筆者との関係に起因するものもあれば、そうでないものもある。一方で冒頭の女性の事例のように調査者の意図にはまったく関係なく、ふいに零される語りもある[4]。

本章では対話形式のインタビューに限らず、民俗学的な聞き書きによって採集した人びとの様ざまな語りを幅広く検討対象としている。断片的な語りを取り上げることで、ライフヒストリーでは零れ落ちがちな、些末な語りを対象とすることができると考えたためである（以下、これらすべてを総称して本書では「人生の物語」と呼ぶ）。老いるという経験を、客観的な視点からホーリスティックに分析するという本研究の趣旨に従えば、「ライフヒストリー」のみにこだわる必要性はないし、人生の一時期、生活の一コマを語る「ライフ・ストーリー」［谷 1996：5］も重要な資料だと考える。

「かたり」と「はなし」に注目した川田順造は、「日常生活は自由な『はなし』でみちているのに、ある『場』を設けて、人間は『かたり』たがり、人が『かたる』のを、内容を知りつくしていながら、くりかえしききたがる」［川田 1992：181］と述べ、「かたる」喜びの大きさについて触れている。「かたり」は確かに重要なものだが、断片的なライフストーリーは「はなし」によってもたらされることも多い。「はなし」を含む人生の物語は、物語る人びと自身が自らの人生の歩みをどのように理解しているかを、調査者である「わたし」に説明しようとするものでもあるし、調査当時二〇代後半（時期によっては三〇代前半）だった未熟な若者（調査者である筆者）に対する人生の訓示や生活の訓示[5]も多分に含まれている。老人と呼ばれる人びとの人生の物語に耳を傾けることは、老いを迎えた今（現在）という人びとの置かれている地点から過去を照射することであり、死を含みこんだ未来《さき》を見据えることにつながると考えた。

(3) 語りをめぐる問題

経験やその経験に関する物語（表現）をめぐる様ざまな議論と問題、聞き書きの方法論については、第2章で議論しているので繰り返すことは避けるが、事例に入る前に語りに関する人類学的な議論について簡単に振り返っておきたい。

文化人類学において「語り」への注目がなされるようになったのは、一九八〇年代以降の病の語りの分析を行った医療人類学者アーサー・クラインマン以降のことであろう。もちろんそれ以前からも語り、言語への着目は行われていた。日常性に着目したピーター・バーガーとトーマス・ルックマンは著者のなかで「日常生活において対象化された共通の事物は、なによりもまず言語による意味づけによって維持されている。日常生活とはなによりもまず私が他の仲間たちと共有していることばを伴った、そしてまたことばという手段を通じての、生活である」［バーガー&ルックマン 1977（1966）：64］と述べ、日常生活におけることばの重要性を指摘している。また「現実維持の最も重要な媒体は会話である。われわれは個人の日常生活を、彼の主観的現実をたえず維持し、変形し、再構成する、会話機構のはたらきのなかにみることができるかも知れない」［バーガー&ルックマン 1977（1966）：257］と述べ、会話を重要視した。

これに対しアーサー・クラインマンは、ナラティブ（語りそのもの）に着目することで行為としての語り、対話の産出物としての語りという視点を提示した［クラインマン 1996（1988）］(6)。ナラティブに関する様ざまな議論は、その後言語哲学や第2章でも触れた社会構成主義などの社会学的理論において展開する。社会構成（構築）主義の議論では、「対話や言語がいかにして私たちの世界を創り出しているのか」という点に関心を向ける［ガーゲン 2004b（1999）：96］。対話を社会構成主義のカギとなる概念だと考え［ガーゲン 2004b（1999）：219］、対話を「構造化されたもの」、つまり「安定して繰り返されるひとまとまりの慣習」として扱っている［ガーゲン 2004b（1999）：96］。

クラインマンらの議論を踏まえて沖縄県宮古島諸島のある集落で民俗医療をめぐる人びとの語りの研究を行った東資子は、民俗医療における病いの治療は、「個人の物語を生起させ、それを終わらせることによって行われており、症状の改善はその過程に含まれ、物語を完成させることがすなわち治癒である」と指摘している［東 2006：50］。新潟県佐渡の六〇代の女性の巡礼経験の語りの分析を行った門田岳久はガーゲンらの議論をもとに、民間信仰的習俗の聞き書きにおける他者の経験を信仰ではなく、信心として文字化する試みを行った。門田は、女性の巡礼経験の物語を、供養、慣行、他者や社会へのまなざし、自らの半生への対峙でもあるような「重層的な想起」の帰結として論じている［門田 2007：55–87］。

ナラティブ・アプローチに問題がないわけではない。ナラティブ・アプローチにおいては、個人の意識から人びとの集団的なアイデンティティにいたるまで、言葉によって構成されるという立場が取られる。門田がすでに指摘しているように言葉以外の膨大な要素を隠匿することになりかねない危険性は常に潜んでいる［門田 2007 : 78］。重要なのは個人とその個人を取り巻く社会や文化との往復のなかで人びとの物語を理解することであろう。以下、具体的な事例に入りたい。

2　人生の物語

(1)　歌う巫女／歌わない寡婦

事例1：歌もこの日しかあびないさぁね、(7) 声出るかなぁって思ったけどね。やっぱり、歌はしないさ。お父さんが亡くなってから、うち、民謡もしないど。あびらない。歌わない。前は、やりようばぁて、民謡も歌ったけ、歌わんから声が出るかなぁ、と思ったけど、やっぱ〈オットメ〉は（声が出る）笑。安心した。大丈夫だった。主人が亡くなってからうち、民謡したことないですよ。神祭はね、あれだけど、お父さんが亡くなってるから、歌いたくもないから。（二〇〇七年八月二日）

冒頭に挙げた女性の語りの全体である。夫が亡くなるとともに民謡を歌うのをやめたと語るAさんは、大正一一年（一九二二年）生まれの調査当時数えの八六歳。「（悪口や「いらないこと」は）何も言わない」と周囲に温厚さを評される彼女は、島レベルの祭祀に関わる宗教的司祭者のひとりだ。調査当時Aさんの夫は数年前に他界しており、三男八女いる子どものうち、三男とともに島で生活していた。

彼女の朝は忙しい。朝はいつも四時頃には起床して地方局のラジオ番組[8]で民謡を聴きながら掃除をし、お風呂に入る。その後洗濯ものを干して、火の神《ヒヌカン》、仏壇、敷地内の神様にお参り〈ウートートー〉をするのが日課である[9]。その後、朝ご飯を軽く食べて、洗濯を太陽《ティダ》のあがりきるころまでに済ませるのだという。昼ご飯を食べたあとはお昼寝をしたり、または近所の親戚とおしゃべり〈ユンタク〉をしたりして過ごす。むかしほどではないそうだが、家の近くの畑に出向くこともしばしばあるらしい。野菜は親戚に配るほかは自家消費用として育てている。夕方に再びお風呂に入って、二〇時ごろに遅めの夕ご飯を取り、二二時すぎか二三時頃に就寝する。

Aさんは島の小学校を卒業した後（昭和一一年ごろ）、那覇で二年間出稼ぎ（子守り）をしていた。出稼ぎ先の奥さんにはとても気に入られていたという。その後大阪に出ていた姉妹を頼って大阪の軍需工場で四年間ほど働いた。彼女のように八〇代の女性たちのなかには、那覇の商家などで子守りをしたり、大阪の軍需工場で出稼ぎしたりといった経験をしている人が少なくない。現在とは異なり明治半ばから昭和初期ごろまで、島は人口過密状態にあった。そのため次三男は舟子や板前として那覇に出稼ぎにゆき、女性は子守りなどをすることは普通だったのである（二〇〇四年、二〇〇五年の予備調査で話を聞いた那覇市内で現在も営業するタオル卸業店では、昭和三〇年頃まで島からの出稼ぎのお手伝いさんを雇っていたという話もあった）。

大阪での暮らしに慣れてきた頃、〈内地〉[10]での空襲は激しくなっていたため沖縄にいた両親の強い勧めに従って一旦帰琉した。もともとは一時帰省のつもりで、すぐに大阪に戻るつもりだったそうである。しかし戦禍はますます激しくなり再び大阪へ出ることはかなわなかった[11]。この頃両親の決めた同郷の許婚と結婚、出産した。同年生まれの夫は、結婚後すぐ二一歳で出兵（昭和一八年頃）し、その後台湾に派遣された。一九四四年（昭和一九年）の那覇の一〇・一〇空襲で、当時生活していた家を失い、一時は〈ヤンバル〉（国頭北部）に避難した。那覇に戻った後、子ども二名と義妹と軍艦で島に戻り、夫の実家に落ち着いた。

事例2：飛行機があっちから来たら、も〜、（爆弾を）持ってたからね、前にも焼夷弾を落とすわけさ。みんなよくやられてるよ。わたしたちはもうね、おかげ様で何もなかったから。それでもう、あっちまでは歩かせて、〈ヤンバル〉の辺土名《へどな》まで、辺土名行かないと、あれがない、いうて。食糧がない、いうて。朝から歩いて行って、夜はあっちこっち泊って。ようやく、辺土名《へどな》いう、わかる？（筆者：名護の先の？）名護の先の。あっちにいかんとね、配給がないっていうて。配給ってもおにぎり一つよ。うん。（筆者：足りないですね）うん、おにぎり〜一つ。二日ぐらい行って、また那覇に帰ってきて。那覇に帰ってきたら、お家もないから、連絡船が、この連絡船がまた、普通の船じゃなくて、軍の船だから、これからか、それでもういつかなると、空襲でものすごくされて、この島全部軍艦でまいてたよ、周囲全部軍艦でまいてた。こんな小さい島をこんな軍艦で。うん。でもね、いくらかは（亡くなられた）。あの〜学校なんかも、あの〜爆弾落とされて、あっちこっち。今のわたしたちの畑、〈アメリカー〉（アメリカ人）たちが来てから陣地作ってたから行かれんかった。小さい〈茅葺小《グァ》〉ぐらいはあったけど、あれたちが今の畑、あっちに住んでたから、自分たちは行かれんかったよ。ほかのお家に泊まった。（筆者：他のおうちに泊まったんですか？）うん。あの時までは几帳面で、あのまた、大変だった。〈アメリカー〉たちが若い人たちを連れこもうとするからね、怖い。うんうん、うちのおじいちゃん、舅のおじいちゃん、あの〜、つけよったよ、顔に、鍋のあの〜鍋の煤を。心配してからね。もう、つけんかったら、怒ってからね。笑。（二〇〇七年八月五日）

一九四五年（昭和二〇年）六月に米軍が島に上陸した[12]。夫の実家周辺に米軍がキャンプ地を張ったため、他家に居留しながら夫の帰りを待ったという。終戦の年の年末ごろ、ようやく夫は出征先であった台湾から帰ってきたという。ホッと一息と思っていたところ、今度は急に体調を崩した。畑仕事もできなくなり、寝込む。だが看護婦が来ると良くなり、帰ると再発するということが続いて何もできなかった。そんな時夢で〈カミ〉に仕えるようにと啓示を受ける。「四〇歳まで待ってください」と、子どもを産み育てた後は〈カミツトメ〉をするように約束したという。それ以後、すこしずつ体調は良くなったものの「舅に御飯も作れなかったから」という気まずさと夫の気遣いによって、那覇へ移住することとなった。養蚕の経験のあった夫は、その後繊維業に大きく貢献したらしい。

事例3：うちの主人はも～、男前でもあるから。心配はなかった、も～几帳面[13]だったから。周りの人たちがわたしに言うわけ。いいよ、若いうちは花だから～って。わたしも負けずに大きくなってきたんだが。……〈内地〉に行ったらあっちこっちと修行してるわけ、あっちからこっちから惚れる人がたくさんいた。……もう、年をとったらもう大変です。（二〇〇七年八月六日）

亡夫の成功の物語は、彼女自身の成功の物語としても語られる。その後、四〇歳ごろ舅姑の体調が崩れ、夫とともに島に帰島した。Aさんは、それから若い日の〈カミ〉への約束通りに〈カミツトメ〉をするようになった。五〇歳ごろから、村行事を取りしきる宗教的職能者として活動していた。さて冒頭の言葉に戻ろう。島に帰ってきた四〇歳ごろから、趣味として民謡を習いはじめた。なかなか上手だったとのことだったが、夫の亡くなった後、歌わなくなった。調査当時、歌うのは年に一回行われる神行事の神歌〈ウムイ〉だけになっていた。

(2) 寝たきりの〈カジマヤー〉

事例4：〈カジマヤー〉までは頑張る。

三年前に床ずれをする前は病知らずであったBさん。足を悪くしたことから、家のなかでは両ひじで這うようにして移動していた。しかしそれが原因で床ずれしてしまい、寝たきりとなった。はじめは島内の特養のショートステイ等々を利用し、一時回復して自宅に戻るもまたもや悪化してしまった。今度は島にある特別養護老人ホームを経て、その後那覇にある老人病院に入院することになった。

二〇〇七年、Bさんは九七歳の年祝である〈カジマヤー〉を迎えるということから、家族内では〈カジマヤー〉が企画されていた。第3章でも触れたとおり、〈カジマヤー〉の年祝は寝たきりの場合には行わない。しかし「〈カジマヤー〉までがんばろう」というのが長年の本人の口癖であったため、子どもたちは家族内で〈カジマヤー〉の祝いをしようと企画していたのだった。結局二〇〇七年の旧暦の〈カジマヤー〉当日、体調不良であったことからその計画は実施されることはなかった。しかしそのあとも一年遅れで開催するように計画しなおしていた。[14]

Bさんはもともと沖縄本島の北部出身者で島の出身者ではない。地元の中学校を卒業した後、那覇で働いていた時に島出身の同年の夫と知り合って結婚した。その後島で生活するようになったらしい。夫との間には三男六女の子宝に恵まれた。しかしもともと身体のあまり頑丈ではなかった夫はぜんそくに続いて肺病を患い、長く病床につくこととなった。[15] はじめは島で療養していたものの、状態はあまりよくなかったので那覇の病院に入院した。それ以後Bさんは、那覇の病院と島を行ったり来たりの生活を送ることになったが、夫はBさんの必死の看護の甲斐もなく、数年後に他界した。夫の亡くなった後、生活は苦しかった。成人して社会人になっていた次男のもとに、当時まだ小学生であった四女と五女を預けながら、九名の子どもたちを育て上げた。成長した子どもたちはそれぞれ大阪、那覇へと生活の拠点を移していったものの、自分は島に残ることを選んだ。三女によるとたまに那覇に出かけていても「〈オトゥ〉（ここでは夫のこと）が門の前で立っている夢を見た」といっては島に帰りたがったという。[16] Bさんは Aさんのように宗教的職能者ではなかった。しかし様ざまな物ごとを〈キク〉ような人だったらしく、時には誰かの死がそれとなくわかるようなこともあったらしい。

事例5：髪を切ったら〈オトゥ〉がわからんくなるさぁ。（二〇〇六年一一月一四日）

四女が島に暮らすようになって以降は母の様子を見るようになっていたが、数年前までは一人暮らしをしていた。事例5はそんなBさんが老人ホームに入居したとき、髪を切らなくてはならないと言われたとき口にした一言だそうだ。老人ホームでは介護上の理由から入居者は短髪にすることが求められる。Bさんの当時の髪は、Aさんと同じく沖縄独特の〈カンプー〉と呼ばれる簪〈ジーファー〉を挿したお団子姿で、調査当時髪の量はかなり減っていたものの若い頃と同じように背中まで長く伸ばしていた。介護関係者や家族との問答の結果、結局Bさんの髪は短く切られることになったそうだ。娘によるとこうした亡き夫の話は彼女の語りにおいて重要な意味を持つものとしてしばしば登場するという。

(3) 島の楽しみ

野菜を作るのが楽しみだというCさん（八〇歳女性）。島で学校を出た後、許嫁だった隣家の息子と結婚した。夫は大阪生まれだったが、母親が病をえたのを機に一〇歳ごろ島に戻ってきていた。その後島で学校を出たものの、一七歳の時に沖縄戦に防衛隊として召集された。

Cさん自身は学校卒業後、大阪の軍需工場で働いていた。兄の子の子守りのために一時帰琉していたときに一九四五年の那覇の一〇一〇空襲に遭い、先に挙げたAさんと同じように島に戻ることになったという。その後、防衛隊から戻ってきた夫と共に、貧しいながら一心に働き長女以外の子どもたちはすべて高校に行かせた。

事例6：うちの長女が戦争終わってじきの子どもだったから、（お金がなくて高校に行かせることが）できない。ちょっと。……〈アルカソウ〉（行かせよう）思ってたら、（長女が）「高校〈アルク〉よりは、働いた方がいい」って。……今はね、金が小さくても大きくても、高校は義務教育ですよ。どこ行ったって言われるさ。（二〇〇七年八月一八日）

事例7：あの、救済（当時の生活保護のこと）、あれを貰ってやったらどうだいって（島の学校の先生に勧められた）。いやいや、一時の辛抱はね、あたししますから、やらなくてもいいです、もらわん。……で、家畜養って、豚。これを養ってね。たくさん養って、それを一家にいくらずつ出して、それで借金払って、〈オトゥ〉（ここでは夫のこと）とふたりで借金払って。それから、ちょっとそれから子どもたちも生活が楽になって。……車もたんでしょ。リヤカーひっぱったら、リヤカー下りたところ、あっちから、どんな走りよったかな。ほんとよ。どんな走りよったか。あれもって、あっちまで行きよった。あの～〈陸〉まで歩いた。……そんなこともやって。だからも～。今はやっただけでたくさんだから。（二〇〇八年八月一八日）

〈アルカソウ〉とはここでは（高校に）「行かせる」という意味である。調査当時夫とふたり暮らしであった。足が悪く杖をつく生活を送っていたが、調子のいい時には野菜を作って島内外で生活する子どもたちや親戚に野菜を送ることを楽しみにしていた。彼女の畑では季節によって異なるがジャガイモ、玉ネギ、キュウリ、ホウレンソウ、レタス、花野菜、ブロッコリーなどを作っていた。Cさんのように自家消費用の野菜を畑で作り、子どもたちや親戚に贈ることを楽しみにしている人は多い[17]。

事例8：

Cさん：早く作ってね、早くとればなんでもないけど。おいしいよ。作るのは作るよ、何でも。わたし作るんだよ。ちょっとあれ、ややこしいのは。八月那覇出る時に、種買って植えるかなって。……自分たちは別にちょっとずつしか食べない。……（中略）……そうね、田舎はね、それが楽しみ。田舎は楽しみがないから野菜作って、楽しみだよ。

筆者：楽しみがないですか？

Cさん：楽しみがないさ。ないんだが、野菜作って子どもたちに送るのが楽しみ。

筆者：畑は朝行くんですか？

Cさん：朝。

筆者：昼間は暑いですもんね。

Cさん：今はね（八月）。冬は難儀だから。足がね～やっぱり。辛くなるから。二時間ずつ立ちっぱなししたから。

筆者：あんまり無理をされないほうが……。

Cさん：気持ちはね。してるけど。動かん。

（二〇〇七年八月一五日）

田舎には「楽しみがない」と口にしながらもその楽しみを語るCさん。ここでは畑仕事は楽しみのひとつとして表現されているが、「(島には) なんもないさ。こっちでは生活、自分たちが働いたらな、金はなくても、種さえ買ったら、食べさせていける。ほんとよ。カボチャも (育てている)」と語るように、Cさんにとって畑は重要な生活の手段であるという認識には変わりはない。それには彼女の戦後の体験が深く関係しているようだった。

事例9：むかしは、食糧事情は大変だった。こっち嫁いできたときは、〈オジイ〉[18]も、四〇 (歳) ぐらいであってね、生活ようできるかなって思うときもあったんだよ。生活ようできるかなって。こんなしてね、イモクズとってから。芋のこんなあるでしょ、芋くずの白い、あるでしょ。これを買ってきてね。あの実ば、入れてね、〈ジューシー〉[19]、〈ジューシー小《グヮ》〉してね。今は食べられんよ。あれ。お茶碗にちょっと。上の子どもに。この子はね、ちっちゃく生まれてね。んで。だれよりも、大きくないよ。小さい。栄養失調っていうものはあるんだって思った。あの時は大変だったよ。……嫁さんいるし。嫁がいるから。行かないよ。(筆者：帰れないですよね。実家に戻りたくても) うん、いかれん。で、辛抱して。わたしはやってきてるからね。なくても生活できよった。わたしはなくても、何にもいわない。食糧がなくても何にもいわない。(二〇〇七年八月一五日)

彼女にとっての島の暮らしに対する思いは複雑だ。自分たちの苦労した島を出ていく (出て行かざるを得ない) 若い人の状況を次のように述べる。

事例10：若いうちは都会 (に行ってしまう)、おいしいところ食べさせるっていってもな、自分の島で、自分たちが苦労してね、財産も集めているのに。それが悔しいさ。……那覇では自由だけど、こっちではあんまりな。（二〇〇七年八月一五日）

島での暮らしの不自由さも同時に語りながらも、島への愛着をのぞかせる。その根底には「地元を忘れないようにする。地元を忘れたら話せないよ」という思いのあるという。

(4) 島に通う

最後に先に挙げた三人の女性たちとは異なり、島を離れながらも島に通い続ける人の物語も見ておきたい。本家の次男坊として生まれた二〇〇八年当時八二歳のDさん。島で小学校を卒業後、那覇の県立中学校[20]に進学した。当時シマで中学校に進学したのは五～六人程度だったとのことで、親が感心するほどの勉強家であったらしい。進学後すぐ戦渦は激しくなり、那覇の一〇一〇空襲[21]の後いったん島に戻るも、学徒動員で中学の生徒も招集されることになったため、島に迎えに来た軍艦で再度那覇へ戻った[22]。

日本軍が那覇を撤退した後は、そのまま日本軍に従って南部へ移動した。その時すでに島は米軍に陥落していたものの、当時は何も情報は入らずわからなかったという。南部へ移動したのち、突然の大本営の命で学徒隊は解散させられたため、南部を行く当てもなく逃げまどうことになった。この時も含めて従軍していた間に二度ほど怪我を負ったという。米軍による故郷の占領を知ったのは、解散後、米須《こめず》（現糸満市）でのことだった。彼の長兄は、本来は山口に配属される予定であったそうだが、配属前に沖縄戦の激しくなったために山口に移動することはできなくなり、Dさんとは逆に〈ヤンバル〉へ逃れる途中で戦死した。戦死した場所は今でもわからないため、骨を拾うこともできないという。

戦後は再度学校に戻って教員免許を取り教師になった。就職後、許嫁だった近所に住んでいた同年の女性と結婚した。Dさん自身は次男だったため分家し、[23] 奥さんとの間に四男二女をもうけた。教員として島の小学校にも赴任したこともあった。島で暮らした当初は両親と生活しており、両親が亡くなった後は長男夫婦と生活をともにしていたそうだが、定年後は、長男が島で就職していたこともあって、家を長男夫婦に譲り生活を那覇へ完全移動した。教師時代から質素な生活を心がけていると話す。旧盆・旧正月等々祖先供養等々の行事には基本的に帰島するものの、島の家は長男夫婦に管理を任せている。

進学で早くから島を出たためいわゆる「伝統的」な風習についてはあまり詳しくない[24]と話すが、Dさんの話す子どもの頃の話は、いまだ鮮やかな記憶に支えられている。

事例11：裸馬に乗って馬がけをしたり、目の前の海で泳いだりもした。……豚をさばく手伝い[25]はしたことがあるが、素人がやるので二時間も三時間もかかって大変だった。教員として赴任した○○の小学校の傍には、屠場があったが、そこではおばさんが豚一頭一五分でさばいてしまうらしいと聞いてびっくりした。（二〇〇八年二月七日）

Dさんのように、島と那覇両方に家を持ち、那覇に生活の基盤を置きつつも島へと行事のたびに行き来する人は少なくない[26]。島育ちのEさん（八〇歳女性）もそのひとりである。島生まれ、島育ちのEさん。両親は父親が本土出身で、母親は島出身であったが四歳で両親が亡くなり祖母に育てられ「苦労した」ので、学校にはほとんど通えなかった。今も字はあまり読めないという。

事例12：わたしも教育、字がわかったら、どっか（学校に）行ってたはずだぁけ。（二〇〇七年八月九日）

彼女は沖縄本島出身の男性と結婚し、那覇市内で生活しているが、島の宗教的祭祀に関わるようになり、島と那覇を行き来する生活を送るようになった。島には母方の実家しかなく、親戚のほとんどは那覇で暮らしているため、島を行き来するようになってから島に一間の小さな家を建てた。苦手な人こそ笑顔で付き合いなさいと話す彼女の日常の趣味は彼女が「手遊び」と称する裁縫である。普段身に着ける絣の着物や道具をしまうバッグも彼女のお手製のものだ。Eさんも C さんと同様島では家の脇にある小さな畑で島バナナや〈アカマーミ〉などを育てているが、那覇では畑はないので「手遊び」ばかりしてしまうのだと笑う。

3 選択の基盤

前章の第5章では身体の問題について考えてきたがここでは、人びとの選択を形成する他の要因について具体的に考えていきたい。

(1) 情緒的なつながり

それぞれの物語に見られる人びとの語りはある一定の類似性は認められるものの、当人にとっては個人的で、個別的なものだ。そこには彼らの様ざまなものとの情緒的な関係を見て取ることができる。この関係によってこそ、人びとの経験は意味あるものとして語られている。この点に関して、第2章で取り上げたブルナーは、経験の人類学の議論でディルタイの「意味は私たちの経験の外部にあるのではない、経験のなかに構成されるのであり、経験の間のつながりを組み立てるのである」[Dilthey 1976 : 239]（邦訳は筆者）という言葉を引用している［Bruner 1986 : 8]。

人びとはばらばらの経験を繋ぎ合わせてそこにつながりを組み立てる。つながりの重要性については、社会疫学などのソーシャル・キャピタルの議論においてもこれまでに多々取り上げられてきた。そこでは、社会的なつながり（connections）あるいは社会関係（social relations）を通して、個人や集団に提供される資源（resource）が多ければ多いほど、サクセスフル・エイジングを可能にするといったようないわゆるアチーブメント型の議論も行われている。もちろん文化人類学や民俗学でも様ざまな議論は展開されているが、本章では人びとと様ざまなものとの情緒的な関係に着目して議論をしておきたい。

柳田國男は著書『先祖の話』（一九四六年）のなかで、戦争で死んだ若者を無縁仏にしてしまう従来の家システムに対して懸念を表明し、そのなかで「骨肉相依るの情」という情緒的なつながりに着目している。

第二段に、是も急いで明かにして置かねばならぬ問題は、家と其家の子無くして死んだ人々との関係如何である。是には仏法以来の著しい考へ方の変化があることを、前にもうくだ〳〵しく説いて居るが、少なくとも国の為に戦つて死んだ若人だけは、何としても之を仏徒の謂う無縁ぼとけの列に、疎外して置くわけには行くまいと思ふ。勿論国と府県とには晴の祭場があり、霊の鎮まるべき処は設けられてあるが、一方には家々の骨肉相依るの情は無視することが出来ない。家としての新たなる責任、さうして又喜んで守らうとする義務は、記念を永く保つこと、さうしてその志を継ぐこと、及び後々の祭を懇ろにすることで、是には必ず直系の子孫が祭るので無ければ、血食と謂ふことが出来ぬといふ風な、いはゆる一代人《だいびと》の思想に訂正を加へなければならぬであらう［柳田 1998a（1946）: 149］（送り仮名は原文のまま）。

子をなすことなく死んでいった若者は、国の英霊として祀られても、家の祖先にはなれない。それは、当時のイエの死者を祀る一般的なルールであった。柳田はそうした人びとの心もちを憂い、そこから（仏教の影響から）の脱却を望んでいた。柳田の議論に関して社会学者の中筋由紀子は、柳田は当時一般的な先祖祭祀の考え方――「自分の血をわけたものからでないと、死後の祭祀は受けられないとするような考え方」［中筋 2006：43］――では、家の永続が危機にさらされてしまうと批判していると指摘し、それに代わる考え方として「無形の家督」ということを提唱したのだと述べている。ここで言う家督とは、本来一族や家の長を指し、あるいは家の財産を指す言葉であるが、中筋は、柳田は「無形の」としたのはそうした目に見える形のある財産ではなくて、先祖から受けた性質や養育の恩などを指すのではないかとする。つまり子孫と先祖の間にかつてあったような「親密な交流」を再生させることで、「先祖と子孫のつながりを、血縁を越えた情緒的な絆とすることを構想していた」というわけである［中筋 2006：42–43］。

中筋の議論は興味深いものの、柳田の構想していたのは果たして家を基盤とする子孫と先祖との親密な交流だったのだろうか。柳田が無視することはできないと記している「家々の骨肉相依るの情」は、先祖から受けた性質や養育の恩というよりもむしろ、「家の先祖」を守ろうとする人びとの「情緒的なつながり」であり、そこに柳田は可能性を見ていたのではないか。

島における死者祭祀のあり方を見る限りにおいては、生前から関係の継続する親しき死者（たとえばAさんやBさんにとっての亡夫）と、顔も知らない家の象徴としての祖先への祭祀は性質の全く異なるものである。島では家族の病気や事故といった不幸は「〈ウヤフジ〉（先祖）からの〈シラセ〉」として説明されることがある。また宗教的職能者から〈ハンダン〉を受けた場合にも、〈ウガンブソク〉（祀り不足）を補うために儀礼を行うこともある。そこで重要なのは親しい他者の不幸にどう対応するのか、といった点であろう。そこでも親しい他者との情緒的な関わり方から〈ウヤフジ〉への行為も決定されている。

島に残るという選択肢は、実のところそれを選ばなかった人びとのそれと大きな隔たりはあるわけではない。Dさんのように選ばなかった人にもやはり島にも家はあり、家族（親族）はいる。場合によっては、AさんやBさんのように状況によって簡単に覆されてしまうものなのである。人びとの現在のあり様には、身体的な状況や家族関係といった彼／彼女らを取り巻く様ざまな環境だけではなく、柳田の「具体的で骨肉相依るの情」と述べたような、「情緒的なつながり」も関係している。以下、前節で見てきた人びとの語りに見られる「情緒的なつながり」を、親密な他者／宗教的なもの／島という三つの観点から考えていきたい。

(2) 親密な他者

幸福について議論している武井秀夫は、「私」の幸福にとって他者の存在の重要性を次のように指摘している。「親しく近い他者の存在は私たちに喜びをもたらすが、その喪失は不幸であり、私たちを病ませさえする。幸福と不幸の間のこの循環において、親しく近い他者たちの果たす役割はきわめて大きい」［武井 2004：203］。

子どもたちの多くは那覇や大阪で生活していることから、今では望めば島外で医療面に（島にいるほどの）不安をいだくことはなく生活することは可能になっている。Aさんのように〈カミツトメ〉はあったとしても、島を離れるという選択肢も残されており、事実宗教者について重点的に調査した二〇〇七年の時点で、就任していた七名の巫女のうち島で暮らす人はわずかだった。そんななか体調の悪い身体をおして夫の眠る島にとどまり、誓約をしたとおりに〈ツトメ〉を果たすAさん。病院のベッドの上から夫の眠る島に戻りたいというBさん。夫への思いを語る、ということ。そこには何があるのか。

夫を支えていくことは、島に限らずこの世代の日本女性たちにとっていわば当たり前の生き方であろう。戦後の日本社会を研究したプラースは、日本では個人の加齢や生物学的変化よりも、その人の社会的秩序のなかでの成熟度のほうが重視されていると述べる。また女性の人生は自分のためではなく、他の人びと（夫や子ども）のために何をなし遂げたかによって意味を持つようになる［Plath 1980：139］と指摘している。

本章で見てきた島出身の七〇代〜八〇代の女性も、〈インジキ〉、つまり親の決めた相手と二〇歳前後で結婚した人は多く、現代のように女性が独立して自由に自ら可能性を切り開いていくような状況にはなかった。女性たちがおしなべて話すように、みな幼い頃から母親に厳しくしつけられ、嫁ぎ先で立派な嫁、母になるように教育されていた。夏の暑いなかでもいつも糊のぴりっときいたシャツを身に着けていた八〇歳の女性は、糊付けはむかしからの毎日の習慣であり、母親からの教えなのだと話していた。

加えてこの世代の女性たちは、男性たち以上に進学することは困難だった。先に取り上げたEさんのように字を覚えることもままならなかった人もいる。表1を見れば明らかなとおり、昭和初期における中等学校以上への進学はごく限られた人にのみ許された道であり、女性の教育に対する意識の変化は戦後を待たねばならなかった。彼女たちは勉強をあまりしなかったこと、読み書きが苦手であることを「恥ずかしい、恥ずかしんだが、知らんことはできん」（八〇代女性）、「わたしも教育、字がわかったら、どっか行ってたはずだぁけ」（八〇代女性）といった言葉でつづる。

表1　昭和5年における中学校以上の進学者数
（郷土資料より作成）

男	師範学校	6	女	師範学校	1
	中学校	7		女学校	3
	実業校	14		実業校	2
	高専	1		高専	0

また余暇を自由に楽しむこともなかなか難しかった。盆踊りの〈エイサー〉や島歌、三線など芸事が豊かな土地として知られる沖縄だが、第4章でも触れたとおり島では高齢女性を中心に踊りや歌といったものを苦手とする人も少なくない。むかしは民謡を得意としていたAさんも、民謡は四〇歳の手習いとして覚えたもので子どもの頃覚

えたものではなかった。話を伺った女性たちの話によれば（いつ頃からかは定かではないがおそらく大正頃から戦後すぐまで）、島では若い女性が芸事をすることは「はしたない」と言われていたためであるらしい。そのためだろう、〈モーアシビー〉といったような沖縄の市町村史でよく見られる、三線や歌による自由な男女交流の風習も今回の調査では話を聞けなかった。

戦後、女性の高等教育は当たり前になった。Aさんが民謡を四〇歳で習いはじめたように芸事にいそしむ女性たちも増えている現在、それらが禁止されていた時代とはまったく状況が異なる。だからといって、女性に対する「伝統的」な見方そのものがなくなってしまっているわけではない。肌を露出する服を身に着けることは、高齢の人びとを中心にあまり好まれないこともある。筆者自身そうしたことを直接的・間接的に言われたこともあった。既婚女性が頻繁に家を空けることは、あまり好ましくないと話す人もいた。[27] 時代とともに変化しているが、それでも「那覇ではみな自由だけど、こっち（島）ではあんまりな」という八〇歳の女性の言葉には、今もなお高齢の人びとのなかに息づいている、島における暮らし方の気風を見て取れる。

こうした時代背景のなか生きてきた島の八〇代の女性たちにとって、その大小にかかわらず、夫の成功の物語が自らの成功の物語として意味を成すのは当然のことなのかもしれない。夫の成功の物語や亡夫への愛着の語りは、女性たちに家産の守り手、貞淑な妻という地位を享受させるものとして機能している。主婦としての役割は、実質的には家の後継が決まったときに彼女たちの手を少しずつ離れていく。長男夫婦の独立や帰島と同時に、那覇に出る人も多い。家屋敷を残したまま、重要な祭祀ごとのたびに帰ってくる人も少なくない。しかし亡夫への愛着は、たとえ彼女たちが主婦権を譲ったとしても彼女たちに家族の守り手としての役割を与えてくれる。

もちろんそれは島にいることを強制するものではない。だが、Aさんが「お父さんがいるから」と話し、Bさんが「〈オトゥ〉が門の前で立っている夢を見た」と語るように、彼女たちにとって亡き夫たちは今も島にいるのだ。

そこでは物質的な距離（夫の亡骸の眠る島に住むこと）が重視されている。島で暮らす人びと（もっと正確に言えば島と関係して生まれた人びと）にとって、墓[28]は先祖から受け継いだ財であると同時に、親しい他者のいる場所なのである。

(3) 宗教的なるものとの交流

親密な他者に限らず、宗教的なるものとの関わりは、しばしば人生そのものを大きく左右することがある。それは〈内地〉でも変わらないが[29]、沖縄離島のそれはより地域の文化的・社会的な文脈とリンクするかたちで表出する。Aさんの人生の物語はまさにその典型的な物語であったと言えるであろう。宗教的なるものとのかかわりは、先に述べた亡夫の思い出と同様に彼女にとっては重要なつながりであることには変わりない。島の女性のすべてがAさんのような人ばかりではない[30]。だが、島において女性たちは家の祭祀の祀り手として多かれ少なかれ役割を担う。そのため家を支える女性たちのなかには、程度の差はあれ宗教的なものとの関わりを見て取れる。第3章で触れたように旧盆などに代表される祖先祭祀はその代表格である。

事例13：（旧暦の）一三日からはお盆。お盆の迎え日。こっちの人はね、キビ、ミカンなど、スイカとかね、いろんな果物とかね、飾る。青蜜柑。この蜜柑……亡くなった人用。青蜜柑が一番上等。お料理もつくらないといけないから。大変ですよ。……〈ウークイ〉（盆の送り日のこと）にはおみやげっていうて、イモを炊いて。別に。イモはおかしで、お土産。むかしはね、ご飯炊いてね。ちょうど夜の一二時に（仏壇にお供えを）飾りよったよ。わたしたちが小さい頃はね。小さいっていっても学校は出よった（頃）よ。今は夜中にしない。誰も。太陽落ちたらすぐ飾って終り。（二〇〇七年一一月一六日、八〇代女性の話）

事例13に見られるように、その作法はむかしと比べると簡素化されている。それでも手間暇のかかることには変わりない。第7章で触れる予定であるが、祖先祭祀に携わることは島で生活するうえで（個々人によって多寡はあるものの）必須である。たとえば島生まれ島育ちのFさん（八〇歳）は、調査当時は那覇で生活しており島で行われる神祭祀にもあまり興味はなかった。むしろ周囲のいき過ぎた〈ユタガイ〉（〈ユタ〉に祈願を依頼すること）には眉をひそめるタイプだったが、月命日の家の祀りは欠かさない人で、自分はできない時も島で生活する息子夫婦に電話をかけてお供えを頼んでいた。家族の健康祈願といったことにも積極的でもないものの、積極的に否定もしていなかった。

老いる人びとと聖なるものとの親和性は、様ざまな文化や社会において報告されている。たとえば、秋道智弥はミクロネシアのファイス島では、タボリ・イギと呼ばれる魚の尾は、男だけの踊りに加わらなくなった、引退した年寄りだけ食べることができると言い、若い男が食べるとある種の皮膚病にかかると信じられていると報告している［秋道 1988：129–166］。阿部年晴は南エチオピアの放牛民グジ人社会では、老いるということは、心身を浄化し、清浄の度合いを増し、祝福や呪詛の力を強めていくことだと報告している［阿部 1987：249–252］。また 第1章でも取り上げたとおり宮田登は、長老制の例を引きつつ、老人をマイナスイメージだけでは捉えていない日本の民俗世界についての指摘を行い、民俗学における老人研究の重要性を説いた［宮田 2000］。

老年人類学者のソコロフスキーは、部族社会における老人の支配力について、知のあり様は、社会・文化的脈絡の違いによって多種多様のかたちをとることを前提しながらも、それなしには人が霊的な力や文化的に有能な成人としての働きにつながることができなくなるような、秘教知［Sokolovsky 1990：7］（邦訳は筆者による）の持ち主であることによるとしている。ここに述べられているのは、老人そのものの聖性の問題であって、老人と宗教的なものとの親密性の議論ではない。また老人の聖性の問題と、宗教的な親和性の問題はおそらく同義ではない。よって安易な比較は避けなくてはならないが、少なくとも島においても老人になるということは、宗教的職能者であるにせよないにせよ、聖なるものとの親和性を大なり小なり深めていく過程でもある。

話をもとに戻そう。祖先祭祀の手厚い島においては、〈マリングヮ〉のような宗教的な能力を兼ね備えた人に限らず、島とつながる人びとは日常的に宗教的なものとのつながりを保持している。これは人びとの日常生活に深く関わっている。その結果、家の宗教的な祭祀を担うために帰郷するといったようなことも起こりうる。[31] 島の宗教的環境は、人びとと島を繋ぐものとして機能している。

(4) 島への愛着

こうしたつながりは島への愛着へとつながっていくのだが、島とのつながりは先に挙げたような親密なる他者や宗教的なものなど、はっきりとした対象に向けられるものばかりではない。それとは別にいわば島全体に対するぼんやりとしたつながりの様態もある。本章で取り上げたBさんの「若いうちは都会（に行ってしまう）、おいしいところ食べさせるっていってもな、自分の島で、自分たちが苦労してね、財産も集めているのに。それが悔しいさ」といった言葉や、Dさんのような高齢の男性に多く聞かれた「最近の子どもは勉強しないから、将来はだめになると思う」といった憂いに見て取れるのは、自らの生活してきた故郷への愛着のひとつの表れであろう。しかしこうした愛着とはいささか異なる、はっきりと言葉にすることの難しい愛着のかたちに出会うこともある。本章の最後に、そのぼんやりとした島への思い入れのあり様について考えてみたい。

事例14：ここから見る景色は、どんなに見ても飽きない。（二〇〇五年七月二九日）

若いころは那覇市内で小料理屋を開いていたと話す七〇歳過ぎの女性Gさんは、島と那覇を行き来する生活を送っている。海の臨める彼女の実家の庭先には大きな岩があり、夏は食後にそこで夕涼みをしながらお茶をするのを楽しみにしている。同じ場所から見ても海はいつも違う色をしているとのことで、「嵐の海もそれはそれで好きだ」と話す。「いつ見ても飽きない」と人びとに語らせる小さな島の風景は、人びとの過ごしてきた人生の物語とともに心のなかに刻まれている。こうした意見は何もこの女性に限られたことではない。嵐の海を眺めに海の見える高台に車をとめている人は珍しくないし、家から見える海の景色を「ここから眺める景色に飽きたことはない」と述べる別の女性は、季節ごと、時間ごとに色を変えていく海の様子を飽きずに何時間でも眺めることができるのだと話す。

一方で海は人びとの生活を強く制限するものでもある。たとえば島では台風は「四日は居座る」と言われる。実際台風の目が通り過ぎてもしばらく風は収まらず、波は高いままである。フェリーは波が四メートルを超えると出港しないので、天候は回復してもしばらくは欠航したまま数日は過ぎる。数泊のつもりで来た観光客が足止めされ、難儀することもめずらしくない。二〇〇七年の夏の台風の後は、久しぶりに那覇から帰航したフェリーの停泊中に係留していたロープが切れてしまい、乗客をほとんど乗せないまま出港したこともあった。島の周辺は外海よりもうねりは強いので時々同じようなことは起こるらしい。それ以前や二〇〇九年にも同じようなことがあったと耳にした。小型飛行機は基本的にはフェリーよりも一足早く復旧するものの、定員は限られており、話を聞いた年配の人のなかには小型飛行機には怖くて乗れないという人もいた。

事例15：フェリーは波が四メーター超えたら来ないよ。台風みたい。わたしもいっぺん、正月だったかね、那覇行って、船乗ったら。こんなこんなでしょ（波で船が揺れているような動作をしながら）。あれ、船の、どっかつかまって。つかまえておらねば、波がこんなこんなするでしょ。あんたたち天気を見て船出してるんかって。台風だよって、よくわかるよって。その時から出さないよ。四メーターから出さないよ。三メーターでも危ないよ。ごろっとするでしょ。船が割れないかなって。怖くって。あんたたち天気予報見たって。（船舶の人に言った）。…船は小さいし、客席は小さいし、その時は○○と一緒に（乗っていた）。びっくりして、起きて座るの。もう、緊張して。緊張してこれもしないよ。ついてから、も～怖い。怖くて。〈島ワタリ〉は。三名乗り[32]、あの飛行機は、あれは怖いさ。下が見えても怖いさ。も～怖いさ。落ちたこともあるからさ、あれもまた怖い。なんでもね、陸から離れてたら怖い。（二〇〇八年七月二五日、八〇代女性）

夏の台風と冬の時化の時期の〈島ワタリ〉は思うようにはできない。そのうえ、ほとんどの生活物資は小型飛行機ではなくフェリーで運ばれてくるため、台風が来ると島の小売店の商品棚からは商品が消えていく。このように海に囲まれた離島という環境的制限は離島苦《シマチャビ》と言われた昔だけでなく、今も島の人びとの生活に影響を与えている。

島の人びとはこうした事態には慣れているので食品の備蓄は欠かさない[33]。台風のたびに生活がマヒしてしまう〈内地〉のニュースをテレビで見ては、「〈内地〉の〈オジィ〉たちは、なんで台風の時に屋根の上にのぼるの」と筆者に疑問を投げかけるぐらい、嵐との付き合い方を心得ているように思われた。島とのつながりは不便さとの関わり方によっても保たれている。先に述べた愛着はそうした不便さと共存している。

4 人生の岐路を考える

人びとの語る自らの人生の物語、ライフストーリーは多種多様な物語で語られる。ここで語られた人生の物語をどう考えることができるだろうか。本章で見てきた事例を振りかえるならば、慣れ親しんだ家であっても、足を悪くしたBさんは自宅で生活することには相当の負荷がかかっていただろう。事実Bさんはその後入院することとなったし、Aさんにしても入院して以降、自らの衰えは自覚せざるをえないものとなっていた。第5章に挙げたとおり、身体の問題は個々人の意志ではいかんともしがたい場合は多い。それでも島に残る、ということ。もしくは島に通うということ。いずれにしても人生には岐路が存在する。

社会史的なアプローチから、ごく普通の人びとが歴史に参画するとはどういうことなのかについて議論した社会学者の天野正子は「それぞれの時代は、その時代を生きる人びとにとって、入り組んだ迷路」のようなものなので、地図や見取り図などはないとし、そこでは「不確実な未来に向けて、あれかこれか、生きるうえでの選択を迫られる」ので、その意味で「人生は手さぐりのなかでの選択の連続である」と述べた［天野 2003：305–306］。

沖縄戦と〈アメリカユー〉という激動の昭和という時代を生き抜いてきた島の人びとも、同じように人生は手探りであったであろう。その手探りの状態のなかで何かを選び取るということがどのくらい主体的に行いえたのかについては正直なところ疑問も残る。語りのなかでは意識的に選んできたと語られているものが、私たち個々人の人生を振り返ってもそうであるように、流されるままになされてきたことも多いだろう。

また彼／彼女の選択肢はある程度限定的なものであったとも言える。八〇代年配の男性たちにとって外の世界へと生活の糧を求めていくことは、当然の選択であった。同時にこの世代の女性たちにとって結婚前の出稼ぎや島内

（字内）結婚は当たり前の生き方であった。実際には他の可能性もあったのかもしれない。しかし別の可能性は、あまり想起されなかったのではないか。わたしたちは自分の生まれた歴史・文化社会的環境において内面化された様式のなかで生きており、そこから抜け出すことはなかなか難しい。

だがなんとしても生活の糧を得なければならなかった以前の〈離島苦〉の状況と現在とでは事情が異なるだろう。医療環境は改善され、AさんやBさんやCさんのように問題を抱えつつも島に残ることもできるようになった。それは長い間「寝たきり老人のいない島」と言われていた時代にはほとんど選ぶことのできなかった選択肢だ。人生後期の過ごし方を決定づける選択肢は、少しずつ広がった。もちろん実際に島に残るという選択は、各々の身体状況に左右されるし、交通の確保や医療の改善、家族の理解や手助け、字内や〈門中〉内、地域の互助的なつながりなくしてはなしえないものだ。だから、厳密な意味で主体的にそれを選ぶことは難しい。けれども、そこには老いる人びとの意思も以前に比べると多少なりとも反映されるようになっているように思われる。

この選択肢の広がりによって、本章で見てきた人びとと様ざまなものとの割り切れない「情緒的なつながり」は、人生の後半の選択においてより意味を持つようなものとして語られている。だから老いる人びとの語る選択のかたちは傍から見ると不自由でどこか意固地なものに見えるし、生きにくさに通じるような息苦しさも時に感じさせるのだろう。

物語られるもの、それだけが人びとの経験のすべてというわけではない。第2章で指摘したとおり物語られることは人びとの経験のごく一部であり、実際の経験とイコールではない。本章で見てきた人びとの物語は、ライフヒストリーと同様に、調査者との対話を通して再構成されているもので、「重層的な想起」のひとつにすぎないかもしれない。それでも人生の物語が、人びとの「いま―ここ」の経験を理解するための材料［門田 2007：82］のひとつであることは間違いない。

人生の物語で語られる様ざまな選択は、今と不可分なものとして語られる。それは物語が今まさに構成されるものであるのだから当然だ。ある人は親密な他者への思いの強さが、島に残るという選択を形成しているのだと強調する。またある人は島の宗教的文脈のなかで宗教的なるものとの関わりあいが島との距離をぐっと縮めたと述べる。場合によっては、遠い昔の思い出が故郷から離れた今も島との距離をゆるやかに保っているのだと語られることもある。

「かたり」や「はなし」［川田 1992］は「沖縄離島」という地域的な文脈によってかたちづけられ、そこでは人びとの「情緒的なつながり」が強調される。人びとは「かたり」や「はなし」を通して過去の選択を「いま―ここ」から振り返り、現在に再定置している。こうした過程を通して、人びとは過去の選択からもたらされた、もしかしたら不都合もあるかもしれない今をゆるやかに受け容れているのである。

［注］

（1）ポール・リクールは物語の特徴は筋にあると次のように述べる。「物語の場合、意味論的革新は筋の案出にあり、それもまた綜合の産物である。つまり筋のおかげで、目的、原因、偶然などが、全体的で完全な行動の、時間的統一のもとに集められる。この〈異質なものの綜合〉が物語を隠喩に近づける。そのどちらの場合でも、言語のなかで新しいもの――まだ言われていないもの、表現されていないもの――が生じるのである。すなわち前者では、生きた隠喩が、換言すれば、述語作用における新しい関与性が生じ、後者では見かけの筋が、換言すれば、出来事を組立てるなかで新しい適合が生じる」［リクール 2004 (1983)：vii–viii］（傍点は原文のまま）。

（2）後述するAさんの物語は、祭祀の調査に同行している際に自発的に話してくれたものである。それに対してBさんの物語は数回にわたる対話のなかで語られた語りを再構成したものである。Cさん、Dさん、Eさんの物語も対話のなかで話されたものであるが、どれもいわゆるライフヒストリーの聞きとりを企図していたものではなく、話をしているなかでライフヒストリーになったものである。

（3）一般的に「個人の一生の記録、あるいは、個人の生活の過去から現在にいたる記録」［谷 1996：4］（傍点は原文のまま）であり、社会学では「生活史」や「個人史」という邦訳が一般的によく用いられている。

(4) 死についての考察を行ったヴラジミール・ジャンケレヴィッチは、老いは形而上学的なものであり、人はただ存在するのではなく存在を意識するがゆえに「意識のための意識をもつ人間は、自分の人生を見渡さずにはいられ」ないとしている［ジャンケレヴィッチ 1995（1994）：20–21］。

(5) 筆者が高齢女性から与えられた具体的な生活の訓示は「下着は必ず手洗いすること」といったものである。ここでは趣旨が異なるため詳しくは取り上げていない。

(6) クラインマンは高齢期の語りの特質として「病の物語《ストーリー》を創り出したり、語ったりすることは、年配の人びとのあいだでとりわけ一般的に行われていることである……そして、その物語の結末を彼らはたえず改訂している。人生の最終段階においては、過去をふり返ることが、現在の多くの部分を占める」［クラインマン 1998（1996）：61］（ルビは原文のまま）と指摘している。

(7) 祭の練習期間中のこと。神歌の載っている〈帳簿〉は、この期間中しか開いてはならないとされている。

(8) 当時の彼女のお気に入りは「あかちち（暁）でーびる」という沖縄方言のパーソナリティが視聴者のリクエスト曲を紹介するラジオ沖縄の番組だった。午前五時一〇分から六時五五分までの二時間番組で高齢者を中心に人気がある。朝はこのラジオを聞くようにしていると話す人は多かった。

(9) 〈ヒヌカン〉は最初に祈るべきだとされている。〈ウートートー〉とはお祈りすることを指す。

(10) 日本本土のこと。

(11) 戦争のはじまった頃には沖縄から〈内地〉への疎開船も出ていたが（一九四三年八月の疎開船が第一回目の疎開船）、沖縄への空襲が始まってからのちは途絶えがちになっていた。二〇〇四年那覇での予備調査で話を聞いた市役所で働く父を持つ女性によると、役場の職員から先に辞令は出ていたようである。彼女の家も早々に熊本に疎開することになった。彼女は女学校に入学したばかりだったが、父からはすぐ戻ることになるだろうから、教科書は要らないと言われたらしい。母親は長女である自分を筆頭に六人の子どもを抱えた大所帯であるため布団だけは抱えていったという。二～三ヵ月のつもりで那覇に戻るつもりだったものの、結局は三年ほど滞在することになった。疎開して二学期からは、県立の女学校に編入したという。熊本の女学校ではB29の飛来の音が聞き分けられるからという理由で、見張り役に立たされていたらしい。飛行機の音の聞き方は、沖縄でもともと教育されていた。先生より早く聞き分けることができた。しかしそれは戦後六〇年たっても忘れることができず、今でも飛行機の音を聞くと夜中に飛び起きることがあるのだという（二〇〇四年一月二四日）。

(12) 島は一九四五年（昭和二〇年）六月に米軍機動部隊による艦砲射撃を受け降伏した。この頃島からは二百数十名が徴用されていたらしい（そのうち戦死者は八〇名弱）。米軍は翌年三月まで滞留し、豚やヤギ、牛など島内の家畜はこの時に全滅したと言われている。軍はキャンプを張るため、家の柱の一部を切り取っていっており、伝統的な古くからの家々にその痕跡を見ることができる（島内にはまとまった森林はないため、現在も建築資材などの木材は島外から持ち込まれる）。

(13) まじめで浮気をしない人であったという意味。

(14) 第4章で取り上げた例と同じ。その後彼女の容体は急変してしまったため、結局開催することはできなかった。

(15) 床に就いていた父親の姿は娘にとっても忘れられないものらしい。「いっつもね、学校帰ってきたら、横たわっている父親、喘息、いつもここに、あの～フェノールってカンカンに入ってるのがあったんだ。ペンキみたいにガーゼに塗って、それを貼って。ガーゼも貴重じゃない、洗うじゃない……自分の手が赤くなって、そうしてまた塗ってあげる」（二〇〇七年八月一三日）。

(16) 第7章の事例でも触れるが、門立ちする霊の話は、島に限らず沖縄において一般的に語られる死者にまつわる話の一つである。

(17) 植えられている野菜は様ざまで時期によって変わる。先に挙げたAさんも同様に畑をしていた。「この豆〈アカマーミ〉は今月（旧暦六月）から、畑にできるわけ。植えるのは楽しみだけど、とるのが大変らしい。〈ティダ〉（太陽）が出てきたら、熟する前はあれだけど、熟したら自然に（はじける）。旧の三月ごろは、お正月の残り物があるわけ。豆は〈豆腐マーミ〉、〈ウフ豆〉。祭（旧暦六月の神祭）の頃摘んでから。自分たち小さい時は、こう丸～く、作って、あんまり大き過ぎると、これが今ね、なくなってるわけ。作ってない。ほら、あれ、糸満は作ってる、糸満からもらってきてる、うちの息子がね、植木鉢に植えている、あれ、種が違うわけ、これぐらいは、台風前にとったのか、いつも聞くと思うんだが、聞いてない」（二〇〇七年八月三日）。〈ウフマーミ〉とは大豆のことで、〈アカマーミ〉とは小豆のことである。煮たてた生豆乳ににがり（島では味がまろやかになるということから、海水をそのまま加えることもあった）を加え、固まりかけた状態の〈ユシ豆腐〉とそれを固めた〈島豆腐〉は沖縄の郷土料理で、島内では数軒ほど豆腐を作って販売しているところもあったが、家庭でも作られていた。

(18) ここでは舅のこと。

(19) 沖縄風の炊き込みご飯のこと。

(20) 当時の旧制中学校は当初は五年制だったが、一九四一年（昭和一六年）に四年制になった。このなかでも一中は県下ナンバー1といわれる旧制中学で当時のエリート層を輩出した学校である。一中の卒業生には沖縄学の父である伊波普猷や東恩納寛淳もいる。

(21) 一九四四年(昭和一九年)一〇月一〇日(一〇・一〇空襲)に本土空襲に先駆けた激しい空襲によって那覇市の九〇パーセントは壊滅した。この後島への大規模な引き揚げが行われている。一九四四年(昭和一九年)の島内人口は三、〇〇〇人弱だったが、一九四四年(昭和二二年)の調査では五、〇〇〇人弱に倍増した。

(22) 鉄血勤皇隊は沖縄戦において沖縄県下の師範学校や中学校(一中・二中・三中・開南・県立八重山)、県立工業学校・農林学校・水産学校・私立商業学校から動員された学生で編成された学徒隊。Dさんの場合、進学直後(一三歳)であったためか、「補助的な役割」を担っていたらしい。具体的な戦闘経験については話に出なかったため、詳細は不明。島を出る際には、アメリカ軍の艦船が島をぐるりと取り囲んでいたため、迎えに来た軍艦は島まで近寄ることはできなかったらしい。そこで夜陰にまぎれて小舟で沖まで漕いでゆき、軍艦に乗り込む必要があった。この時船は二艘に分かれてきたが一艘は時化で転覆したとのことで、救助後に出発したという。軍艦は時化のなか隣の島にも寄って全部で二〇人ほどの学生を連れていったという。

(23) 長男の戦死した場合でも次男がそのまま家を継ぐことはない(〈チャクシウシクミ〉という祖先祭祀上の禁忌に相当するためであるという)。よって次男が継ぐ場合には、長男の養子になって継ぐほうが望ましいとされる。Dさんにもその話があったものの結局流れ、今度はDさんの三男が養子に入るという話もあるらしい。

(24) 第4章でも触れたとおり旧暦大晦日の行事に関しても「参加したことはない。以前は中学生やら青年が中心となって行っていたため、小学校六年生で卒業すると同時に(進学で)島を出た自分は、経験はない」と話す。現在では男女にかかわらず参加しているが、以前は青年の行事だったとのことで那覇に出ていた彼はそうした行事に関してもよく知らないとのことであった。

(25) 戦前豚は鶏やアヒルやヤギと同様に島内で一般的に買われていた家畜であり、旧正月や葬儀などの行事ごとには各家庭で豚を「つぶして」調理していた。豚の血を炒った〈チイリチー〉は今では出されることは珍しいそうだが、むかしは旧正月の時に出される定番の正月料理であった。豚は換金源としても重要であったらしい。豚の世話は五〇代年配ぐらいまでの島育ちの人びとにとってはどの家庭でも当たり前であったと話す人が多い。

(26) あまり島との関わりを持たなかった人でも、定年後に島と関わるようになったという人もいた。たとえば島で中学校を卒業、那覇で高校に入学し卒業後は〈内地〉で就職して働いた七〇歳代の男性は定年年後、那覇に戻ってから字の郷友会会長も務めたことが縁で、島に花を植える活動などをしている。旧盆の行事などに合わせて帰島することもあるらしい。現在は生活や交友関係が優先だと話す。多数の島出身者が戻ってくることが多い旧正月の行事にも二〇〇六年に三〇年以上ぶりに参加したとのことだった(二〇〇八年二月一一日)。

(27) 第3章を参照のこと。

（28）花崗岩の壁面を彫りこんだ二つから三つの〈門中〉からなる共同墓地である。詳しくは第7章を参照のこと。
（29）補論の寺院の例を参照のこと。
（30）島におられるたくさんの〈カミサマ〉は素質のある人びとに呼びかけるそうだが、基本的には安易に祀ってはならないそうで、「〈カミサマ〉はね、私もやってくれ、私もやってくれって、いうからさ。それをけじめをつけて、自分の祖先をやったら間違いないよ」という話をする宗教者もいた。
（31）日常の〈オチャトウ〉や祖先祭祀のお供えの準備など具体的な作業は多くが女性たちによって担われているが、祖先祭祀の単位となる〈門中〉は父系血縁集団であるため、祖先祭祀者の代表（中心）はあくまで直系の男性である。そのため宗教的なものごとに関わるのは何も女性に限られたことではない。旧盆の前には旧盆にそなえ家の敷地内や墓の草取りをするために、ひとり帰省する男性たちにもしばしば行きあった（島には旧暦七夕の日に墓参りをする慣習もある）。
（32）女性が三名と言っているのは、むかし四名乗りの飛行機が就航していたためであると考えられる。
（33）島の物資のほとんどは船で運ばれてくる。

第7章 「死にがい」のありか

1 死者の匂い

二〇〇七年八月のある日のこと、一年ぶりに島を訪れていたAさんから墓参りに付き合ってほしい、と声をかけられた。Aさんの〈一門〉は、Aさんの父親のまだ幼かったころに島を離れ、現在では親族のほとんどは関西圏で生活しているという。ところが「死んだ後は島に葬ってほしい」という八〇代の祖父のたっての希望で、一年前（二〇〇六年）の夏、Aさん一家は親族を代表して墓参りがてら墓を確認するべく家族で島を訪れていた。Aさんにとってそれは初めての訪問であった。けれども、船の上から島を初めて見たときとても「懐かしい」気がしたらしい。なぜか涙が溢れて止まらなかったと話す。

Aさんとともに島を訪れていたAさんの姉も同様だったそうである。しかし同行していた関西出身の母親からは、「まったくわからない」といささかあきれたような感想を告げられたのだと苦笑していた。Aさんの〈一門〉はずいぶん前にすでに島の家屋敷を取り壊しており、仏壇は〈カミヤー〉と呼ばれる仏壇を納めるコンクリート製の小祠に納めることもなく本土に移動させ、先祖代々の土地もすでに他人に渡っている。祖先祭祀は関西で行う。そんななか唯一残っていたのは、昔ながらの墓だった。(1) Aさんは初めて訪れて以来、仕事の合間を見てしばしば島を訪れるようになっていた。

訪問のたびに墓参りに行くことを心がけているというAさんだったが、今回の訪問ではまだ墓参りを済ませていなかった。いよいよ〈内地〉に帰ることになったその日、昼過ぎのフェリーの時間に合わせて、朝から墓参りに行くことにしたらしい。普段、島ではむやみに墓に近づくことは好まれていない。墓の集まる場所に続く北西の坂道は、〈グソー道〉（あの世へと続く道）とも言われ忌避する人も多い。それはしばしば筆者のようなヨソモノに対しても発揮された。とくに夕方以降は島とは関わりのない筆者ですら「危ないから」とか「近寄ってはいけない」と言われたこともあった(2)。ただその日は、旧暦の〈タナバタ〉の墓参り(3)の日を前に島では慣習的に行われている墓の掃除が朝から行われていた。そのため、いつもはあまり人気のない伝統的な墓のズラリと並ぶ北西の崖沿いの〈グソー道〉も、数日前から作業着姿の人でいつになくにぎやかな様子であった。

そのためAさんに墓参りに付き合ってほしいと頼まれた時は、どうしてそんなことを言われるのかピンとこなかった。先述したとおり普段は人通りのない墓所も、墓掃除のこの日ばかりは人で溢れていた。島に来訪した際には挨拶を欠かさないというAさんが、墓にひとりで行くのは気味の悪いというのもどこか違う気がした。また「何の用もなく」「何のゆかりもないもの」が墓所に立ち寄ることを口にすると、（調査目的であることを知っている人であっても）場合によっては眉をひそめられることも少なくなかった。無関係な人が他人の仏壇を不用意に触ると障りがあった、といったようなことを言われたこともあった(4)。そのためAさんの思わぬ依頼にいぶかしげな気持ちを払えずにいたが、強く断る理由もなかった。くわえてお世話になっていたBさんに「付いていってあげて」と口添えされたこともあって、結局一緒に行くことにした。

手早く朝食を済ませAさんの運転する車で記憶を頼りに墓参りに向かった。島の墓の多くは北西の崖沿いにある。また近年建立された、沖縄本島の霊園に見られるようなコンクリート式の現代的な〈門中墓〉は調査当時一、三つのみで、沖縄本島でよく見かける〈亀甲墓〉[5]や〈屋形墓〉[6]といった形式をとった墓はなかった。島の墓は多くが花崗岩の崖をくりぬいて作った洞穴式の墓で、〈門中〉ごとに利用する〈門中墓〉ではなく、墓を製作した人たちの共有する（二つ三つの〈門中〉が共同で使用する）いわば共同墓の形態をとっていた。そのため墓掃除も〈門中〉ごとに行われるのではなく、墓を共有する人びとが共同で行う。

こうした墓の形態もAさんの〈一門〉が墓を〈内地〉に移せなかったことの理由のひとつにあるらしい。Aさんの〈一門〉の例に限らず、仏壇の移動（およびそれに伴う祭祀の拠点の移動）は行っても、独特な墓の形式もあるのだろう、墓の移動の事例については調査時には確認できなかった[7]。

Aさんとあっちでもないこっちでもないと何度か同じ場所を行き来して探した。しばらくしてAさんは見覚えのあるという崖の前に車を止めた。見上げてみても背の高い雑草に埋もれていてよくわからなかったが、Aさんは確証を得たようだった。一瞬躊躇したものの、彼女の後ろについていくことにした。登ってみると車道から見た時には草陰に隠れていてわからなかったが、その階段の途中にはいくつかの墓があって、ある墓の前では男性が草刈をしていた。Aさんは墓前に着くと、墓の前で、以前島で暮らしている親戚に習ったという島の作法（五体投地を伴う礼拝）をして祈りを捧げた。わたしはそのすぐ後ろで彼女の祈りを捧げる様子を見ていた。手は合わせたが、何のゆかりもない自分はなにかそれ以上の挨拶をすることはやはりなんとなくはばかられるような気もした。Aさんは無事に墓参りをすませるとほっとした様子で、その後予定通り午後のフェリーで島を離れていった。

Aさんの帰った午後、Bさんとたわいのないおしゃべりをしていたところ、いささか唐突にBさんは「いまが一番匂う時だからね」とこぼした。一瞬何のことを言っているのかわからなかった。しかしすぐに朝のAさんとの墓参りのことだと思い至った。なぜ人の溢れる日の墓参りに同行が必要だったのか、なんとなく腑に落ちた。島では今でも時折洗骨のためにむかしと同様に亡くなった後に、墓所の中央〈シルヒラシ〉に置かれた仮棺のなかでダビに付されることもある（島には火葬場はなく、火葬される場合には那覇にいったん運ばれる）。ほぼ三年後に肉の落ちた遺骨は、海水で洗われたのち、（洗骨）甕に納められる[8]。この時Aさんの〈一門〉の眠っているその共同墓には、ちょうど別の〈一門〉の人が二週間前に葬られたばかりだったらしい。AさんもBさんもだからひとりで行くのははばかられると思ったようである。

実際のところ、筆者自身は墓の前で何も感じることはなかった。墓の入り口はしっかりと閉じられていたし、墓の前に顔をぐっと近寄ったわけでもないので断言できるわけではない。しかし墓に新しい住人の増えていたことを教えてくれたBさんに、「わからなかった」と伝えるととても意外そうな顔をされた。「死の見える社会」とは違って、「生きているものばかりの景色」［鶴見 1991（1976）：173］のなかに生きるわたしは、死の気配に鈍感になっていたのかもしれない。島において死する身体に対する感覚の鋭敏さを感じさせられた出来事だった。

2 老いと死

(1) 墓のある風景

〈内地[9]〉は骨を捨てるのよね。（二〇〇八年二月八日）

これは島の墓について話を聞いていた時に[10]、同席していた六〇歳代の女性のふとこぼした言葉である。ここでいう「骨を捨てる」という言葉は、骨揚げで一部の骨のみを拾い骨壺に納め、他の骨は処分するという西日本で見られる死者儀礼の習慣を指す[11]。一瞬、あまり〈内地〉の事情には詳しくないのだろうか、と思った。出張で福岡を訪れていた島の四〇代の男性を地元の寺院に案内した際に、なんとなく居心地の悪そうにしていたのを思い出したからだ。それに対して「島では祖先祭祀だから」と言っていたのは印象的だった。

だが、よくよく聞いてみると彼女は若い頃数年間大阪で会社勤めをしていた人で、筆者の思っていた以上に〈内地〉の事情に精通している人であった[12]。では、このつぶやきは一体何だったのだろうか。島では全身の骨をすべて納骨することが望ましいとされる。そのため島でも火葬した場合であっても〈内地〉のように喉仏といった限られたお骨を骨壺に納めることはしない。「(骨は)ばらばらにしたらダメ」とか「小指一本欠けてもいけない」といったことも言われる。ある人は関西で亡くなった父親のお骨をいずれは島にある昔ながらの共同墓に納めるため「すべてとってある(お寺に預けてある)」と話していた。こうした言葉は島に限らず沖縄ではよく聞かれるものだ。「骨を捨てるのよね」と、どこか非難めいて聞えた女性のつぶやきには死者への向き合い方の一端を知ることができる[13]。

離島から沖縄本島への移住者の調査から沖縄の墓の移動について研究を行っている越智郁乃によると、沖縄本島でも都市部の狭小な土地における墓の増加は、生者の生活環境に影響を及ぼしており、第二次世界大戦後沖縄各地からの人口移動によって形成された那覇市を中心とする沖縄本島中南部の都市部では、墓地に対する適切な行政対応が求められているという。また日本本土や沖縄本島などの移動先において新たに墓を造営する家族単位の移動者は、第二次世界大戦以降増加していると述べる[越智 2009:57–58]。近代化に伴う「あの世の家」=「墓」をめぐる状況は、今後も大きく変化していくだろうことは想像に難くない。おそらくそれは本研究で取り上げている島においても例外ではないだろう。

島では遠方離島からの移住者のそれとは違って、まだ切実な問題として表面化しているようには見えない。もちろん仏壇を移動させ祭祀も移動先で行う家も少なくない[14]。しかし、とはいっても冒頭の例にもあったように遺骨を島内の墓所に戻そうとする動きを見て取ることもできるし、沖縄本島では一九七〇年代にはなくなったと言われる洗骨（および洗骨を前提とした墓内での遺体安置）も死者を弔う方法としてしばしば選択されていた。こうした現状を考えれば、南西の断崖に彫り込まれた昔ながらの墓のズラリと並ぶ島で生まれた人びとにとって、モノとしての〈グショウ〉（ここでは墓）の存在そのものは、人びとに自らの死後の居場所を実感させていることがわかる。

(2) 死の見える／見えない社会

鶴見俊輔は、メキシコに滞在した際の経験を書き記した『グアダルーペの聖母――メキシコ・ノート』（一九七六年）の一節で次のような一文を記している。

> 人はみな死んでゆくのだし、昔の人は死んでしまっていないのだと聞いた時、小学生だった水木しげるは、はじめ冗談だと思ったという。そんなことがあるわけはない、と思ったそうである。それほど、今の私たちのくらしの中では、死は見えなくされており、死者はすぐかたづけられてしまう。見わたすかぎり、生きているものばかりの景色である［鶴見 1991（1976）：173］。

鶴見はこの本のなかで、感染症や暴力によって突然の死にみまわれることも少なくなかった前近代的な社会では、死は生と隣り合わせのものだったと指摘する。またそのような状況下において人びとは、宗教的な意味付けを共同で施すことによって、死を「飼いならして」いた［アリエス 1983（1975）：16］[15]と述べる。鶴見の述べる「生きているものばかりの景色」とは、いわば「死の見えない社会」でもある。もちろん日本社会もかつては「死の見える社会」であった。柳田國男は日本的な死の親しさを東洋的な死の親しさについて次のように述べている。

どうして東洋人は死を怖れないかといふことを、西洋人が不審にし始めたものも新しいことでは無いけれども、この問題にはまだ答へらしいものが出て居ない。怖れぬなど丶いふことは有らう筈が無いが、その怖れには色々の構成分子があつて、種族と文化とによつて其組合せが一様で無かつたものと思はれる。生と死とが絶対の隔絶であることに変りは無くとも、是には距離と親しさといふ二つの点が、まだ勘定の中に入つていなかつたやうで、少なくとも此方面の不安だけは、ほゞ完全に克服し得た時代が我々には有つたのである。それが色々の原因によつて、段々と高い垣根となり、之を乗り越すには強い意思と、深い感激との個人的なものを、必要とすることになつたのは明白であるが、しかも親代々の習熟を重ねて、死は安しといふ比較の考へ方が、群の生活の中にはなほ伝はつて居た。信仰はたゞ個人の感得するものでは無くて、寧ろ多数の共同の事実だつたといふことを、今度の戦ほど痛切に証明したことは曾て無かった［柳田 1998a（1946）: 118–119（傍線部は筆者による）］。

柳田の言う「ほゞ完全に克服し得た時代」がわれわれにもあったにもかかわらず、すでに一九四六年の段階でそれは失われつつあった。しかし冒頭の例を鑑みる限りにおいて、島はまだ「生きているものばかり」の世界になっているわけでもないらしい。

前章で見てきた人びとの人生の物語にはしばしば死者との親密な関わりも見られたが、このような死者との関わりは個人の経験のみに還元されることではない。そこには、死者への向き合い方が基盤にある。本章では人びとを取り巻く祭祀や慣習といった島における死の装置を検討したうえで、個別的な事例から死者との関係を日常的に維持している人びとが、死や死者とどのように向き合っているのかについて、第5章や第6章の議論を踏まえつつ、考察を行っていきたい。ここでいう死とは、いわゆる自らの死のみを指すのではない。わたしたちは自らの死を経験するときもはやそれを語ることができない以上、死は他者の死を通して経験するしかない。そして親しき他者の死は自らの人生そのものを揺るがす出来事であり、またそうした死者との関わりは自らの人生の選択を大きく左右する出来事でもある。

3 死をめぐる文化的・社会的装置

(1) 墓と位牌

① 島の墓

島では南西に位置する九〇メートル近くもある断崖のわき腹をくりぬいて作った横穴式の墓が一般的[16]である。昔から専門の墓大工はいなかったそうで、どれも一五年から二〇年の長い歳月をかけて〈ティブク〉と呼ばれる斧で農閑期を利用して作られたという。当初は三間四方ぐらいの大きさだったらしいが徐々に拡大し、約四間四方の大きさのものが増えたらしい（調査当時作りかけの墓は確認できなかった）。また、先にも触れたとおり近年造られたという沖縄本島の霊園で見かけるような既成のコンクリート製の墓も数基ほどあった。

島の墓は二つ三つの〈門中〉の共同で利用する共同墓（もしくは寄合墓）で、いわゆる〈門中墓〉ではない。墓の内部に明確な境界はなく、概して同じ系統の者同士は一ヵ所にまとまる傾向にあるという。墓の内部は三段に分かれ、最奥部でしかも最上段は最初に岩に斧を打ち込んだもの〈シンジュウフヌシ（墓大主）〉と言われる墓の代表者の遺骨が据えられ、代々の家族の遺骨とともに安置される。墓は〈シンジュウフヌシ〉の亡くなるまでは墓は使用せず、また〈シンジュウフヌシ〉であっても、完成後三年三ヵ月三日より前に入れてはならないとされていたらしい。この期間中に死者の出た場合には、仮墓に納められていたという。

基本的に墓の管理は、〈門中〉と言われる血縁一族の直系によって独自に行われ、それは〈シンジュウフヌシ〉とは必ずしも一致しないのが特徴的である。入口近くの一番低い段は〈シルヒラシ〉と呼ばれ、洗骨以前の遺体が安置される。基本入口は小岩で閉ざされ、葬式と洗骨時以外は開くことはできない。

② 位牌

〈イヘー〉(位牌)は、あと取りによって継承される。現在も家に娘しかいない場合には、夫方の男兄弟を養子に据えてあとを継がせる例が多いという。夫方の男兄弟が継がない場合でも、その男兄弟の息子たちのいずれかによって継がれることが望ましいと語る人もいた。こうした父系出自に対する祀り手の継承の方法は、沖縄の他の地域と同様に位牌の祀り方に表れている(たとえば禁忌としてよく知られているものに兄弟姉妹を同一位牌で供養する〈チョーデーカサバイ〉、長男の位牌ではなく次男以下の位牌を祖先代々の位牌に祀る〈チャッシウシクミ〉、出自に関係のない人を祀る〈タチイマジクイ〉、女性を跡継ぎに据える〈イナググァンス〉などがある)。七歳以上の子どもでも分家する前に亡くなった次三男は長男とは区別されると話す人もいた。また女性は出生とともに父の属する〈門中〉の構成員となるが、婚出するとその帰属は場合によっては不明瞭となる場合もあるようで判然としなかった。

(2) 死者儀礼と祖先祭祀

墓も含め島における死をめぐる装置について記述しておきたい。

① 葬儀と年忌

地元紙にズラリと並ぶ黒枠広告[17]のチェックは欠かせない日課となっている島の人びとにとって葬儀〈ダビ〉や年忌といった弔事とは付き合いにおいて重要なものである。島での葬儀は、多くが民間宗教者、〈クディー〉[18]（または〈ユタ〉）によって執り行われる。また家によっては僧侶〈ボージ〉を那覇から呼ぶこともあるらしい[19]。洗骨する場合には墓内に安置されるが、火葬する場合は那覇市などの火葬場で火葬してから島に戻って葬儀を行う[20]。死後は翌日早朝の墓参りである〈ナーチャミー〉を皮切りに、初七日から四十九日の忌明けまで墓参が行われる[21]。忌明けは四十九日で、〈ケーシウガミ〉（魂分れ）を行う。その後は百日目、一年忌、三年忌、七年忌、二十五年忌、三十三年忌〈ウワイジューコー〉と年忌の儀礼が行われる。〈ナーチャミー〉は次の日の朝墓参りすることで、沖縄各地で行われていた。鳥越憲三郎は明治三〇年ごろまでは一週間ほどは実際に棺を開いて死者の顔を見ていたと著書のなかに記している。「老婆の話では、死体が腐爛して近寄れなくなる一週間くらいまでは毎日、一門の者が訪れて棺を開き、臭みをとるため藁に火をともして見たという。棺をひらいて見ることを『ナーシャミ』というが、その老婆は孫の可愛さのあまり、三日間も棺から抱き上げたという」［鳥越 1971：57］。死にゆく人びととの密接なかかわりがうかがえる事例である。

② 洗骨

先に述べたとおり火葬された場合もすべての骨を埋葬する。家によっては形式的な洗骨（儀礼）を行う家もあるようであるが、その場合であっても海水で洗うというような実質的な「洗骨」はしないという。その理由として「骨がもろくなるためにできない」といった説明も聞かれた[22]。火葬する場合は船で那覇に運びそのまま那覇で火葬される。

将来的に洗骨をする場合には遺体を墓内に安置し、白骨化させる。司法解剖が必要になる場合には那覇に送る必要があるため一旦那覇に送ったあと、再び島に戻す。よって「昔ながら」の埋葬方法は、手間暇と経済的負担のかかる場合もあるという。最近洗骨を行ったという調査当時三八歳の男性は、祖母の「遺言だった」ために洗骨をすることを決心したのだと話していた。次世代においてどれほどこの洗骨という風習が継続されるかは、これからの経緯を見守る必要がある。しかし現段階で洗骨という方法が今もなお死者を弔う方法として選択されていることは興味深い。

③ 祖先祭祀

神行事をはじめとする村レベルの年中行事については第3章にすでに挙げたが、島ではその他家や〈門中〉レベルの祭祀も多数行われている。主な祖先祭祀としては旧暦一月一六日の〈グソー正月〉、旧暦三月の清明祭、旧暦七月七日の〈タナバタ〉、旧暦八月一三日〜一五日の旧盆、旧暦九月の門中総揃いの行事など独特の祖先祭祀が存在する。また毎月一日一五日の〈ヒヌカン〉への〈ミズトウ〉[23]や、命日・小月命日にも熱心にお供えをする家庭は多い[24]。お供え物は故人の好物の手料理などを供える。ある女性はモズク酢、チンゲン菜および義祖父の好物だったというランチョンミート、豚肉の炒め物と〈マージン〉（粟）入りのご飯と数品に渡るお供えものを供えていた。

お供えは生者と変わらない量を人数分供えるのが望ましいとされる。よって大きな祖先祭祀の際には仏壇に祀られている死者全員分[25]用意されることが多い。ただし全員の人数分の量を用意するのは大変なので、近年は簡素化の傾向にもあるらしい。とくに命日や月命日などの普段の祖先祭祀のお供え物は簡略化されることもあるが、ある女性は命日であっても一膳のみでは「縁起が悪い」ということで、料理を二膳ずつ供えていた[26]。女性は〈シマ〉（泡盛）と〈平ウコー〉（沖縄線香[27]）を供えて、亡くなった故人に話しかけながらお参りしていた。次に挙げるのは、先ほどは別の六〇代の女性が話していた二〇〇七年の旧盆のお供えに関する話である。

うちは四人分だけど。一二組か、一三組か、すぐ忘れる。一二組かね。そんなしたら、運ぶ人も大変だし。お箸をぽんと、いや、だからお盆とか、正月とかそういう時はね、多めに作って。皆で食べてくださいって。お箸だけは一二本置いて。まぁ前は冷蔵庫もなかったんけど、残るのわかるならね（たくさんは作らない）。だからわたしはまたね、簡単に自分が食べる分をしたらね、いいって。（二〇〇七年八月一三日）[28]

正月や盆は言うに及ばず、月命日や普段のお供えで故人の人数分作るのは大変だ。女性たちは工夫を凝らしてそれを切り抜けている。ここで取り上げた女性は、彼女の世話をする仏壇で祀る一二人分の料理をまとめて大皿に盛ってお箸を人数分供えることでまかなっている。こうしたやり方をする人は彼女に限らず多い。また別の五〇代後半の男性は時間のない時は、売店で人数分のパンをたくさん買い込んで供えていた。このように熱心とはいっても祖先祭祀に関する実践は、ある部分は緩やかに利便化、簡素化されている。ある人の話では島出身の人たちよりも、〈内地〉から嫁いできた若いお嫁さんたちのほうが熱心に行っていることも少なくないという。ある人は、ヨソから入ってきたからこそ、色々と言われることも多いので、逆に頑張って用意するのではないだろうかとも話していた。

こうした緩やかさは、先に挙げた祀り方においてもしばしば見られる。島ではタブーとされているのだと断りながらも、未婚の娘の位牌を仏壇に祀る八〇代の男性は次のように語る。

島では四代まではたとえ三十三回忌の弔い上げを終えていても、月命日等々のお参りをするのが普通。……

本家はもともとは（沖縄本島の）首里の○○家出身であることから、○○家に苗字を変えるという話もあったんだが、実はその代に娘婿として養子に入ったらしく、そのため位牌は二つある。現在では、（島では）養子をとって女性は家を継ぐことはないが、以前はそうしたかたちであったとも言われている。そうした意味で言えば、昔のほうが進歩していたかもしれませんな。（二〇〇八年二月九日）

現在のような祀り方の浸透、確定した時期については議論の余地はあると思うが、残念ながら現在議論する資料を持ち合わせていない[29]。ここで彼の実践を支えているのは早くに亡くした娘への愛情だろう。だがもちろんその行為は周囲からしてみるといささか浮き立って見える。だから彼は部外者である筆者に対して、島の文脈に合わせながら彼なりの根拠を示しつつ、現在では批判される対象となる自らの行為は実は正統であるということを緩やかに主張したのかもしれない[30]。先に挙げた言葉は、「女性が家を継ぐ」（仏壇に祀る）ことの正当性に緩やかにつながるものとして提示されたものである。

4 死者との継続する絆

(1) 死後の世界〈グソー〉との関わり

墓だけではなく各家の仏壇や位牌〈イヘー〉、宗教的職能者といった専門家と各家庭で行われる死者儀礼や祖先祭祀も死者との関係の維持において中心的な役割を果たしていることは言うまでもない。こうした文化的・社会的基盤と関わり合いながら個々人の実践は作り上げられ、また個々人の実践の集積は島における死者に対する総体的な実践を作り上げている。島に限らず沖縄における独特の死者との付き合いについてはこれまでにも指摘されてきた。

沖縄諸島などでは、あの世のことをグショウ（後生）と呼んで居るが、それを事の外近い処のやうに考へて居るさうである。眼にこそ見えないが招けば必ず来り、又は自ら進んでも人に近づくことが有るとすると、月や季節の替り目のみに、日を定めて行はる丶ことよりは、なほ近い処を想像しなければならなかつたわけである［柳田 1998a（1946）：120–121］。

柳田の指摘しているように沖縄における現世と死後の世界〈グソー〉は、そう遠くはない[31]。島でもそれは同様で、下記に挙げる事例1はあの世は、わたしたちの生きている世界のすぐ隣に存在していることを実感させてくれる事例である。本章では、死者儀礼や祖先祭祀に関する詳細な記述ではなく、「いま」人びとは死者とどのように対峙し、向き合っているかについて中心的に取り上げる。以下は、二〇〇四年以降島で採集した死や死者に関わる人びとの語りである。

事例1：〈グソー道〉、いまはあの辺もね、上（新道のこと）ができてあれだけど、あれ、ちょっと上に行って、昔姉がね……その〈グソー道〉、夕方にね、夕方ぐらいに行った、帰るってあれしたらね、道がないの。『マヤーカッタン[32]』って要するに、迷わされて、本人自身が、ちょっとなに、気が弱いと違うところに連れていかれるよ〜って。自分でびっくりしていくんだろうけど……［後藤 2011a：59］。

島内にはいくつかの死者と関わり深いと言われる通りや場所はあるが、その一つが冒頭の例にも出てきた墓所につながる〈グソー道〉である。この〈グソー道〉、冒頭に示したとおり今でも黄昏時は特に行かない方がいいと話す人もいるが、むかしに比べれば忌避感も幾分薄らいでいるらしい。むかしは〈グソー道〉に近い場所ですら敬遠され家を建てることもなかったらしいが、現在では新たに家ができはじめていて「最初はあんなところに作って、なんだかんだって世間は言ってたけど。結局、一軒一軒増えていくんじゃないって（言われている）」といった話も耳にした。死に関する事柄はこうした〈グソー道〉に限らない。いわゆる死の予兆や縁起に関わる様ざまな死にまつわる俗信も聞くこともできる。

事例2：○○家の上に黒いね、煙が見えて。なんだろうな、って思っていたらね……（その後、その煙が出ていた家の人が亡くなったという知らせが届いたらしい）。（二〇〇五年三月六日）

事例3：嘘も〈アマダイ〉って知ってる？〈アマダイ〉って軒下のこと。ショウガのことって聞いたことある？ある人がね、ひとりっ子だっていうてたかね、を亡くしたらしい。（そして）自分の子を軒下のほうに埋めたって。そこから埋めたとこから、はえてきたのがショウガだったって。「ショウガないって」（冗談を）いうたけど怒られたけどね。「なんでショウガなんでしょうね」って聞いたら、だからこの意味はわからないけど。（軒下から）ショウガが出てきたって。だから、ショウガ食べるときは「ふ〜ふ〜」しないって。怖い夢見た時にするみたいに。怖いの見たときに。しない？（筆者：しません）「トゥトゥトゥ」ってする。唾を。怖い夢はすぐ話す。（二〇〇七年八月一二日）

事例4：自分では全然意味がわからないのね、この夢見たら、どうなるかって。みんな○○（屋号）に集まってるわけ、いとこのね。皆そこの家に集まってるわけ、そこにわたしもいて。向こうの親戚も、うちのメンバーも。で、何があったのかわからないわけ、そしたら皆にね、タオルを一枚ずつ配ってるわけ、一枚ずつ。なんで配ってるのかね、って思って、はっと目が覚めて、○○（屋号）になにかあったのかね、って感じであれ、すぐおばちゃんにいったら「ほんとの夢見たねぇ」、っていうからね。……むかしはね、島のあの、要するに、棺《ひつぎ》、あの、板でね、簡単な板で、今でもそうだけど、それに入れて、それを四人ぐらいで担いで、その時にタオルを（頭に被る）。……だからそれは、わたしも滅多にあたらないけどね。この間ほら、○○（屋号）のおばさんが亡くなったじゃない……。（二〇〇七年八月一三日）

事例2でも事例4では具体的な家が挙がっており、しかもその後実際にその家から死者が出たことから、彼女の夢は単なる夢ではなく予知夢だと判じられたことがわかる。事例3は事例2や事例4とは異なり、はっきりとした死に関する俗信ではないが、ここで話している「怖い夢」とは死者の夢といったものも含まれるのでまったく関係がないわけではない。

事例2にあるような死に関する予兆は他にも、カラス〈ガラサー〉が家の付近で鳴く時（特に木の枝にとまり、家に向かって鳴く時や、〈ヨーカビー〉（旧暦八月一一日）に厄火〈ヤクビー〉もしくは〈ヒーダマ〉が上がった時なども死の予兆とみなされる。むかし〈ヨーカビー〉の日は、小高い山に登って〈ヒーダマ〉を見に行く習慣があったらしい。また〈ヒーダマ〉を見た場合には、それが上がった付近の家の人に話さなければならず、嘘をついてもならないとされていたという。また他にも家のなかに小鳥などが入ってきたときなどは、死の予兆には限らないが悪い知らせのひとつと言われていた。[33]

(2) 死者との付き合い方

事例4のような予知夢に限らず、こうした死者との関わりを示す例では、生前の姿を知る人びとから具体的な名前のあがる場合も少なくない。〈赤ダルオバァ〉もまたそうした人の一人である。

事例5:「○○さんが『私罰当たった』っていうから。〈ウフヤー〉[34]の前でころばされたらしい。……(中略)……〈赤ダルオバァ〉の話がでたわけよね。……(中略)……予言者風の人がいてて、〈赤ダルオバァ〉、赤い着物をってこれは自分で染めて、〈ウトゥウミー〉[35]がいうには、カズラ状のなんとかいうって、それから染めたって、うん、そういう感じで、うちの母親にね、いつも、この時代は、日本が負けたでよ、アメリカの時代になるから、お茶も買って、水も買って、今考えればテレビだね、映像も見える時代がきて、火を吹いて飛ぶ時代が来るから、うちの母親にね、子どもたちはね、しっかり育てて、教育もしなきゃだめよ、ってうちの家に来て。うちのおじいちゃんらが、またアホなことといって。〈フリムン〉、〈ユタムン〉[36]っていって」[後藤 2011a:59–60]。

死者たちは祀られているにもかかわらず時おり現世に現れる。〈赤ダルオバァ〉は、生前から有名な宗教的職能者であったそうだ。そのためだろうか、死後なおしばしば現世に現れるという逸話は多い。こうした個人の同定される話は珍しくない。次の話もとある人物が出た「らしい」という噂話の一端である[37]。

事例6:わたしはもう(○○さんを)離れて見たことしかないけど、亡くなった○○さんが、歩いてるって。○

○民宿（の前の道）。こういうとこだから、なんとか、本当かどうかわかんないんだけど、声かけられたって。でもやっぱりあれだから。少なくともね。……△△さんが（その男性の）亡くなった時にも、その時、那覇に出てきてね。そういう風にいうんだけどって。……そんな言ってたらきりがない。ここも歩けないって感じになる。（二〇〇七年八月一四日）

事例6は、最近ある道に現れていると噂される男性の幽霊が、亡くなった時に、那覇にいる同級生のところに現れたという話である。話の最後に「そんな言ってたらきりがない」とつけ加えていたのが印象的だった。これら個人名がクローズアップされる事例は、いわゆる無名の幽霊話とは一線を画すような形で語られる。島における死者との付き合いは、このように宗教的職能者たちを介さない直接的な経験も数多くある。

事例7：母親の母が。自分の母親がそうだったらしい。すごい、今いうように、ぜんそく持ちで、うちの父親みたいにぜんそく持ちで、いつも横になって。そういう母親だったらしくてね。すごくそういうのが。（筆者：勘が？）だったみたい。うちの親もね、〈ミル〉というより、〈キク〉。だからなんか、そういう母親が夢を見るときは、要注意。特に父親の夢を見たときには、何かがある。（筆者：亡くなられたお父さん？）父親が死んでからはね、何かある。母親が父親の夢見るでしょ……「〈オトゥ〉の夢を見たからね、何かあるのかね。気をつけておきなさいねって」っていうことはよくね、〈ミル〉んだか〈キク〉んだか、よくわからないけど、元気な時島をあけて那覇に行く時あるよね。「早く帰らなきゃ、〈オトゥ〉が待ってる」。「どこで家のなかで待ってるの？」って。「家のなかには入ってない」って。「門の外」。「なんで。入りなさいって言いなさいって」。「入らない」って。「いつも外で待ってる」って。「じゃ、待ってるって言いなさい」って。「もうちょっとした

ら帰る」って。(二〇〇七年八月一五日)

事例8:まだちょっと(兄も亡くなってから)浅いからね。(亡くなったのは)むこうでだから、大阪だから、大阪で(葬式は)してるんだろうけど、魂はこっちなんだって。

(筆者:魂はこっちなんですか?)

なんだって。だから「はぁ?向うだよ」っていうんだけど、ここにいるんだよ〜って。

(筆者:お墓はこちらなんですか?)

ううん、まだ向こう。お墓はゆくゆくは、お墓は長男だから、こちらにね。でも一年もたってないからね。まだ若いから。うちの兄貴らもね、言うわけ。「兄貴こっちにいるはずよ」って。(中略)だけどでも、島ではね、兄貴はここにも来てるって。たまたま、「この家を開けてきなさい」って。〇〇の親戚のおばちゃんって、兄貴がこっちに帰ってきてるよって。わたしと交代で。

(筆者:お兄さんこちらに住んでたわけじゃないのに?)

でも、若い頃にはね、住んでたから。結婚してから、(島を)出て那覇で暮らして、大阪って。「何で魂こっちなの?」って(島の風習に詳しい女性に聞いたら)結局あれ、「生まれ育ったところに、こっちにおるんだよ」って。でもやっぱね、別に、怖さというのは感じたことはないんだけど、慣れてるから。その日だけはなんとなく、怖いっていうより、なんとなくね、明かりを消したらイヤだなぁって。世間体もある。本当は島であれしてたらそれこそ、おばちゃん(島の風習に詳しい女性のこと)も、旦那さんが亡くなって一年だから。あんまりね、外に出たらね。身内が亡くなってるのに、よくそういうことして歩けるなぁ(いわれる)、そんなあれ。公のところにもいったらだめって。(二〇〇八年二月九日)

事例9：○○さん（宗教的職能者）に、うちのお父さん（故人）が家の前に立ってると言われて……。なんで入ってこないのって聞いたら、嫁ぎ先の家だから、遠慮して入ってこないんだって。なんで自分の娘の家なのに入ってこないのか…。（二〇〇七年一一月一四日）

事例10：うちの父親がね、スーツ着て、スーツ着た人（父親）がそばに居るよって。……亡くなったら、鳥のように好きなとこ行けるんだって。その○○（屋号）のおばさん（宗教者ではないが日常的な家の祭祀に詳しい女性）が言うのよ。（二〇〇七年八月二二日）

沖縄の他の地域でもよく報告されている「〈ジョー〉（門）立ちする霊」の話は事例7や事例9のように島でも珍しくない。たとえば夕方以降は家の電灯をつけておく、家に誰かいた方がいいというようなことが、場合によってはこのように親しき死者の訪れを想定して話されることもある。また事例8でもわかるように、死者との関わりはごく個人的なもので、生前のそれと継続するものとして受け止められている。事例9は門の前に立っているという話ではないが、亡くなった人が生者のすぐ傍にいるという話である。次の例もそうした関係を示す一例である。

事例11：（父親の月命日の日には）紙燃[38]やしながら、「おい、親父腹いっぱいになったか、いっぱい食べていい女みつけなよ～」っていってやるわけよ。（二〇〇六年一一月一九日）

ここで見られる死者への言葉は、生前の気安い関係からもたらされている親しさであろう。ここに見えるのは、死後も変わらない親しき人とのつながりである。

(3)「継続する絆」

これらの事例をどう考えればよいだろうか。昔ながらの埋葬や葬儀および祖先祭祀や慣習を前提としつつも、死者との間でもたらされる個々人の経験は、時に感覚的なものであり、時に鋭敏なものとして存在している。この感覚は世代的な背景からか、八〇代、七〇代の人びとにおいてとくに顕著であるように思われた。人びとはまさしく五感で死者の気配を感じている。もちろん第6章で取り上げたAさんやBさんと亡夫の間に見受けられた親密な死者との絆や、本章の事例7、8、9、10、11に見られる夫婦や兄弟、父娘の絆は、島で行われている手厚い祖先祭祀や洗骨儀礼や日常的な供養などの文化的背景なしにありえない。

現代の死者と死をめぐる議論のなかで、死の心理化・私事化・専門化は注目され、死者もまたこれまでの「祟る存在」から「見守る存在」への転換が指摘されている。そこでは、死者との関係の断絶よりも死後もかたちを変えて保持される「継続する絆（continuing bond）」[Klass & Silverman & Nickman 1996：xvii] が注目されている。またこれらの議論のなかでデニス・クラスは、死者との「継続する絆」の例としてホトケ、位牌、墓、盆などに代表される日本の祖先崇拝に言及している [Klass 1996：59–70]。

事例に見られた当該地域における死者との関わりには「祟る存在」としてではなく生前の関係を継続維持した「親しい存在」としての死者のあり様が浮かび上がってくる。(39) 現在でも病気や事故など何か突然の不幸に襲われた時、第5章で取り上げたように〈ユタ〉から先祖の〈ウガン不足〉（祀り不足）を指摘され、あわてて祈願を行う人は少なくない。しかし、島における死者はそうした「祟る存在」としての側面と「親しい存在」としての相反する側面は齟齬をきたしてはいない。この状況は戦前とどのように違うのか、これからどう変化していくのかといった問題は現時点では考察することは難しいが、祟りの文脈だけ、もしくは親しき存在としての議論にはおさまらない死者との豊かな交流のあり様を見て取ることはできる。島での祖先祭祀は他地域のそれと比して「手厚い」とは言っても、むかしと比すれば徐々に簡素化されている。この状況を踏まえるならば、都市部ほどとは言わないまでも人びとと死者との関係は変化しているだろうし、これからも変化していくだろう。だが逆に言えばゆるやかに変化しつつも、死者との時に煩雑で時に面倒な付き合いが継続されているからこそ、島で生きる人びとにとっての墓は、確固とした地位を保持している。

墓や儀礼、個人的な経験を通して保たれている死者との接触のバリエーションの豊かさは、現世の生活をかたどるものとして存在している。結果として、冒頭で挙げた女性のように「死後の居場所の不在」から来る不安とは、どこか無縁な感覚を人びとに持続させている。死者との「継続する絆」は、彼岸や死者そのものよりも生きている人びとのあり様をわたしたちに示唆してくれている。序章で触れた生きがいも、おそらくそうした死や死者との関係を踏まえたうえで考える必要がある。

社会学者の井上俊はつながりの基盤を「死にがいの付与システム」と呼んだ［井上 1973：8］。井上の言う「死にがい」とは、「かならずしも積極的に死を求める動機づけに対応するものではなく、もっと広く、積極的および消極的な『死の意味づけ』の総体」［井上 1973：5–6］を指す。いわば自らの死を受容するために人が死に見いだす意義のことであり、「死にがいの喪失」とは死を意味づけることに無関心だったりそれを拒絶したりすることによって、結果的に死を否定する傾向、死のタブー化のことである。

5 死にがいと生きがい

(1) 生きがいと高齢者

「死の見えない」長寿の大衆化を迎えた社会においては、とみに長き生を生きる意味――生きがい――が希求されるようになった。一九六〇年代から一九七〇年代にかけて活発に行われた生きがい論は様ざまな政策へと結びついた。生きがい政策の展開過程について論じた黒岩亮子によるとそれは結果として行政による老人就労斡旋業、生きがいと創造の事業、高齢者能力活用推進事業、農林水産省などによる各種生産活動への助成、自治体における生きがい就労事業、高齢者事業団や労働省のシルバー人材センター、老人クラブ、老人大学や老人学級、高齢者教室などの学習活動や奉仕活動への援助等を生み出したという［黒岩 2001：217–241］。

こうした傾向は現在でも続いており、日本の高齢者研究においてケアや福祉に関わる研究領域はその中心的な地位を占めている。第1章でも触れたとおり、それとリンクする形で高齢者の生きがいに関わる研究も数多く行われるようになっている。高齢期のＱＯＬ（quality of life）をどのように高めるのかといった議論は、「望ましいケア」といった文脈でも重要な問いだ。しかし高老齢期の日常的な幸福をかたち作る一助として「生き生きとした生きがいを持つべきだ」とするスローガンが設けられていることからもわかるように、そこでは「現在の高齢者は生きがいを持っていない」という「生きがいの喪失」が議論の前提となっている。そのため「生きがい」そのもののあり方を問い直すような方向性を見出すことはなかなかに難しい[40]。

この点に関して国際社会論の森俊太は、「社会問題としての日本の高齢者の生きがいの議論の中心は、『生きがいの喪失』である。『生きがい』そのものよりも、『生きがいを失ってしまっている』状態の想定である。従って、『生きがいを失ってしまっているから生きがいを持ちなさい』、『もっといきいきと生きるべきですよ』という前提の下、いくつかの解決策が提示される」［森 2001：95］と指摘している。

ケアや福祉の議論で頻繁に行われている「高齢期に生きがいを持つことが重要だ」といった主張自体は間違っているとは思わない。また様ざまな生きがい議論に基づく高齢者に関わる事業は、高齢者の生き方を支援するものであることにも異議をはさむつもりはない。しかし生きがいそのものは問われることなく「生きがいの喪失」が前提とされ、「もっと生き生きと生きなければ」という強いメッセージが発せられるためであろうか。現実の老いる人びとの生活のそれと照らす場合、どこか空回りしているような気がしている。高齢期の幸せとは「元気老人」に理想化される形態しかありえないのだろうか。

(2)「死にがい付与システム」

一九七〇年代前半に社会学者の井上俊らは、戦争経験がない「戦無派」たちの間で「死にがい」が失われつつあるとし、「『生きがいのない現代』などといわれるが、むしろそれ以上に失われているのが『死にがい』であろう」［井上 1973：12］と指摘した。井上の議論は主に作田啓一らの戦犯受刑者の遺書を分析した研究を背景にしているものの、ここで用いている「死にがい」というキーワードは、それをより一般的に論じようとしたなかで使用されている言葉である。井上は死の意味付けを与えるシステムのことを「死にがい付与システム」［井上1973：12］（もしくは「死にがい付与のメカニズム」［井上 1973：8］）と呼び、どの文化にも多かれ少なかれ「死にがい付与システム」があると述べる。

それは「どんな社会も、なんらかの形で死を意味づけ、そのことによって成員にみずからの死を納得させ受け入れさせるメカニズム」［井上 1973：8］を意味する 。井上のこの定義に基づくならば、柳田國男が著書『先祖の話』のなかで述べた「人が死後には祭ってもらいたいという念願は一般であった」［柳田 1998a（1946）：7］という日本の民俗的な祭祀・葬送システムも、井上の言うところの「死にがい付与システム」のひとつと言っていいだろう。柳田は同書で、「御先祖になる」ことに価値を持っていた人びとの思いを考えるきっかけになった一例を挙げている。

それをもう大分久しい間、耳にする折が無くて居た私は、最近になつて偶然に、自分で御先祖になるのだといふ人に出逢つたのである。南多摩郡の丘陵地帯を、毎週の行事にして歩きまはつて居た頃に、原町田の町に住む陸川といふ、自分と同じ年輩の老人と、バスを待つ間の会話をしたことがある。我が店のしるしを染めた新しい半纏を重ね、護謨の長靴をはき、長い白い髯を垂れて居るといふ変つた風采の人だつたが、この人が頻りに御先祖になる積りだといふことを謂つたのである。生まれは越後の高田在で、母の在所の信州へ来て大工を覚えた。兵役の少し前から東京へ出て働いたが、腕が良かつたと見えて四十前後には稍仕出した。それから受負と材木の取引に転じ、今では家作も大分持つて楽に暮して居る。子どもは六人とかで出征して居るのもあるが、大体身がきまつたからそれ〴〵に家を持たせることが出来る。母も引き取つて安らかに見送り、墓所も相応ものが出来て居る。もう爰より他へ移つて行く気は無い。新たな六軒の一族の御先祖になるのですと。珍しく朗らかな話をした。一時にほゞ同等の六つの家を立てゝ、おもやひに自分を祭らせようといふだけは、少しばかり昔の先祖の念願とはちがふが、ともかくもそれを死んだ後までの目標にして、後世子孫の為に計画するといふことは、たとへ順環に恵まれて他の欲望が無くなつたからだとしても、今時ちょつと類の無い、古風なしかも穏健な心掛だと私は感心した［柳田 1998a（1946）：16］（傍線部は筆者による）。

本章で見た島のそれは、柳田國男が奥多摩の老人に見たものとまったく同じであるとは断じることはできない。それでも冒頭に挙げたように墓のズラリと並ぶ島に生きる人びとと島の「死にがい付与システム」としての墓や死者儀礼、祖先祭祀を考えるとき、それらは今なお人びとの「死にがい」を支えるものとして機能していることはおそらく間違いない。煩雑で「伝統的」な死者との付き合い方の作法は、今なお死者と生者との継続的な関係を支えている。またそれは本章4節で挙げたようなごく個人的で限定的な死者との関わりあいによっても支えられている。これらの関わり合いは前章で見てきたように人びととの現在とも深く関係し、人生の物語にも重要なファクターとして現れる。

死とは突然そして誰にとっても必ず訪れる未来である。だれもが「わたしの死」を経験する時にはもはやそれを語る術を持たない。人びとの経験する死とは、二人称の死である。本章の事例9や事例11に見られるような親しき死者への気安さは、生前の関係なしにはありえない。そしてこうした死者との「継続する絆」こそが、死後も変わらぬ親しき人びととのつながりを信じさせてくれているのである。

［注］

（1）祀り手である一族が島から引き揚げた後、「大変だった」のだと彼女の一族に関わりのある宗教的職能者に言われたそうである。Aさんは何が大変だったのかその宗教者に聞いたそうだが、はっきりとは答えてもらえなかったらしい。

（2）実際に「夕方は通らないようにしている」などと言った人もいた。また旧正月（旧暦一月二日）の〈ヌール〉による儀礼の終わるまでは、年末から〈グソー道〉の通行は慣習的に避けられ、第3章で挙げた旧暦の大晦日行事でも儀礼前ということでその道は避けて通る［後藤 2009a：42］。

（3）島では旧暦七月七日には墓参りが行われるため、旧暦七月五日前後に墓掃除が行われる。

（4）この事例は拙稿にて取り上げている。旧正月のある日、五〇代の女性のお供えの手伝いに行くことになった。手伝いを終えた帰り道、彼女は「前ね、〇〇ちゃん（知り合い。島の人間ではない）に手伝ってもらったとき、そのあと〇〇ちゃんが気持悪くなっちゃって。本人には、きっと（ご先祖様が）喜んでくれているのよって話したんだけれど、わたし（筆者のこと）がもし具合が悪くなったらどうしようかと思って。○○ちゃんはしばらくしたら良くなったんだけどね」と話してくれた［後藤 2009a：44］。

（5）亀の甲羅の形をしていることからそう呼ばれる。女性の胎内を象徴しているとも解される。

（6）外観は家の形をしていることからそう呼ばれる。琉球王朝期は庶民には許されていなかった形式である。

（7）これらの背景には、島が沖縄本島の周辺に位置しフェリーや小型飛行機の運航などの移動手段が確保されていることも関わっていよう。清明祭〈シーミー〉などの祖先祭祀ではわずか一時間半程しかないフェリーの停泊の間に供物を抱え墓に登る坂を駆け上がって墓参りを済ませる人や、墓掃除のために小型飛行機を使って日帰りする人も少なくない。もちろん沖縄離島全体に見られる移住先への墓の移動という動きから全く無関係なわけではない。管理上の問題から〈門中〉ごとに墓を分ける動きはあるとの話も耳にした（満潮時に墓の一部が冠水してしまう海岸近くの墓もある）。しかし調査時点では〈門中〉ごとの分葬は話題に持ちあがることはあっても（実際にコンクリート製の現代的な墓も数基ほどある）、島外への移動とその事例については確認できていない。逆に位牌は那覇に移動している家も多く、祖先祭祀も移転先で行っている。

（8）聞き取りでは海水で綺麗にならなかったので合成洗剤を使用したという話もあった。

（9）日本本土のこと。

（10）当時筆者は沖縄調査と並行して福岡市近郊の真言宗寺院で特に高齢の参拝者の女性を中心に調査を行っており、この時も島の埋葬方法について話を聞くのと同時に同席していた別の女性に求められる形で調査をしていた福岡市近郊の寺院の話について話をしていた。寺院の例については、補論で扱っている。

（11）西日本でもすべての骨を骨壺に納める場合もあるが、この女性がここで〈内地〉として想定しているのは以前暮らしていた大阪のことであると思われる。

（12）島では明治以降出稼ぎや移住は増加し、とくに大阪は島の集住地区があるほどたくさんの移住者もいた。当初は親戚を頼って移住する人が多かったらしい。

（13）調査中に島内で分骨するといったような話を聞くことはなかったが詳細は不明。

（14）「〈トートーメ〉もみんな那覇でやっている。屋敷番しているだけ」というような家も多く、家もさら地にしてしまい〈カミヤー〉だけ置かれる場合もある。この場合の〈トートーメ〉は祖先祭祀を指す。

（15）フィリップ・アリエスは中世ヨーロッパの死への態度を「なじみ深く、身近で、和やかで、大して重要でないものとする」とし、「飼い慣らされた死」と呼んだ［アリエス 1983（1975）：25］

(16) 島東部にも古式の墓が存在するが、西側の断崖ほど数は多くない。

(17) 黒枠広告とは地方新聞に載せられる訃報のこと。沖縄では家族のなくなった場合、『琉球新報』と『沖縄タイムス』の二大地方紙のどちらかに訃報を載せる。以前は両紙に載せる人も少なくなかったそうだが、現在ではどちらかを選択して載せるほうが多いという。

(18) 〈門中〉の祭祀を担う。〈クディー〉とは〈シジ〉（父系出自）をたどって結合する〈門中〉から出ることが原則とされ、〈シジ〉のつながる祖先の祭祀を司祭することはその職掌とされている（〈クディー〉については詳しく調査できなかった）。島では霊力〈セジ〉の高い生まれの人びとを〈サーダカウマリ〉と呼び、そうした人びとを総称して〈マリングヮ〉とも呼んでいる。

(19) 宗派は不明。歴史的な背景によって仏教の浸透していない沖縄だが、他宗派に比べると真言宗や、臨済宗や曹洞宗などの禅宗系の寺院は多い。宗派を尋ねても「暇な坊さんを呼ぶ」という人もおり、宗派に関心はない人も多いようであった。戦後すぐはたくさんの物資の配給とともにキリスト教の布教もあったようで、調査当時六〇歳前後のある女性の話によると子どもの頃牧師さんが島を訪れ、子どもたちに小さなボール（今考えればゴルフボールとのこと）をおもちゃのかわりに配っていたという。しかし当時の布教の成果は芳しくなかったらしく、改宗した人はいなかったという。ただ現在はキリスト教に限らず他宗教（新宗教）に改宗する家も全くないわけではない。

(20) 葬儀に関しても〈陸《アギ》〉はいまだに「古式の」方法を重んじる場合も多い。〈浜〉のある人はこの件に関して「まだ上の方の人とかはね、こだわりがある。亡くなってもわざわざ（ご遺体のまま）埋葬する。大変。お墓の広いところはね、あれだけど、狭いところは大変。上の方はそういうね（古い方法でする）。すごい」と〈陸《アギ》〉の葬儀について語っていた。これは洗骨を前提とする墓内での遺体安置を指している。現在沖縄県全体では九割以上は火葬によって死者を弔っており、こうした「古いやり方」での弔いは一部離島に限られている。沖縄県における火葬の普及は、一般に洗骨改葬との関連で語られるが、沖縄における火葬導入について触れている尾崎綾子や酒井正子によると第二次世界大戦直前に行政は洗骨を悪風とし、保健衛生上問題があるという理由で火葬を奨励する動きもあったらしい。戦後は、沖縄本島北部の大宜味村喜如嘉《きじょか》で女性解放の一環として火葬場建設運動が行われ、沖縄各地に多数の影響を与えた。その当時喜如嘉をはじめとする国頭北部（まとめて〈ヤンバル〉という）ではマラリアの流行と栄養失調も重なり死者は増えていた。そこに都市部から多数の避難民の押し寄せた結果、村人共同で使う村の〈亀甲墓〉はいっぱいになり、一年たたないかのうちに遺体を墓から出し、洗骨せねばならぬといったような悲劇的な事態も多かった。喜如嘉ではこうした劣悪な環境を打開するため、火葬化の動きに拍車がかかったと言われている［尾崎 1996：63–65, 酒井 2005：196］。

(21) 沖縄では一八九七年（明治三〇年）頃に「風俗改良運動」が組織されている。そこでは〈ハヂチ（針突）〉（既婚者の女性が手の甲に入れる刺青のこと）・〈ユタ〉・〈モーアシビ（毛遊び）〉などとならんで「葬礼の酒宴・放歌」、「葬式の際の大泣き」を禁止ないし自主規制する動きがひろがり、葬儀は全体的に簡素化された。酒井正子はこれについて近代化と絡めた〈ヤマト〉同化策の一環であり、「他府県と異なる習慣」として標的にされたのであろうと指摘している［酒井 2005：140］。島でも昔は葬式の時のみ歌われる歌（葬儀以外で歌うと不幸のあるため歌ってはならないとされる）があった、という話も耳にしたが、どのような歌であるのか確認できなかった。島内の人が亡くなると、人びとは葬式以外の弔事にも数千円ほど包んで挨拶にいく。この香典の額は予備調査時に那覇で聞いた話と大差はない。首里では告別式には二千円、初七日は三千円包むそうで、那覇では千円包むのが普通であるとのことであった（二〇〇四年一月二二日）。また親しい人であれば告別式だけでなく四十九日の儀まで参加することも多いという。

(22) 沖縄における火葬への肯定的な反応としては瞬時に「きれいな骨」が得られることへの満足感のあることが指摘されている［酒井 2005：196］。

(23) 毎月一日一五日には〈ヒヌカン〉に〈サケ〉（島では泡盛のことを〈シマ〉と言い、基本的に神前や仏壇に供えられるのも〈シマ〉である）・水・塩が供えられ水を供えることを〈ミズトウ〉というが、〈オチャトウ〉と区別せずに話す人もいた（仏壇にはお茶を供えるので〈オチャトウ〉と言う）。

(24) 島で最も盛大に行われる祖先祭祀は旧暦三月の〈シーミー〉（清明祭）ではなく、旧暦九月に行われる門中総揃いの行事である。たいていは昼すぎに〈門中〉の成員が本家に集まってからはじまり、各〈門中〉ごとに重箱、酒を持って東海岸にある〈遥拝所〉に参集する。〈遥拝所〉は六〇ヵ所以上ある。

(25) 三十三回忌を迎えるまでは、個人として祀られる。よって一八人祀られていたら一八人分の料理を用意するのが望ましいとされる。お供えして下げた料理〈ウサンデー〉は、片付けてしまう前に一旦箸を付ける。一人暮らしの老人宅ではこのような量の料理はとてもその場では食べきれない。そのため冷蔵庫に冷凍保存して少しずつ食べる。また最近でははじめから食べきれず無駄にすることは分かっているので大皿に数人分をまとめて用意し、人数分の箸を供えることで済ませる家庭も多いという。

(26) 縁側の窓を開けてお供え物を仏壇の前に置き、しばらくして（線香が燃え尽きてから）からお供え物をさげていた。

(27) 〈平ウコー〉とは六本の線香がつながった沖縄独特の線香で使う本数は祭祀によっても変化する。六本つながったひと平を〈チュヒラ〉と呼ぶ。普段の拝みは、〈二チュヒラ〉（一二本）と三本の一五本を用いることが多い。線香の本数には意味と格付けがあり、たとえば宗教者しか使ってはならないとされる本数（二四本）もある。

（28）この年は旧暦と新暦の盆の日程がたまたま同じだった。

（29）離島における首里の武士階級のみに顕著であった男系を中心とする沖縄的な祀り方の浸透は近代以降のことで、それまではもっと緩やかだったのではないかという指摘もされている［山路 1968］。

（30）未婚女性である娘を仏壇に祀ることについて〈ユタ〉や周囲から注意されていたらしい。

（31）島における異世界は〈グソー〉だけではない。たとえば八〇歳のある女性は、子どもの頃〈陸《アギ》〉の道で夕方に「神馬」を見たという。慌てて帰ったら母親に「そこに入ってはいけない」と叱られたらしい。このように夕方は異世界との距離が近づくといったエピソードはしばしば耳にした。柳田國男は「かたはれ時」を「我々がこはいといふ感じを忘れたが為に、却つて黄昏の危険は数しげくなつて居るのである」［柳田 1999（1956）：275］と述べ、黄昏時を怖いと思うような気風が薄れていると述べている。島ではこの黄昏時にはとくに墓と〈グソー道〉には行かないほうがいいなど、そうした心持ちが語られることもある。

（32）迷わされた、ということ。

（33）蝶は先祖の象徴とされており、蝶が寄ってくるときは先祖が何か言いたいことがあるのだと理解されていた。

（34）日本本土でいう元家のこと。

（35）〈ウトゥ〉とは「大きな」という意味で、〈ウミー〉とは「お姉さん」を指す。

（36）〈ユタムン〉とは本義的には〈ユタ〉を信じている人という意味で、ここでは〈フリムン〉と同様に否定的な意味で使われている。

（37）個人が同定されるような話とは別に、個人は同定されないような幽霊譚もある。次の話もその一つである。「みんなあっちこっちね、白い着物きた女の人があっちからこっちに渡してるよ～（通っているということ）。昔はだからね、もっと、いまは明るくなってるけど、暗かったからね。あかちゃんの鳴き声がするとかね」（二〇〇七年八月一三日）。むかしは上の集落と下の集落の間には鬱蒼とした木が茂っていたそうでとても暗かったらしい。学校の終わった子どもたちも自分たちの集落のなかで遊んでおり、〈陸《アギ》〉と〈浜〉で行き来することはほとんどなかったという人もいる。当時の島内における生活圏の範囲を考えさせられるエピソードである。幽霊譚の語られる通りは現在見晴らしのよい通りでかつての面影はない。

（38）〈ウチカビ〉のこと。〈ウチカビ〉とはあの世のお金（紙銭）と言われる丸い刻印のたくさん入った黄色い紙。祭祀の際には〈平ウコー〉（沖縄線香）とともによく用いられる。〈台湾香〉を使用している家もあった。〈平ウコー〉については注27を参照のこと。

（39）死の社会学について議論を行った社会学者の澤井敦は、死者と残されたものの「継続的な絆」が信仰の共同性に基づいて維持される可能性について次のように述べている。

死者の、「二人称の次元で継続する社会的な生」に、三人称の次元でも寄り添っていくことを促すものといえるだろう。死者と遺された者の「継続する絆」は、宗教的な信仰にもとづいて、言い換えれば信仰の共同性にもとづいて維持されることもあるだろう。そして、そうした共同性がない場合、遺された者には、死者がいまどこにおり、何を考え、何をしているのか、基本的にはまったくわからないはずである。しかしながら、そうであっても、死者と遺された者は関係性を維持することができる。それは、死という出来事が起きる以前に存在していた関係性を、死という出来事が起こって以後も引き継ぎ継続させていくということである。遺された死別者を囲む周囲の者も、一般論的な図式を押しつけたりするのではなく、この唯一無二の関係性に、いわば寄り添っていくということが基本的な態度となるだろう［澤井 2005：146–147］（傍点は原文のまま）。

(40) 老年社会学者の和田修一は「生きている幸せとしての生きがいの感覚はそのひとの自己の存在を中心点として生じる意識であるから、どの程度強く生きがいを求めるこころが働くのか、あるいはどのような事物を生きがいの対象とするのかは、ひとりひとりの個人的な選好や決定に任されている」［和田 2001：36］とし、そのため生きがいは多元的な性質を帯びていると指摘している。

第8章　次世代のまなざし

1　老いの入口に立つ

(1)　問題の所在

母親は結構、ちっこい言うの。ぱぱっと言えば、言う感じで。〈シマンチュ〉だからね。うるさいおばぁさんって、きかしてると思うわ。みんな。でも時間なったら、「何時までおるの～」みたいな感じの言い方するから。年取ったらそんな感じになるのかわかんないけど。う～ん、けど、例えば同級生が来てもね、なんかのぞきに来るのよ。「何時なってるよ～とか、車大丈夫なの～」っとかって。昔からうるさいおばぁさんで。(二〇〇八年二月一〇日)

九〇代の母親について語る五〇代後半の女性の言葉である。身体は不自由になっても口は達者だという母は、今でも以前と同じように「うるさい」のだという。遅くまで友人と話していると、様子を伺いに来る。五〇代後半の彼女にとって「年取ったらそんな感じになるのかわかんないけど」と漏らすように、九〇代の母親の老いはまだまだよくわからないものであるらしい。

近代医療の発展と公衆医療の劇的な改善は、人生八〇年という前人未到の生の可能性を多くの人にもたらした。長寿の大衆化は人びとにライフコースの後半においてさえ、それまでの人生とは異なる生き方をせまることがある。それは現老人世代だけではなく、これから高齢期という人生段階の入口に立つ人びとにおいても同様だ。彼らはこれから身体の衰えと対峙し、人びととのつながりのあり方、死との向かい合い方を考えていくことになるだろう。

さて、次世代の人びとのそれは前章までに取り上げてきたような現世代の諸経験と同じような経験になるのだろうか。それとも現世代の経験しているそれとは、違うものになるのだろうか。それはこれからの人びとの歩みを粘り強く観察することでしか答えることはできない問いである。だが、それでも現世代とは逆に老いの入口に立つ彼らの様子を書き留めることはできる。老いの入口に立つ人びとの経験を継続的に観察することによってより継続的な変化を追うこともできるだろう。それは、将来的にはそれらの経験が現老人世代のそれとどう違っているのか(もしくは同じなのか)を検討することにもつながる。いわば世代を超えた「老いる経験」の議論の可能性を開くものであると考える[1]。

本章では、こうした意図を背景に老年期の入口に立つ人びと(主に六〇代)と老年期の真っただ中にいる人びと(主に八〇代)との具体的な関わりを見ることによって、そこから他者の見つめる老いる経験のあり様を明らかにするとともに、次世代の老いる経験を考察することを目的としている。老いの入口に立つ人びとの現在対峙している「老親との関わり」や「宗教とのこれからの関わり方」を取り上げることによって、人生後期との向き合い方のあり様について考えてみたい。

(2) 中年と壮年

具体的な議論に入る前に、簡単に老いの入口に立つ人びとに注目した議論を確認しておこう。日本社会を研究したプラースによると「壮年」[2]という言葉は、ほぼ「中年」と同じ意味で使われているものの、もともと「壮年」は生産性や生殖性を基盤とする人の一生の見方における「人生の絶頂期」を指していたのだという［Plath 1975：51–52］。つまり「壮年期」の後の「老年期」とは、もともと「余生としての短い期間」だった。第1章の研究史でも取り上げたラディカル・エイジングの視角から現代日本の中年世代に着目した小倉康嗣は、寿命の伸長した現代日本において壮年期はもはや「人生の絶頂期」とはいかなくなったと指摘。その結果「中年期」がクローズアップされ、現代中年の人びとはこうした状況下において自身のエイジング・プロセスに「反省的なまなざし」を向けるようになったという［小倉 2006：33–34］。

日本とアメリカの女性の更年期について医療人学的な考察を加えたマーガレット・ロックは著書『更年期――日本女性が語るローカル・バイオロジー』日本語版まえがきのなかで、「中年女性が身内の高齢者の介護にかけるとてつもない時間と労力を、老化や更年期にはまったく関係ないものとして片づけるわけにはいかない」［ロック 2005（1993）：3］と述べ、日本の中年女性の更年期の問題と身内による高齢者介護の問題について指摘している。女性と日常の仏事の関係について歴史的に考察した日本仏教史研究の西口順子は、「家族および自身の病気平癒、子どもの誕生祈願、育児、亡き夫・早世した子供の菩提を弔うのは、妻・母たる女性の果たすべき役割である。みずからの信仰に関わる部分、たとえば現世安穏や後生善処の祈りは同時並行のかたちで祈願される。家にかかわる仏事は、主として民俗学や社会学によって家を含む共同体の祭祀の部分で取り扱われており、前近代の事例についても多くの研究があるが、時代や階層によってさほど変化していないようである」［西口 1989：250］と述べ、日常的な仏事は現代中高齢女性たちにとって重要な役割の一つになっている点に言及している。[3]

島においても、老親の介護や家の祭事は老いの入口に立つ世代にとって重要な課題である。よって島の中年期の転機を見ていくことは、これからの老いる経験を考える糸口になるだろう。[4]

(3)「戦無派」の時代

島で生きる現在の五〇代後半および六〇代の育ってきた歴史的背景とはどのようなものだったのか。第3章で島の歴史は多少触れているが、前章までに見てきた現世代とは異なる人びとの時代背景についてここで再度振り返っておきたい。現老人世代にとって沖縄戦と戦後の復興は衝撃的な経験であり、それにまつわる「苦労話」は第6章で見てきたとおり現老人世代の人生の物語の大きな部分を占めている。しかし老いの入口に立つ世代はもはや「戦無派」、〈アメリカユー〉（アメリカ統治期）に生まれた世代であって、「戦中派」の背景とは一致しない。

「戦無派」とは、社会学者の井上俊が「死にがい」の議論のなかで「戦中派」に対し「戦争体験どころか、戦争経験をさえも持たない」、「新しい戦後の文化のなかで、しかもそのなかだけで、みずからを形成してきた」［井上 1973：7］（傍点は原文のまま）世代を指して用いた言葉である。[5] 井上は「戦前派」「戦中派」にほぼ共通し、「戦無派」にまったく欠落している状況および体験は「死の前に立たされる」という体験であろうと述べている。その意味で「戦中」から「戦無」への移行（あるいは、両者の対象）を、「死に対する態度のちがい、死の位置づけ方のちがいに焦点をあわせてとらえてみることは、ひとつの有力なアプローチたりうる」［井上 1973：7–8］と結論付けている。

本章の冒頭にも記したとおり「戦無派」の老いる経験は「戦中派」のそれと比すればいまだ未経験な部分の多い事象であるので、完全な比較をすることは難しい。だが、現老人世代を考えるうえで「沖縄戦」なしに考えることはできないのと同じように、「沖縄戦」を直接経験していない老いの入口に立つ「戦無派」の人びとを考えるうえで現世代と対比することは意味のある比較であるに違いない。さて、島の「戦無派」の人びとの子ども時代は具体的にどういうものだったのか。

農業を中心とした生活は戦後もしばらく継続していた。この時代の様子について、一九五〇年生まれの女性は次のように語る。

〔子どもの頃は家に〕家畜が一杯いたから。〔世話をしていた〕豚もどっかのおばあちゃんが亡くなった時に、つぶしたよ〜って。ふふふ。がんばって餌やりよったのにって文句言ったけど。……ニワトリ、アヒルも、そこらへんも。どこの家もそうだったの。ほんとにそれこそね。どこの家庭も当たり前だからね。畑行く時、荷物をね、馬に〔運ばせた〕。今みたいに車があるわけじゃないからね。〔二〇〇七年八月一三日〕

女性の言うようにこの時代、家畜の世話は子どもたちにとって当たり前の仕事のひとつであった。リヤカーは普及されつつあったようだが、地形が凹凸のため、遠くへの野良仕事の場合は馬を利用していたらしい。また女性は〈テイル〉〔籠〕を用いたり、薪や農作物などはソテツの葉で作った〈シチナ〉を頭にあてて頭上運搬をしたりしていたようである。子ども時代のこうした経験は、現老人世代ともある程度共通の経験であろう。

だが戦後全戸の豚舎兼用の便所を禁止されているように、戦後は近代的な保健衛生の向上が図られてもいた。昭和三〇年代半ばには三日に一度の定期航路船も就航しており、那覇との行き来は格段にスムーズになった。早い人は中学入学の頃、遅くとも高校受験や就職の時に、一度は島を離れていくようになった。女性たちも男性と同じように沖縄本島への高校進学をしたり、沖縄本島や大阪、東京をはじめとする〈内地〉に就職したりするのが当たり前になった。

戦後すぐまで芋や麦が主食であった家庭の主食も、昭和三〇年代ごろには徐々に米食へと変わっていた。ヤギ肉や熱さまし用にと鶏肉を食べることもあったと話す。この世代の人びとは、昔からたびたび島を飢餓から救った伝統食のソテツの実にほとんどなじみがない。ソテツは、秋に一度しか刈り入れが認められなかったと言うほど、収穫には厳しい制限のあった特別な実で島では飢饉の際に重宝されていた。

ソテツの実には毒がある。「ソテツ地獄」という言葉は、毒のあるソテツを口にしなければならないほどのひどい飢饉という意味を持つ。日露戦争後の不況にあえいだ大正時代から昭和初期や戦後すぐの食糧難の時代には、沖縄各地で間違った処理をしたソテツを口にして命を落とした人もいた。島では実を何度も水にさらし毒を抜いたうえで、古くから食用とした利用している。今もソテツを使った特産品など美味しく食べられるように工夫された郷土食は存在するものの、見聞きする限りでは日常的に口にする機会はほとんどないようであった。一方副菜には、大根、冬瓜などの野菜類や〈畑アーサー〉(6) といった、むかしから食された島ならではの食材も口にされていた。

2 わたしの「これから」

(1) 「子どもも大きくなったし」

事例1：子どもも大きくなったし、あなたもそろそろお役目を果たさなくてはね。十分資格があるんだからさ。
（二〇〇五年八月二一日）

これは、家を継ぐため島に戻ってきたAさん（調査当時五〇代の男性）が、Bさん（五〇代の女性）に投げかけた言葉である。突然Aさんからそう投げかけられたBさんはこの言葉に大変驚いたらしく、慌てて「とんでもない」と否定していた。その様子は普段穏やかな彼女とは全く異なっており、とても印象に残った。ここでAさんのいう「お役目」とは、島出身の親を持った霊的な能力のある〈サーダカウマリ〉の女性たちによって担われている村の祭祀者[7]を指す。このAさんの発言の背景には、二〇〇五年当時の島の祭祀者はかなり高齢化しており、健康上の問題を抱えている人も少なくなかったこと。またその跡を継ぐべき世代の人びとは、なかなか継ぎたがらないという状況に対する憂慮もあったらしい。ここにはAさん自身が、「（司祭者である母の手伝いをしながら）〈カミサマ〉にお仕えするだけ」と語ったように、自らも深く祭祀に関わりながらも決して「あちら」にいけないというAさんなりの思いもあったのかもしれない。

わたしが見るからにいぶかしげにしていたせいだろうか、Bさんは大阪で働いていた独身のころから頭痛といった身体の不調に悩まされ、頻繁に生霊〈イチジャマ〉[8]にとり憑かれたために、寺院で修行したこと。そうした経験から島に戻ったこと。帰島後は頭痛といった不調からは解放されたけれども、今度は時折〈カミダーリ〉をするようになったことなどを話してくれた。祖先祭祀の一つである〈門中〉[9]行事に参加していたときに、急に〈カミダーリ〉になって前後不詳になり、「大変なことをした」こともあったという。それはとても恐い経験だったそうで、「（そういう時の自分は）自分じゃないからね、とめようがないしね。まわりに迷惑をかけるからそうならないように気を付けているんだけど、自分ではどうしようもなくて」と語る。

その時はそれだけの出来事であったのだが、しばらく後にBさんが次のような決心を口にしたのを聞いて驚いた。

事例2：もうね、〈タタ〉なくちゃいけないことはわかっているの。そう（カミサマにも）言っているしね。でもね……。（二〇〇六年一一月一八日）

過日の必死で否定していた姿を思い出し、正直面食らってしまった。ここで彼女が「〈タタ〉なくちゃ」というのは霊的能力を備えたもの〈サーダカウマリ〉としてその役割に専念する、ということである。村の祭祀者になるということですか、と問いかけると、「ん〜。……具体的にはまだ（自分のお役目がなんだか）わからないの」と答えた。

(2)「そういう時期が来ている」

事例3：もうね、〈タタ〉なきゃいけないことはわかってるの。そう（〈カミサマ〉にも）言っているしね……この前ね、もし〈タタ〉なかったら子どもに影響が出るって（知り合いの宗教者に）言われて、息子のことがあったとき、あぁ、わたしのせいだって思ったの。でもね、それはみんなを巻き込むことになるから。自分だけでは決められない。だからできることから少しずつね。（二〇〇六年一一月一八日）

事例4：（〈カミツトメ〉をしている人びとを指して）どうしようもなくなって〈タッテ〉いるんでしょうね。〈タチ〉たくて〈タッテ〉いるわけじゃない。そうしないと（からだや家族が）大変なことになるから。わたしももうそういう時期が来ているのはわかっているんだけど……。（二〇〇六年一一月一八日）

Bさんを決心させたものとは一体何だったのだろうか。宗教的職能者になるといっても、急になれるものではないらしい。人によっては、先達から様ざまなこと、たとえば線香の立て方や祈りの唱え方、「道の磨き方」などを学ぶことも必要になってくる。[10]その場合（人によるそうだが）謝礼を払わねばならないこともあるらしく、独り立ちするまでに多くのお金がかかることもあるらしい。子育て中の主婦たちにとってそれらはどれだけ負担であるかは言うまでもない。実際Bさんもまだ彼女の子どもの幼かったころに、たまたま観光で島を訪れていた那覇で活動する〈ユタ〉に「〈ユタ〉になるのなら、わたしが教えてあげよう」と教示を申し出られたこともあったと話す。その時にはもし彼から〈ユタ〉の教示を受けるならば、一日につき二万から三万は支払う必要があり、それを最低八〇日間続けなくてはならないと説明されたという。このとき彼女は一も二もなく断った。〈カミツトメ〉に関わるようになれば、金銭的な問題だけでなく、家族との関係も必然的に変化する。もちろんそれが良いかたちであればいいのだろうが、島では母親が〈ユタ〉になって、家に全く寄り付かなくなったために家族間に亀裂の入ったという話も耳にした。こうした話は、比較的若いうちから様ざまな霊的な経験に悩まされていたBさんにとっても、〈カミツトメ〉に対する自身の葛藤やためらいを助長し、そこへ踏み込むことを躊躇させるものとして受け止められていたに違いない。

では、彼女の背中を後押ししたものとは一体何だったのだろうか。Aさんの思いがけない発言からしばらく後、Bさん（五〇代の女性）の置かれている状況はそれ以前と比べ、大きく変わっていたわけではなかったようだが、しいて言うならばその頃に下の子どもの進路も決定し、家庭内における母親としての役割には、ある程度区切りもついていた。それは彼女にとって、宗教的なものとの付き合い方を考えるきっかけになったのかもしれない。第6章で取り上げたCさんのように、〈ユタ〉などの宗教的職能者の多くは、大病や事故をきっかけに〈カミ〉の啓示を受けるといった物語は沖縄のシャーマニズムにおいてある程度定式化している語りである。けれども彼女の場合は、この時突然の病に悩まされたわけではなかった。

彼女の語りを成巫過程のひとつの段階として捉えることはできるだろう。しかしながら、彼女の経験を定式化された成巫の語りだけで片付けてしまうことは、どこか腑に落ちない。先に記したようにBさんはこれまでにも「そちら」にいくきっかけを多々経験しているのである。また宗教的職能者として活動しようとするならば、村の祭祀者を除けばさして年齢は重視されていないようにも見受けられた（島では二〇代といった若い頃から宗教的な活動を熱心にやっている人もいた）。Bさんはこれまでどちらかと言えば、そういうものから距離をとっていたのである。こうしたきっかけは宗教的な出来事のみに関係することではないのではないか。

3 彼らとわたし

(1)「年は取りたくないわね」

八〇歳の実母を引き取ることに決めたCさん（調査当時五〇代後半の女性）は、自宅の二階の部屋の掃除をしようとしていた。母親は、父親は一〇数年前に亡くなって以降、ずっと一人暮らしを続けていたが、数年前からは足が不自由になり、補助車のなければ立ち上がることもできなくなっていた。しかしCさんに負担をかけることをためらっていた母親は一人暮らしを続け、近くに住むCさんは食事を持っていって、母親はその食事を解凍しながら食べていた。食事に関してはCさんだけではなく、近所に住む親族もしばしば食事を差し入れていたものの、身体の自由の効かない母親をずっと一人にしておくことは、Cさんにとってずっと気にかかっていた。

介護認定の審査も行い、ヘルパーを入れることは可能だったが、母親は他人を家に入れることをしぶった。それならば、ということでCさんは一緒に住むことを申し出たが、娘を気遣った母親はすぐにはうんとは言わなかった。Cさんはしばらくの間母親の家に出入りすることをやめ、やっとのことで母親に同居を同意させた。その日母親を自宅に呼ぶことにしていた。朝から部屋の掃除をし、家具の配置を変えるため何度も階段を上がり降りしなくてはならなかったのだが、Cさんは手すりにつかまりながら膝を辛そうに上っていて、上りきったときは少し息があがっていた。掃除を手伝っていたわたしが「大丈夫ですか」と声をかけたためだろう、Cさんは少し笑って「年は取りたくないわね。前は簡単に上がることができたのに」とつぶやいた。

(2)「帰りそびれて」

事例5：もう一年ぐらいになるかな。すぐ帰るつもりやってんやけど。はじめの頃はね、ここは何にもないから。喫茶店とか。もう慣れたけどね。今はたまにお母さん（ここでは彼女の友達のこと。筆者と共通の知人であることからこのようないい方をしている）とカラオケに行ったりとかね、するけど。本当は今年のお盆に娘家族が来たときに帰る予定やったんやけどね。みんな来たから帰りそびれて。また旧正の頃来るっていってたんやけどね。そのとき一緒に帰るかな。（二〇〇六年一一月一九日）

事例6：母親が足がだめだから、母屋と同じ高さにしてるわけよね。段差、段差がないように（リフォーム）して。前は段差がわるいからね。……スリスリしなきゃいけない（這っていかなくてはいけない）からね。（二〇〇七年八月一二日）

母親の病気をきっかけに昨年から帰郷しているDさん（五〇代後半、女性）は、母親は特養に入っているため、母親の生活していた家で暮らしている。彼女は、中学卒業後、兄弟姉妹とともに関西に移住し、その後そこで結婚

写真2　海沿いの道を登りきると見晴らしの良い展望台に出る（2005/3/5撮影）

した。今回の滞在も、当初の予定では一年だけの滞在のつもりだったが、夫の勧めもあってしばらくこちらに住むことになった。基本的には母親の見舞いをする日々であり、出歩くのは時折健康のために島内を散歩する程度であるという。

　集落から展望台に続く道や海沿いの道は、眺めのよい道であり、Dさんの好んで歩く道でもある。那覇にいる妹のところにもたまに顔を出す。妹は、Dさんが島に帰ってくることを望んでいるが、Dさんは大阪で生活を続けることを希望している。一男一女はそれぞれ結婚しており、四人の孫もいる。彼女にとって、島での生活は懐かしいものである一方、それは子どもの頃の家と完全に重なるものではない。「かつて慣れ親しんだもの」であっても、それは「今慣れ親しんだもの」ではない。Dさんにとって、島で老いていくことはどこか実感のないものである。そのDさんにとって母親の老いる日常は自らの先とは齟齬を含むものである。しかしそれでも母親の経験はDさんも経験している老いる経験の一つである。

「自分はそういうの（宗教的なものごと）は全くわからないから。きっと違うお役目があるんだろう」と語るDさんには、先に挙げたBさんのような宗教的な素質はないらしい。そのため、Dさんにとって、Bさんの語るような不可思議な体験はどこか別の世界の経験である。では、Dさんは宗教的なものを全く受け入れていないのか、というとそういうわけではない。そうした素質がまったくないことに関して彼女は、「(自分にBさんのような〈オヤクメ〉のないことを)ほっとしている」という。つまりDさんにとって宗教的なものは、Bさんのように実感を伴うようなものではないけれども、わからないなりにもある種のリアリティを伴うようなものとして受けとめられていることがわかる。こうした背景には、島での生活をはじめたDさんにとって、祖先祭祀を中心とする様ざまな宗教的な儀礼は、生活の一部として受け入れる必要のあることが関係している。

中学卒業後島を出たDさんは、那覇で高校を出た後、大阪で就職、結婚した。そのため島の風習といったものには、あまり詳しくはない。よって、島に戻ってきたばかりのころは、煩雑な習慣にただただ戸惑うばかりであったという。毎月のようにある〈カミツトメ〉や祖先祭祀を行うことは、多くの人がみな当たり前にやっていることであるため、島の出身であるDさんがおいそれと欠かすことはできない。またそうした神行事や先祖ごとをすることは、病気で倒れた母親の望みでもあった。そのためDさんは島の風習に詳しい近所の高齢の女性にわからないことを尋ねながら、見様見まねで行うようになったという。

第3章や第4章でも触れたとおり〈カミツトメ〉や祖先祭祀において島の女性、特に中高齢の女性たちの果たす役割は大きい。旧正、清明祭、旧盆、旧暦九月の門中の総揃い[11]といった行事に加え、毎月のこまごまとした行事、たとえば月命日にもお茶を供えてお線香をたいたり、お供えをしたりをする習慣もあるため、女性たちは頻繁にその準備に追われる。そうした場面において、お供えものの種類や飾り方、儀礼のやり方など、こまごまとした点を教えているのは、いわゆる前章までに取り上げてきた現老人世代、「戦中派」の世代である。Dさんも、はじめから島の生活に慣れたわけではない。島に移り住んだ当時は、煩雑な風習は言うまでもなく、「なにもない」ことになかなか慣れなかったという。それも近所付き合いを重ね、同級生との親交を深めたり、行事ごとも含めた様ざまな家の仕事に従事したりするうちに、「なにもない」ことはほとんど気にならなくなっていったという。

(3) 「間違いかどうかわからんさ」

「(〈カミ〉や霊が見えたかどうかなんて) 適当に言っても、みんな (本当に見えたかどうかは) わからんから、間違いかどうかはわからんさ」と話すEさん (調査当時五〇代後半の男性) は、島で生まれ育った男性だ。那覇で高校進学した後、本土の大学に進学した。本土で会社勤めをした後、三〇歳ごろに帰島して島で働くようになったという。幼い頃かなり厳格な家庭に育ったというEさんは、どちらかと言うと沖縄の風習、特に宗教的な経験といったものには懐疑的であるようでしばしば先ほどのような発言をすることがあった。

こうしたEさんのような態度は、島においても男性たちの間で時に見られるものである。もちろん、「〈ユタ〉ならおるよ。にせものが」といった軽口を若い男性を中心にしばしば聞くこともあった。これらの軽口は、遠方から来た筆者に対するからかい半分の言葉であったと言えよう。一般的に男性の方が女性よりも宗教的なものごとに距離を置いているという態度を表明する人は少なくない。だが、実際には熱心に様ざまな行事を行う人もいる。

Eさんも、〈カミゴト〉には疎遠でも、祖先祭祀は熱心で那覇に移り住んだ両親の代わりに毎月何度もある兄弟や祖父母、伯父叔母といった親族たちの月命日のお供えものを欠かすことはない。また、年に二度は行った方がいいという話もある〈屋敷ヌウガン〉という家のお払いや、〈ユタ〉に家の新築の吉日を見てもらうことなど、島内で今でも一般的に行われているいわば慣習的な手続きをひととおり踏むことに対して積極的に反対することはない。[12] むしろEさんはそれらを当然踏むべき手続きとして行っていて、実際にEさんの家では〈ユタ〉の〈ハンダン〉の結果の悪かったことを理由に、当初年内に予定していた家の新築の工事の日取りを延期していた。Eさんのこうした態度には、近代的で科学的な態度と宗教的で慣習的な態度との間での揺らぎを感じることができる。

それはEさんの魔除けの〈マース〉(塩) に対する態度にも見て取ることができる。塩は効かないと言いながらも、一方で否定できないどっちつかずの態度[13]は、どちらかと言えば島の慣習的な出来事に否定的なEさんさえ自由にはなりえていないことを示している。Eさんが定年後を考えるのはもう少し後になる。定年後も島に残る予定でいるEさんのこれからに島の文脈がどのような影響を与えるのかについては、今後も注視する必要がある。

(4) 「恨まれてもイヤさ」

事例7：（黒糖かりんとうとか〈サーターアンダギー〉[14]などのお菓子を）中途半端に置いておくとさ、やっぱり好きだからつまみたいわけさ。でも、そのまま置いておいたら寝たまま口に入れるから、喉に詰まらせたら大変なことになるさ。毎年何人も正月にモチを喉に詰まらせてなくなっている〈オジィ〉とかおるわけよ。……でも（食べない様に）全部取ったら、全部取ったって（遠方にいる妹たちに電話で）言われるから、パンだけね、（ベッドに）置いてるわけ。恨まれてもイヤさ。でも夜中にベットのなかで食べるから、（ベットのなかは）パンのくずが一杯よ。みっともないさ。（二〇〇六年一一月一九日）

事例8：髪をずっと切らんさ。だから大変よ。（母親は）髪を切ったら（五六歳で亡くなった父親が）わからんくなるさっていうさ。だから、（わたしは）とっくにわからんくなっとるさ、て言ったさ。あっちでいい女みつけとうよって……（父親の月命日の日には、）紙[15]を燃やしながら、「おい、親父腹いっぱいになったか、いっぱい食べていい女みつけなよ〜」っていってやるわけよ。……（母親は）頭の方は元気だから大変よ。（二〇〇六年一一月一九日）

九人兄弟の四女であるFさん（六〇代前半、女性）は島で働きながら、島の特別養護老人ホームに入っている母親の世話をしている。特養に入っているため、特別介護が必要なわけではないが、母親の介護に関しては母親自身だけではなく兄弟とも議論の種となっている。「定年したら、〇〇と一緒に（妹と一緒に）那覇に行くかね」と、現在母親の介護のため島に戻っている妹と共に島を出ていくことも視野に入れている。「頭はしっかりしている」という母親との日々の格闘は、定年を間近に控えた自分自身の姿を省みるきっかけにもなっているらしい。「ああはなりたくないさ」といった否定的な言葉を使う一方で、上述したようにどこかユーモラスに母親について語る。[16]

ここで用いられている語り方は、自らを語る場合また亡き父を語る文脈においてもしばしば語られることである。これらの方は、母親の老いる経験を他者（調査者である筆者や、その場にいた島に暮らす友人）に対しての語り方であり、またそこでの母親とのやり取りを客観視する作業とも言いうる。

4 長生きにそなえる

(1) そなえの定義

本章の冒頭でも触れたように、近代医療の発展と公衆医療の劇的な改善は、人生八〇年という前人未到の長さを生きる可能性をもたらした。それは、いわばわたしたちに長き生への「そなえ」を要求している。

ここで言う「そなえ」とは、未知なるものへのアクションすべてを指す。そう考える時、老いの入口に立つ人びとの現在の選択は、これから間違いなく訪れる未知なる老いへの「そなえ」でもある。宗教学者の岸本英夫は人間の生活活動を、「かまえ」と「おこない」の二つに分けて考えることができると述べた［岸本 2004（1961）：35］。

岸本は「おこない」は、心の内面的な「かまえ」を基礎として出てくるもので、「信仰」を「かまえ」として、また「宗教的行動」を「おこない」として定義している［岸本 2004（1961）：35］。先に述べた未知なるものに対するアクションである「そなえ」は、この「かまえ」と「おこない」という人間の生活活動の両方の側面を含む概念であると言える。

人生後半をどう生きていくのか。そう考える時、老いの入口に立つ人びとの選択は、その後の人生において重要な意味を持つ。以前のそれと比すればさらに選択の幅が広がった人びとにとって、現世代の人びとに見られたような島への強いこだわりをこの時点で読み解くことは難しい。けれども、家庭の主婦としてもしくは宗教者として、若かりしときとは異なる島との関係ができつつあるなかで、これからの人生の方向性を決めつつあるのが、本章で見てきた世代の人びとであったと思われる。

写真3　島はフクギに囲われた家と細い路地が続く（2005/3/7 撮影）

(2)　島とのつながり

先に示したエピソードの人生における選択には、多かれ少なかれ島との様ざまなつながりを見て取ることができる。そしてそこで見られるつながりは第6章で見てきた現老人世代、「戦中派」の人びとと一部酷似している。

家を継ぐために島に戻ったAさん、宗教的職能者になることを決意したBさん、母親の介護をきっかけに自らの老いを実感するCさん、母親の介護のために島に戻ったDさん、宗教的なものに懐疑的ながらも先祖参りを欠かさないEさん、介護の愚痴を言いながらもその経験を、どこかユーモアを交えて話すFさん。AさんやBさん、Eさんは「宗教的なもの」が関係していることがわかるし、Aさん、Cさん、Dさん、Fさんの島とのつながりは老親という「親しき他者」によって保たれていることに気が付かされる。病などの自らの身体的な衰えのみならず、老親との関係や子どもの成長といったライフコース後半にもたらされる様ざまな社会的な変化は、彼らに人生の選択を迫ることがある。そして親世代とは島の関わりが変化していても、ある部分においては老親たちと共通したつながりを保っている。

たとえば宗教的なものへの関係は、Dさんの例に見られたように宗教的素質のあるなしにかかわらず、伝統的な習慣が色濃く残る島で生活するということ自体が、多かれ少なかれ宗教的なものとなんらかの形で関わりながら生活することを意味する。それは山下欣一が、南島（シマ）に住む人びとのもっとも基本的な生活の手段である「ハナシ」の生成や「ハナシの世界」に、「シャーマニズム的世界観」が存在する［山下 1998：562］と述べたように、島においても生活の一部になっていると言ってしまってもよいだろう。それは第6章や第7章でもすでに見てきたとおりである。

こうした影響は何も島で生活する人びとに限られるものではない。中学校卒業とともに那覇に出て、現在は本島中部で生活している四〇代の女性は、宗教的な行為について筆者に「気にならないのなら別に（何も）しなくていいと思うの。でも、もしかして、と思うんだったらね。やらないと気になって仕方がないから」と話してくれたことは示唆的だ。他所に嫁いだ彼女が家の祭祀を除けば島の祭祀に関わったり、自ら〈オガミ〉をしたりすることは調査時点ではまったくなかった[17]。だが、たとえば時折見る夢を予知夢として解釈したり[18]、子どもたちに懇意にしている〈ユタ〉から買ったのだという石を身につけさせたりする。ここには島という地理的な空間を中心として広がっている外枠のゆるやかな文脈を同じくする同心円がある。そしてそのなかでは、個々人は直接的にしろ、間接的にしろ、何らかの形で島に関わっていくという選択肢は用意されている。そしてそこには同時に他の選択肢も存在している。

帰島は跡目を継ぐ絶対的な条件になっているわけではない。高校進学や就職とともに島を出る人がほとんどで、島内での仕事も限られていることから現実的にはなかなか難しいことは言うまでもない。実際には、跡目を継いだとしても最低限主要な行事（旧正月や旧盆など）ごとに戻ればよいというかたちで相続している人も多いので、帰島は避けられないものではないのかもしれない。中にはほとんど戻らない人もいる。定年と同時に島を出る準備をする人もいる。そのためであろう。実質的には空き家になってしまっている留守宅や、屋敷を取り壊し仏壇だけを置くことのできる〈カミヤー〉を建てているところもある。位牌を那覇や〈内地〉に持って行っている人もいる。様ざまな諸条件を満たしていたとしても、自ら決心を行うことなしには宗教的職能者にはなりえない。介護とはいえ帰島は避けられなかったものか、というとそうではないだろう。ここには、様ざまな外的要因と同時に消極的なものかもしれないが人びとの意思も関係している。

それが、結果的に宗教的なものに代表されるような、島との距離を縮めている。Bさんにとって〈カミツトメ〉に専念することは、長い間タブーであった。Dさんにとって様々な宗教的な習慣は、煩雑で手間のかかるものである。Eさんにとって、宗教的な経験は受け入れがたい現象である。それでも、彼ら／彼女らは自らが担う新たな役割に伴い、今までよりもずっとそれとの距離を縮めようとしている。

彼らの宗教的なものとのつながりは、人生と不可分であり、そこでは老人の秘教知や聖性といったものよりもむしろ、人びとの生き方が深く関係していることがわかる。ライフコース後半にもたらされる個々人の様ざまな変化とそれに伴う個々人の選択は、時に人びとと宗教的なものとの関係に代表されているように、島との距離をぐっと縮めることがある。

Aさんや Cさん、Eさん、Fさんに見られる老親との関わりは本世代に特有のもとのは言えない。しかし第4章の冒頭で取り上げた祖母の遺言によって島に戻ってきた男性とは違った関係性を見いだすことができる。そしてそれは時に、Fさんの「恨まれてもイヤさ」という言葉からわかるようにある種の「煩わしさ」にも満ちている。病が病者によってのみ経験されるのではないように［Young 1982］、老いるという経験も老いる人びとによってのみ経験されることではないだろう。老いの入口に立つ人びとにとっては自らの経験と、「戦中派」の老いる人びとの経験が交錯する場と言える。

(3) 現世代と比べて

近代産業化以降、若さに対する価値が高まり、そうした文脈のなかで老いることは、否定的なものとして受け止められている。こうしたなかで、いわゆる老いの価値を見つけることはなかなかに難しい。冒頭で指摘したとおりジェロントクラシーの確立している社会をただ単に羨望することにはあまり意味はないだろう。これから先、ここで取り上げた人びとは数年後には全く異なる選択肢を選び取るかもしれない。だが、沖縄離島で今まさに老いの坂を登ろうとする人びとが行っている実践のなかに、今まであまり触れていなかった世界、もしくは触れようとしなかった世界（宗教的なもの、聖なるもの）との親和性を構築しうる道が用意されているという事実は、島で老いるという過程をより豊かに見せてくれる。

〈アメリカユー〉に生まれた老いの入口に立つ人びとにとって、島の風景はもはや「戦中派」の暮らしてきた島とは異なっている。彼らが成長するとともに、島の過疎化はどんどん進み、そして生活も大きく変わった。そこでは先祖代々伝わる田畑を大切に耕しながら生活する、いわば第4章で取り上げた女性の述べるような「家と畑しかいかんさぁ」というような生活ではない。以前に比べれば気軽に〈島ワタリ〉もできるようになった。現老人世代も「那覇に行けば自由だけどね」と那覇行を「楽しみ」として語るように、那覇に住む家族のもとと島を行き来することは珍しくない。場合によっては数か月ごとの滞在を繰り返す人もいる。しかし一方で、この世代の人びとは家畜の面倒を見るなど、復興期の島の生活を知っている最後の世代でもあることを考えれば、老いの入口に立つ世代の人びとのこれからもまた「戦中派」の人びとの日々の延長線上に展開することを予感させられるのである。

[注]

(1) 本書では序章で議論したとおり安易な超時代的な議論は避けるべきであるという立場を取ってきた。しかし一方で世代を超えた老いる経験の本質を見極めようとする視座も、社会問題としてではなく「老いる経験」を議論しようとするならば必要不可欠となるだろう。

(2) 中年という語句は、英語のmiddle ageの訳語として用いられるようになったものである。もともと日本では伝統的には親になってから老年期に入るまでのライフステージは、「壮年」という言葉が使われてきた[Plath 1975：51–52]。

(3) この点について和歌森太郎は「民間信仰化した仏教を支えたものとして、村の中年、老年の女たちの存在を無視できないのである。(中略)家の宗教生活というものは、だいたいが主婦の管理するものであったから、さまざまの信仰に関連する行事を選んだり捨てたりするのも主婦たちの態度いかんできまった。それが門徒であったりするとあまりくだくだしい信仰行事や、観念の習俗として伝えられてきたものを捨て去るのに格別のためらいを感じなかった」[和歌森 1976：213–214]と述べている。ここで言及されているのはどちらも仏教的な実践であるものの、こうした指摘は仏教のみに当てはまるものではない。

(4) 第1章でも取り上げているが小倉康嗣は「隠居研究会」という市民グループの会員三名のライフストーリーを取り上げ検討している。「隠居研究会」はインターネットのコミュニティで、取り上げられている三人の生い立ちなどのバック・グラウンドはばらばらである[小倉 2006]。

(5) 井上は鶴見にならって「経験」と「体験」を区別している。鶴見の「経験」と「体験」については第2章で具体的に取り上げている。

(6) イシクラゲのこと。沖縄本島では〈モーアーサー〉とも言う。〈モー〉とは畑のことで、〈アーサー〉とは岩場で取れる海藻のアオサのこと。〈モーアーサー〉は裸地の土の上に生育し、寒天状の群体を形成する。晴天時にはカラカラに乾いて地面にくっついているが、雨上がりのあとは寒天状になっていて取りやすいので、島では雨が降った次の日に取りに行く。おからと混ぜ、豚肉などと炒めたりして食べる。

(7) 宗教的司祭者については第3章を参照のこと。「血が上がってないと熱しやすい」という理由の説明されることもあり、「子育てを終えている人」もしくは「閉経を迎えている人」が望ましいといったような言い方のなされることもあったが詳細は不明。

(8) 彼女によるとここでは怨念を持った人間の霊のようなものを指す。

(9) こうした話はBさんに限らず〈マリングヮ〉や宗教者の資質を持つと言われる人を中心に聞かれるエピソードである。

(10) 必要なことはすべて〈カミサマ〉が教えてくれるので、他人から学んだことは一切ないと話す宗教的職能者もいた。

(11) 旧暦の九月に行われる〈門中〉揃いの祖先祭祀の一つ。一族が宗家に集い、首里に向かって拝む。

(12) 三十三回忌を迎えるまで月命日にはお供え物をするのが望ましいとされている。また家を新築する場合には吉日を〈ハンダン〉(占うこと) してもらったり、一年に一～二回屋敷の拝みをしてもらったりする。

(13) 本事例に見られるような民俗社会におけるいわゆる「呪術的な思考」のあり方についてはすでに議論を行っている［後藤 2009a］ため詳細な説明は避けるが、事例のみ紹介しておきたい。以下の事例で取り上げているAさんは本書の本章で取り上げているEさんと同一人物である。事例の記述は一部割愛している。

「塩はどうして効くのか」。これはAさんが、唐突に尋ねてきた言葉である。突然の質問に面食らった私は、その場にいた人たちと思わず顔を見合わせた。「どうして効くと言われても……」と困惑しながら、その場で思いつく限り、塩が以前から沖縄では魔除けに用いられていることや、島内で聞いた魔よけとしての効能を証明する様々な話をした。だが、Aさんは納得がいかないようだった。酔っ払っている人の言うことだとある人は呆れて席を外し、そうするうちにその場には私とAさんだけが残った。途中で切り上げていった人たちから最後まで付き合うことはない、「適当に切り上げていいから」と言われていたのだが、どうにもこうにもタイミングがつかめず、引き上げることができないでいた。「塩はただの塩だ」と繰り返される言葉にいささか閉口していたが、一方でその執拗な様子はとても不思議だった。別に効かないのなら、効かないでいいではないか。普段そうしたことに懐疑的なAさんだったので余計にそう思った。そこで、どうしてそんなに塩にこだわるのか、と尋ねてみたところ、どうもこの場にくる前に、別の場所で酒を酌み交わしながら怪談話を聞いていたことが関係しているようだった。その日(私たちが歓談していた場に来る直前)、彼は怪談話を酒の肴に友人たちと楽しく飲んでいたという。しかし、仲間の怪談話を聞いているうちにだんだん自分が以前体験した不思議な出来事が気にかかるようになった。ある日のとっぷり日が暮れた仕事帰りの車内。ふと、バックミラーになにかが映っているような気がした。誰もいないはずの後部座席が気になって仕方がない。誰かが座っているような気がする。具体的に何か見えたわけではない。けれどもなんともしれない違和感がある。車内のラジオの音量を上げ、さらに室内灯をつけ、後ろを振り返って誰もいないことを確認した。それでもすっきりしなかった。いうなれば誰もが一度や二度は体験しそうなちょっとした怪談話なのだが、Aさんにとってそれは忘れられない出来事になった。何がなんだかわからないけれども、そうした思いは二度としたくはない。塩でも効くなら塩でも持ち歩く。だが塩はただの塩だ。果たしてみんなが言うように塩が幽霊に効くのか。結局私とAさんの話は堂々巡りに終ってしまったのだが、（こっそりと塩を持ち歩いている可能性もあるが）その後私の知る限りにおいてAさんが塩を持ち歩くことはない。しかしながら、「（何か悪いものに）ついてこられたら困るから」と、怖い思いをしたときは、直接家に戻らずにいったんどこか別の場所に立ち寄って帰るようにしていると聞いた［後藤 2009a：36–37］。

(14) 沖縄風のドーナツ。〈サーターー〉とは砂糖のこと。〈サーターー天ぷら〉とも言う。おやつとしてだけでなくお供え物としても作られる。

(15) 沖縄では祖先祭祀の時に、〈ウチカビ〉を燃やす習慣がある。〈ウチカビ〉は、死者があの世で使う金（紙銭）だとされている。ここでFさんが燃やしている紙もこの〈ウチカビ〉のことである。

(16) 日本の笑いのほの暗さについて指摘した柳田國男は「我々には常に笑の必要があつて、終始笑はるべきもの、英語に所謂laughing stockを捜索して居たのである」［柳田 1998b（1946）：161］と述べている。

(17) 島で生まれ育っていなくても、親が島出身である場合には祭祀者となることもありうる。

(18) 娘の付き合っていたボーイフレンドを当てたこともあるらしい。子どもに何かあると夢に現れるので「すぐにわかる」のだという。娘には「隠してもすぐにわかるんだからね」と釘をさしていた。

第9章　考察——縁と運——

1　印づけられた経験

(1)　老いる経験の諸相

本書では歴史的・地域的文脈を踏まえ、個別で具体的な事例をもとに現在・過去・未来を往還しながら経験される島で生きる人びとの老いる経験のあり様を検討してきた。それは、①独特の慣習との関わり（第4章）を、②未知なる老いる身体との向き合い方から現在進行形の経験（第5章）を、③個々人の人生の物語から現在をかたち作る過去との関わり（第6章）を、④死者との向き合い方から現在のあり様の基盤（第7章）を、⑤異世代との関わりのなかから紡がれるこれからの老いる経験のあり様（第8章）を考察する試みであったと言える。

そこで島における老いる人びとの位置（第4章）や話者の身体的な衰えの経験についての語り（第5章）の検討に加えて、人びとの「いま—ここ」の老いる日常をかたち作る人生の選択を説明する人生の物語（第6章）や、老いる経験の先にあるものとしての死者との具体的な関わり（第7章）、老いの入口に立つ次世代の老いる経験の諸相（第8章）を検討したのは、他者（筆者という調査者）の介在によって経験している当事者すら語ることのできない老いる経験の一様を聞き書きによって示す目論見からであった。

まとめにあたる本章の目的は、これまで議論してきた各章、とくに第4章から第8章までの個別の議論を総合的に検討し、第1章や第2章で考察した問題とあわせて議論していくことにある。総合的な議論に入る前に、まず簡単に沖縄離島の老いる経験に関するこれまでの議論を振り返っておきたい。沖縄離島という文脈、沖縄独特の歴史と文化に加え地理的な環境的制限は、そのまま人びとの生き方に深く関係していた。そこでは日本本土〈内地〉と変わらない〈トシヨリ〉に対する認識のある一方で、〈カジマヤー〉に代表されるような沖縄独特の長寿文化や長幼の序、高齢女性の宗教的な高いステイタスは以前のそれとは確実に変化しながらも現存する。これらの背景は、老いる人びとへの独特なまなざしを生み出している。たとえば第4章の冒頭で取り上げた祖母の遺言によって家を継いだ男性の事例などに見た、島における老いる人びととの意思を尊重する土壌は、個人的な関係だけでなく、文化的慣習的に支えられ再生産されている点を見落とすことはできない。こうした沖縄離島という文脈は第4章の議論にとどまらず、第5章、第6章、第7章、第8章で見てきた老いる人びとの現在、過去そして未来につながる経験のあり様をもある部分において規定するものである。

第5章で見た老いる人びととの衰える身体へのゆるやかな向き合い方の根本にあったのは、島の生活でつちかわれた知恵と身体に対するそなえ方であったと言えるだろう。離島苦《〈シマチャビ〉》という言葉が端的に表しているように、地理的環境から長い間医療環境にもめぐまれていなかった島では、灸《〈ヤイト〉》や針、独特の薬などの民間医療やシャーマニズムも含めた独自の病治しが発達し、それは今でもとくに老いる人びとにとっては馴染み深いものとなっている。「お医者さんの薬も半分。自分食べるのも半分」という八〇代女性の言葉に見られたように、人びとはこうした病治しを活用し、自分の身体に対する幾分かの責任を負いつつ生活している。

沖縄ではしばしば「医者半分、〈ユタ〉半分」と言われるような状況にあり、場合によっては医者が〈ユタ〉に見てもらうことを勧める場合もあると聞いたが、近代医療の対極がシャーマニズムなのではなく近代医療も民間療法もシャーマニズムもそれぞれ選択肢のひとつとして存在している。独自に発達しているのは、こうした病治しの方法だけではない。人びとは自らの身体と対話をしながら向き合う「人まかせにしない態度」を持つ。これは具体的に経験される病の場面だけでなく、身体的な衰えという老いる経験のなかでも直接的で、個人的な経験への対峙の必要とされる場面においても立ち現れる。人びとは自らの衰えに積極的に立ち向かうのではなく、「年を取ったら仕方がない」とある程度受け流すことによって、過干渉とは異なる身体との向き合い方をする。そこには、老いる人びと独特の日々老い衰えてゆく身体との付き合い方があらわれていた。

第6章では老いる人びとの「いま—ここ」の現在進行形の老いる日常を照らすために、老いる人びとの人生の物語を検討した。人生の物語（経験の表現）は、ライフヒストリーと同じく現在から筆者（調査者）とのやり取りを通して再構築される物語である。第2章で検討したとおり、人びとの過去の経験は常に「現在の地点から語られるもの」でしかない。しかし「いま—ここ」から編集され語られる過去こそが、老いる人びとの現在にとっては重要である。沖縄戦という国内唯一の地上戦、アメリカ統治および日本本土への復帰に代表されるような日本のどの地域も経験しなかった歴史的大事は、人びとの物語に大きな影響を与えていた。だが、人びとの人生の物語に影響を与えるのは歴史的大事のみに限られない。亡夫の傍にいることを選んだ女性、身体を引きずりながら一人暮らしを続けた女性たちの日常は、一見すると不自由さや苦労に満ちた生きにくさを感じさせる。だが、彼女たちにとってこの選択はある意味当然の結果——様ざまなモノ・ヒトとの「情緒的なつながり」のなかから必然的にもたらされたもの——として説明される。苦労はある。しかし彼女たちの生き方は外から見えるような「生きにくさ」としては物語られていない。ある女性は親密な他者への思いの強さこそが島に残るという選択を形成したと言い、別の女性は島の宗教的文脈のなかで宗教的なものとの関わりあいは島との距離をぐっと縮めたと話す。島で生きる人びとの人生の物語の語り方に見て取れるのは、筆者（調査者）とのやり取りを通して行われた過去を説明する、現在のあり様を意味づける営みの一端とも言える。

第7章では第6章で見られたような人生の選択を左右するものとして語られる死者との付き合い方の基盤、死にまつわる島の文脈について考察を行った。老いる人びとにとっての未来《さき》、それはまさに「死」である。島には様ざまな儀礼と慣習的行為に支えられた、社会学者井上俊の言うところの「死にがい付与システム」がある。島の独特の祖先祭祀のみならず、月命日などに代表される儀礼は死者との付き合いを日常的に継続させている。しかし死後の世界〈グソー〉との関わりは、儀礼や重要な役割を果たす宗教的職能者の介在によってのみ成立するものではない。より身近で具体的なものである。とくに親や配偶者、兄弟に代表されるような親しき死者との付き合いは、生前のそれと連続するものとして継続し、そこには言わばクラスらの言うところの「継続する絆」［Klass & Silverman 1996 : xvii］が成立している。こうした絆は、生者にとって鮮やかに死者の存在と死後の世界を実感させるものとして機能している。第7章では、こうした状況が老いる人びとの死生観そのものにどのような影響を与えているのか／いないのかについての議論は十分に尽くせなかった。しかし少なくとも死は、人びとにとって永遠の断絶などではない。またこうした死者との絆と「死にがい付与システム」と言うべき基盤は、第6章に見たような人びとの人生にも大きく関わっている。

第8章では、本研究で主に議論してきた現老人世代ではなく、いままさに「老いの入口に立つ」人びとに焦点を当てた。安易な超時代的な議論は避けるべきだが、エイジングの問題を問いとして確立するために、それぞれの世代の老いる経験を検討した上で、問いを構築していくことは必須である。「戦無派」の人びとに、沖縄戦を経験した現世代、「戦中派」のような体験はない。だがそのことは、都市部の「戦無派」の「生きているものばかりの景色」［鶴見 1991（1976）: 173］、「死が見えない世界」のなかで生きる人びとと同じ体験を持つ、ということを意味するのではない。「伝統的な」墓のズラリと立ち並び、いまでも時折洗骨儀礼が行われているといった島の景観と文化的文脈のなかでつちかわれた〈カミ〉との関わりや死への独特の身体感覚などの文化的素地は、変容しながらも「戦無派」の人びとに継承されている。親密な他者の経験、とくに老親の経験を通して他者、現世代の老いる経験を経験することによって、自らの「これから」を構築しつつある。

本研究で見てきた島における老いる経験は、個だけでなく、そこで暮らす自分以外の人びととともに形成された、「群れとしての経験」であったと言える。それは個と群れをたえず往還しながら、過去・現在・未来を横断しつつ、他者（および他者の経験）とともに紡がれる複層的な経験だ。ここから鑑みれば、社会問題として論じられてきた老いる人びとの役割喪失や老衰に伴う不自由さとの対峙は、老いる経験の一面でしかないことがわかる。くり返し指摘してきたとおり、人間の発達課題から老いを考えると老いる経験はどうしても発達ではなく、わたしたちの前に立ちはだかる障がいとしての議論が中心となる。そこでは、老いる人びと自身の経験よりもむしろ、それを支える周囲の人びとや社会の問題に議論がスライドしてしまいがちだ。いまや日本社会の四分の一近くを占める高齢者にどう真摯に向かい合っていくのかということは、わたしたちにとって重要な課題のひとつである。しかし社会の問題、「彼ら」ではなく「わたしたち」の問題ばかりに目を向けていては、老いる人びとの経験を捉えることはできないだろう。むしろ老いる経験を、「経験」という時間的深度を持ったアクション、静的なものではなく動的なものとして捉え、その事象をどのように捉えうるかということに重きを置くべきである。本書の目的はそこにあったと言えるし、これまでに見てきた島で生きる人びとの老いる経験は、まさに動的なものとしてしか捉えられないものであった。

(2)「沖縄離島」の老いる思想

①「群れとともに生きる知恵」

島の現老人世代の老いる経験の諸相を眺めてみると、そこには人生の後半をどう生きるかという人間誰しもに共通した老いという発達課題とは別に、人びとそれぞれの身体と心に刻印された「沖縄離島」という別の課題も立ちはだかっていた。第6章で取り上げた宗教的職能者のAさんやBさん、Cさんは言うまでもなく、第7章の冒頭で取り上げた島の墓にいずれは入ろうと決めているAさんの祖父、第8章で取り上げた島での生活経験は子ども時代だけというDさんの、島とのつながりのなかで「これから」を模索する様子には[1]、個には還元しきれない経験があった。「日常生活は〈群れ〉に守られ、〈群れ〉とともにしか行われていない。〈個〉の存立の場は、少しもそこにはなかった」[益田 1964：49]、だから〈群れ〉を突き破れという近代思想の弱さが日本近代史の悲劇を招いたのだ、と論じた益田勝実は、「島」で生きる知恵のあり様について次のように言及している。

島の世界が狭ければ狭いほど、救いは外の広い世界とのつながりにある。この列島社会の生活での救いの手であった、〈群れとともに生きる知恵〉は、いつでも保守的に作用する傾向があった。そして、日本人は、その知恵だけでなく、もうひとつの生活の知恵を持ち、それに長じていた。前にものべた、外来の文化の受容である。その受容のしかたを画一的・平面的に把握することはむつかしい。いかにそれと対応してきたか、の時代から時代へのちがいが、日本の歴史の一側面を形成している［益田 1964：49］。

益田の言う「島」は日本列島そのものを指しているが、この言葉はその縮図である本事例にも当てはまろう。島で生きる人びとにとって、「群れとともに生きる知恵」は必要不可欠な生きる術であった。その一方で、人びとは島の外へと可能性を開いていくという知恵も持っていた。第6章で見たAさんやBさん、Cさん、Dさんのように、戦争や復興にまつわる時代的大事に関わる経験はもちろんのこと、その他の個別的な経験も沖縄離島という文脈なしには考えられない。第5章、第6章、第7章で見てきた身体との付き合い方や人生の物語のあり様、死者との付き合い方には、「群れとともに生きる知恵」がある。そしてそこには、「老いる思想」[2]と言うべきものも存在していたように思われる。

② 庶民の執念

ここで言う「老いる思想」とは、いわゆる「敬老」といった言葉で称されるような、老いる人びとに対する尊敬や尊重といった、外から老いる人びとへと向けられるなにかに限定しているのではない。もちろんそうした文化的背景が人びとのあり様に影響を与えているのは事実だろう。しかしここでは老いる人びとの老いる身体との付き合い方、過去の選択の語り方や死者との向き合い方といったいわば知識や技法に通底する思潮として想定している。[3]この思潮には、第6章で取り上げた「〈カジマヤー〉をするまでは死ねない」と話していたBさんや、「〈オトゥ〉がいないから歌いたくない」と話していたAさんの言葉に見られたような、情緒的に割り切れない思いも含まれる。こうした人びとの思いについて鶴見俊輔は、作田啓一らとの議論のなかで小原徳志の論集[4]に取り上げられている東北の「おふくろさま」たちの言葉を取り上げ、「孫たちに昔ばなしの代わりに、戦争の話を語って聞かせるという。そういう時が来るまでは死ねない、と言っている。これは、庶民の生活のなかから生まれた執念だ」［鶴見 1967：56］と述べている。では、鶴見のいうところの「庶民の生活のなかから生まれた執念」とは一体何だろうか。鶴見が紹介しているのは、小原の論集の次のようなエピソードだ。

川原の石ころ、ひろって来て、あらって神さまさあげて拝むと、兵隊の足さ豆でぎねェっていうのでなス、毎日オラ川原の石ころひろって来ては、あらって拝んだもんだス」……（中略）……この話が出ると、「オレもあらってやった」「オレもひろって来て拝んだ」「オラも石ころに語ったもんだなス」と、二十二人のおふくろさまたちは、みな石ころにものを語った体験を持っていたことを話し、うなずきあうのでした。

石ころに、ものをいうなどということが、いかに戦時中とはいえ、昭和の時代にあったということは、全くおどろくほかありませんでした。しかし私は、この話を聞いたときほど、母という素朴な人間のこころにめぐりあったような気持にさせられたことがありませんでした［小原 1964：20］。

戦時中石ころにしか自分たちの思いを語れなかった東北の「おふくろさま」のなかに、小原は「母という素朴な人間のこころ」［小原 1964：20］を感じたと述べている。東北の「おふくろさま」たちとのこうした経験が「オラだも、孫生《デ》るまで死なれねえ。孫生まれだら、孫さ昔コ（昔話のこと）聞かせるように、オラ戦争の苦労ばなし語ってくらす」（カッコ内は筆者の補足）［小原 1964：96、鶴見 1967：56］（引用は小原の表記に従った）という、鶴見の言うところの執念が生まれる背景になっている。鶴見は、戦地に赴いて帰ってこなかった息子への思いを語る「おふくろさま」の言葉も取り上げている。

牛《ベコ》や犬の死んだようにしたくねえと思ってながい間に少しづつためたお金で墓石つくってやったス。オレ死ねば、戦死した千三を思い出してくれる人もなく、忘れられでしまうべと思って、人通りの多い道ばたさ建てだス。その道を通った人たち墓石みで、戦死したムスコの千三を思い出してける（くれる）べエ。お念仏もとなえでくれる人もあるべし、知らねえ人でも、戦死者の墓だと思えば、戦争を思い出すべなス［小原 1964：61, 鶴見 1967：56］（傍線は筆者による。また引用は小原の表記に従った）。

愛する息子への思いを石ころにしか語ることのできなかった母の辛さ、その苦労を話さずには死んでも死にきれないという思いを抱えながら生きる母親。遠い戦地で亡くなった息子のために立てた墓に見ず知らずの人が手を合わせ、念仏してくれる様子を想像するだけで救われる思いがすると語る老母。こうした東北の母親たちの言葉に、鶴見は「庶民の生活のなかから生まれた執念」を見ている。

「老いる思想」にあるのは積極性だけではない。小原は同じ論集で「年老《トシヨレ》ば、悲しみも、かみしめるようになるもんだなス」［小原 1964：36］（読みは原文のまま）という、「おふくろさま」たちの嘆息も取り上げている。島の人びとにも第5章に見たような「（具合は悪くても）年寄りだから仕方がない」といったような諦観とも言えるような消極性を見た。第5章ではこの一見すると生に対する消極性にも見える差し控えといった行為を、老い衰える身体に向かい合う人びとの技法として考えてきた。こうした消極性もひっくるめた、時代時代、地域ごとに展開される「老いる思想」はある。

柳田國男は自らの興した民俗学を、「郷土で研究しようとしていた」学問として次のように位置づけた(5)。「我々は郷土を研究の対象として居たのでは無かつた。是に反して多くの諸君は郷土を研究すると言つて居られる。（中略）郷土を研究しようとしたので無く、郷土で或ものを研究しようとして居たのであつた。その『或もの』とは何であるかと言へば、日本人の生活、殊にこの民族の一団としての過去の経歴であつた。それを各自の郷土に於て、もしくは郷土人の意識感覚を透して、新たに学び識ろうとするのが我々どもの計画であった」［柳田 1998（1943）：145］。佐藤健二は柳田の言う「郷土」をそれぞれの身体に、いわば所与の素材として与えられている日常であり、実践として使いこなされ再生産されている『意識感覚』のありようそのものである」と述べている［佐藤 2002：314］[6]。

老いる経験から見えてきた「郷土」は、人びとに様ざまなつながりをもたらす場であり、人びとの経験を生み出す場でもあった。そこでは柳田が言うところの「郷土人の意識感覚」が醸成されていたと言えるのではないか。

(3) 世代的な経験

「老いる思想」は、先に述べたとおり個ではなく「群れとしての」老いる経験、世代的な経験としての老いる経験の思潮であり、ひとつの軸となるものである。そこには、世代の問題、人びとの生きている時代の問題は深く関わってくる。天野正子は「昭和」の老いには[7]、「昭和」という時代をどう清算するのかという歴史的課題が避けて通れないものとして立ちはだかっていると述べた［天野 2006：12］[8]。しかし本研究で見てきた人びとのあり様を「清算」という言葉で表現することには、いささか躊躇を覚える。

なぜなら「昭和」という時代は清算すべきものというよりはむしろ、人びとの根幹に息づくものとして存在していたからである。第5章に見た身体との付き合い方も、第6章に見た親しき他者とのつながりも、戦争や離島苦《シマチャビ》という昭和の苦難の歴史とともに、人びとのなかに培われたものである。鶴見俊輔は『日本の百年』という明治以来百年の歴史を、「空飛ぶ鳥の眼」ではなく「地を歩く人の眼」から見た「現代日本への案内図」を描こうと企図して組んだシリーズ本の解説のなかで次のように述べている。

あらゆる人にとって、何かの仕方でそれをうけとることをしいるような、それぞれの時代の大事件をえらんで、それらの大きな事件を、それらをつくりそしてうけとめた同時代の小さな人々の心をとおしてえがくことをこころみた。（中略）小さな人が、小さいままに、現実の歴史の方向をさだめる独自の力になる。大入道のように見える場所にたつ時だけ、歴史に参画できるという考え方からはなれて、過去・現在・未来をながめたい［鶴見 2008（1961）：497］（傍線部は筆者による）。

地を歩く人には、自分のまわり数歩しか見えない。かれらの見てきたことをくみあわせて、同時代全体におよぶ平面をべつに構成する必要がうまれる。さらに、同時代の平面をくみあわせて、わたしたちの対象である開国以来百年の立方体を構成する必要がある。この立方体は、歩く人の肉眼にうつった現実体験だけからつくりだすことはできない。このために、日本の近代史の構造についての想定の上にたった架空の眼を、肉眼のほかにもうけることが、必要である［鶴見 2008（1961）：499］（傍線部は筆者による）。

鶴見の指摘は新しい近代史の構築を想定したものだと考えられるが、「地を歩く人には、自分のまわり数歩しか見えない」のだから、「同時代におよぶ平面」を構成する必要があることは、民族誌や民俗誌においても同様であろう。

明治以降、島外への移動は比較的自由になった。人口が増加する小さな島で、すべての人の糊口を賄うことは不可能であったため、第6章でも触れたとおり外へ可能性を見いだしていったことは、当然のことであっただろう。その結果、次三男、女性たちを中心にたくさんの人が〈島ワタリ〉をしていった。一方、今なお「種さえあれば、（島では）生きていける」という矜持の聞かれることを鑑みれば、人びとの拠り所もやはり島にある。それは苦しい戦中・戦後の「昭和」という時代を、島とともに離島苦の時代を生き抜いてきた経験からもたらされた自負のようなものであろう。ここにあるのは個人としての矜持ではなく、同じ時代を生き抜いた人びとが共通して持つ世代的な矜持である。本研究で見た人びととの実践は、世代的なものであったと言える[9]。

鶴見は先に示した解説のなかで「それぞれの時代の小さな人が同時代を生きた根拠（生きがい）をしり、それぞれの人の内側から同時代を見ようとした」［鶴見 2008（1961）：498］と述べ、生きがいを「同時代を生きた根拠」と定義している。この鶴見の定義に寄り添うならば、世代的経験を見極めることは第7章でも議論した「生きがい」を捉えるヒントになると考える。

2 縁と運

(1) 縁

では本事例に見た地域的な世代経験の特徴とは、一体何だったのだろうか。それを見極めるために、人びとの経験の軸にあったつながりを総合的に考えてみたい。第6章に示したとおり人類学に限らず社会諸科学において、つながりに関する議論は多い[10]。社会学者の宮島喬と宗教学者の島薗進は、二〇世紀後半に多くの日本人の生活者や行為者の意識が変化し個の自由が拡大した結果、自律[11]が重視されるようになったと述べた［宮島・島薗 2003：14］。ここで彼らが指摘する「つながり[12]」とは、近代的な自律をなし得るものとして想定されている。これは「生きがいを支えるネットワークのようなもの」としてつながりを考えるソーシャル・キャピタル（社会資本）の議論と共通するものであろうが、本書で課題とするのはいわゆる個人や集団に「資する」ものとしてのつながりの問題ではない。結果的に「資する」ことになるのかもしれないが、ここで議論しようとするのは個々の経験および世代的な経験を作り上げるものとしてのつながりである。

第6章で取り上げたBさんの事例を思い起こすならば、身体を引きずってしか移動することができなくなってからも自宅での一人暮らしを望んでいたのは、おそらく家族にできるだけ迷惑をかけたくないといったような心持ちのあったことは確かだろうが、カント流の近代的自律のような理性的なものではないだろう。それは逆に我を通すことで、家族や周囲の人びとにもしかしたら迷惑や心配をかけることはわかっていながらも放棄しがたいもの、もっと人間臭いものであった。前節で触れた鶴見俊輔の言葉を借りるならば、それは「執念」に近いもので、そうした感情的な面でのつながりが彼女の経験を支えてもいた。

こうした事例を鑑みれば、本研究に見たつながりは、サクセスフル・エイジングといった自己実現の達成といったような側面ではなく、もっと別のものとして考える必要がある。言うなれば、群れとして生きる人びとの経験の根幹にあるものとして考えなくてはならない。そして、おそらくそれは鶴見の言うところの「生きがい（＝同時代を生きた根拠）」［鶴見 2008（1961）：498］を構成するものであるに違いない。本研究では第6章をはじめとしてこの情緒的な関わりを含む、生きがいにつながる人びととのつながりを具体的に考えてきた。本章では、よりこの「情緒的な関係」に焦点を当てて総合的に考察してみたい[13]。

第6章でも取り上げたように日本の祖先観に関わる根幹たる議論を行った柳田國男は『先祖の話』［1998（1946）a］のなかで戦死した若者たちの「無縁仏」を取り上げ、人びとの「縁」について次のように言及している。

> 是も急いで明かにして置かねばならぬ問題は、家と其家の子無くして死んだ人々との関係如何である。是には仏法以来の著しい考へ方の変化があることを、前にもうくだくだしく説いて居るが、少なくとも国の為に戦つて死んだ若人だけは、何としても之を仏徒の謂う無縁ぼとけの列に、疎外して置くわけには行くまいと思ふ。勿論国と府県とには晴の祭場があり、霊の鎮まるべき処は設けられてあるが、一方には家々の骨肉相依る

の情は無視することが出来ない［柳田1998a（1946）：149］（傍線部は筆者による）。

第6章では柳田の述べる「家々の骨肉相依るの情」をひとつのつながりとして議論したが、ここでつながりは、家に関わる死者を祀ってきた人びとの情そのものであり、縁であろう。縁は、人びとが家の霊を祀るという慣習によって支えられている。日本人の先祖を祀るという心持ちのなかに仏教以前のものを見ようとしていた柳田の意思をくむならば、仏教由来の「縁」という言葉を用いるのは多少居心地の悪さを感じないでもないが、それでもやはり東洋的で日本的な関係性をあらわすのにふさわしい言葉ではないかと思う。

第5章で見た、衰えゆく身体との付き合い方を支える島独特の病治しの方法や衰えに対する差し控えといった技法は、島に残るという選択肢を支えている縁であったし、第6章で見た人生の物語に見られた様ざまなものとの「情緒的なつながり」もまた、人びとの人生の物語に見られる縁と言ってよい。同じく第4章以下で見てきた島の様ざまな社会的・文化的文脈も縁と言い換えることもできる。[14]縁は人びとの選択や経験のあり様の大枠を規定する、額縁のような役割を果たしてもいる。このように老いる経験には、様ざまな縁が入れ子状に関係しており、縁も個々人によってその広がりや密度の異なるために同じ島であっても、それぞれの世代、それぞれの個人の人生の物語のなかで独自の様相を見せるのだろう。

(2) 運

「世代的な経験」として縁の一側面を考えるならば、同時代の島とつながって生きる人びとの外的な縁は、おおよそ似通っていると言える。もちろんどんなに外的な縁は似通っていても、内的な思い入れ——それもまた縁であろう——が違えば、人びとの現状は大きく異なる。第6章で取り上げたBさんは、床ずれがひどくて入院するまで伝統的な家屋でひとり暮らしを続けていたけれども、第6章で扱ったDさんのように定年後すぐ息子夫婦に家を譲って島を去っていた人もいたし、本書では具体的に取り上げなかったが、島の家で暮らしながら年に数か月は沖縄本島で生活する娘夫婦の家に滞在する八〇代の女性もいた。

そこに人びとの意思のあり様をうかがうこともできる。だが、同じ島に同じ時代に生まれた人びとの人生とその物語に変化をもたらすのは感情だけではない。同じように縁のあったとしても、たまたまその選択肢の開かれていないこともある。逆にたまたままったく違う選択肢の開かれることもある。人びとの人生には、めぐりあわせという側面が大きく関わっている。そしてこの運という側面がおそらく同じような文化的・社会的文脈を持つ人びとの選択肢を、より多様なものにしている。実のところ先ほど挙げた縁という言葉にも「めぐりあわせ」という意味があり、語義的には運という意味も含む。しかしここでは縁を「情緒的なつながり」も含めたものとして定義しているため、不確実性であったり偶発性であったりといった側面を見ていくには別の語彙を使うほうがよいと考えた。

運をより学問的な言葉を用いて表現するならば、不確実性という語彙を当てはめることもできる。社会諸科学において不確実性に関する議論は、ゲーム論やリスクに関する課題などにおいて議論されており、ゲーム理論において問題とされる「不確実性」は戦略を練るうえでアクターが考慮せねばならない一つの要素として問題とされている。本研究では第5章で未だ経験しえない老い衰える身体との向き合い方を、第7章では死後の世界や死者との関わりを、第8章で未知なるものへのアクションとして次世代の経験について考察してきた。人びとの経験には、常に不確実性が付きまとう。予定調和的に語られる第6章で見てきたような人生の物語も、その選択の行われる時点では当然のことながら、不確実性と向き合いながら選択は行われている。(15)

運が持つ側面はこの不確実性だけではない。語義的には「人の身の上にめぐりくる幸・不幸を支配する、人間の意思を超越したはたらき」もしくは「よいめぐりあわせ」（大辞泉）という意味のあるように(16)、運とは人びとにとって突然の「しあわせ」もしくは「ふしあわせ」をあらわす言葉でもある。こうした突然の幸・不幸は、第6章で取り上げた人生の物語を考えるために行った聞き取りでよく耳にした、物語のひとつのパターンでもあった。そのなかには、たとえば次にあげる戦死した親族についての語り(17)のように、幸・不幸について直接的に言及するものもあった。

うちのお父さん（＝夫）の弟もね、ちょうど入隊する前には、台湾航路船、船のっていたからね。わたしたちと姉とは島に帰って、じいさんばあさんたち、次男参りして、すぐ、船から降りてからすぐ、もう少年兵とられてね。あの～どこね、あれがあるでしょう……与那原《よなばる》越えて、あっちなんちゅうところかな、いまあの門とかなんとかあるでしょ、そこまで逃げて、……運が悪かったんでしょうね、一緒に逃げた人はあれ（無事）だったけど、あの人たちは大砲係だった。（二〇〇七年八月五日）

戦時という歴史的大事のなかで、「自らの意思とは関係なく」巻き込まれた人びとに対する、ひとつの運の語られ方を示す一例である。第6章ではここまで直接的な表現ではないにしろ、人生の物語のなかで語られる運やそれに類するものは、突然の幸・不幸を説明するものとして、しばしば用いられていた。そこでは、縁といった関係性よりもむしろ自分たちの感知することのできない「めぐりあわせ」、経験の偶発性（happenstance）が強調される。

運は語義的には「よきめぐりあわせ」でもあるのだから、運について考えようとするならば、本来は「しあわせ」について考える必要もあるだろう。この「しあわせ」に関する議論をするためには(18)、家の盛衰の語られ方など様ざまな文脈とともに、第6章でも取り上げた「そうね、田舎はね、それが楽しみ。田舎は楽しみがないから野菜作って、楽しみだよ。……楽しみがないさ。ないんだが、野菜作って子どもたちに送るのが楽しみ」という言葉に見られたような日々の楽しみなど、多様な方面から詳細に検討する必要もある。だから、本研究の老いる人びとの経験に見られるそれは非常に限定的なものである。しかし、老いる人びとの経験に見られる幸・不幸の語られ方、運の捉え方も「しあわせ」を考えるための一助になろう。

(3) 老いる経験とは何だったのか

本研究を通して見えてきた人びとの老いる経験は、様ざまな縁によって支えられながらも、時に情緒的な感情に左右されるものであり、人知を超えた出来事、運によって突然の変更を余儀なくされるものであった。老いる人びとの経験を考えるということは、継ぎ目なく繰り返される日常をどう考えるのか、ということでもあった。

幾度となく指摘されてきたように、子どもから大人への移行とは異なり、大人から老人への移行は明確な儀礼もなければ、ほとんどの場合はっきりとしたライフイベントも伴わない。長寿の大衆化が進み、生活スタイルの多様化の見られる現代日本においては、孫を持ったからといって、そのまま社会的に「老人」と遇されるわけでもない。家で「おばぁちゃん」と呼ばれても、外では「おばぁちゃん」ではなかったりする。六五歳をすぎれば社会的に高齢者として扱われ病院にかかることも増えるが、一方でいつまでも背筋の伸びたまま元気に歩く人たちもいる。それは、〈カジマヤー〉のような独特な長寿儀礼のある島においても変わらない。

むかしのように六〇歳で長寿儀礼の〈年祝〉をする人はほとんどいない。六〇歳で〈トシヨリ〉などと言えばきっと怒られてしまう。人びとはそれぞれのペースで少しずつ衰え、いつの間にか「老人」と呼ばれ「老人」として遇されるようになる。だから「老人」を議論するのは難しい。そこには常に老人とは誰かといった、定義づけの問いが付きまとうからだ。だから老人とは誰かとはっきりと定義することのできなくなっている「いま―ここ」にこそ目を向けなくてはならない。

「いま―ここ」に目を向けるということは、単に現在のみに焦点を当てることではない。「いま―ここ」を起点に構成される過去と、未来をも視野に入れて考察することが求められる。老いるという経験は、生きている限り間違いなく誰にでも訪れる。老人ではなく、老いるという経験を焦点化したのには、そこに議論の可能性を見たからであった。世代を限定しているではないか、という批判もあろう。確かに本研究で中心的に見てきた事例の多くは八〇代を中心とする人びとの老いる経験である。本研究において世代を限定したのは、序章に述べたとおり世代的な経験として把握するというねらいによるものだったのだが、第8章で老いの入口に立つ人びとの経験について言及したように、現世代の老いる経験の議論は未来へとつながるものとしても位置づけられる。

3 課　題

最後に残された課題について指摘しておきたい。老いる人びとの経験を、どれだけ当事者の経験に寄り添うかたちですくいあげられたのかについては不安も残る。第2章で取り上げた経験に伴う困難さを思い返せば、本研究で取り上げた経験も経験の一部であり、一側面にすぎないだろう。高齢者を取り巻く現状は日々複雑化しており、「老いる経験」およびそこに通底する「老いる思想」は一般化するになじまないものである以上、本書で取り上げた実践を他所でそのまま実践することは難しい。

既存の研究の問題点として、性差が軽視されていることを課題として挙げながら、本研究でも第6章を筆頭に全体的に女性に関する事例の割合が高く、男性の考察およびその比較は十分とは言えない[19]。死という事象が、老いる人びととの経験にどのような変化を与えているのかについての議論も、第7章で行った死者との関係性の議論だけでは十分でない。老齢期における死との関わりを意見ではなく、経験として考えるならば、近親者との死に別れの経験やそれに伴う死との向き合い方の変化をもっと丹念に追う必要もある。加えて、第8章でその議論の可能性について触れたように、次世代の老いる経験はどのようなものになるのかについて、現時点で言えることはかなり限られている。

また本研究は沖縄離島「で」研究を行っているにもかかわらず、沖縄研究や南島研究としての位置づけや検討はほとんどできていない。それは本研究の目的が、地域研究を主眼としているのではなく、老いるという現象の探求にあったということに原因はあろう。だが、沖縄という文脈なしには本研究の議論はありえなかったことを考えれば、いわゆる沖縄に関わる研究として、南島研究の議論として、本問題をどのように位置づけるのかという課題は残されている。

こうした課題とは別に、より地域的な広がりを持つ視点も必要であるかと思う。冒頭でも述べたとおり本書での実践をそのまま他所にスライドすることに意味はない。だがその一方で、同時代的に地域を越えてひろがる側面もあったように思われる。この思いは筆者が並行して進めている北部九州地域での調査事例と比較するたびに強くなっていった（補論でその一部について触れる）。

そう考えるならば沖縄、日本を含めたより広域的な「老いる思想」を想定することも可能なのではないか。島尾敏雄は第2章でも取り上げたとおり琉球弧をヤポネシア（日本から沖縄諸島・台湾・中国からベトナムおよびニューギニアに至る領域）という、より大きな視点で把握する必要性を説いた［島尾 1992（1970a）：13］。ハンス・キュングはキリスト教文化とイスラム教文化に対して第三極としての「東アジア的特徴を持つ文化」（中国文化圏もしくは儒教文化圏）の可能性について言及している［キュング 2005（1989）］。渡辺浩は、人と物の往来や言語・風俗・文化・制度・思想の流通の濃密さから漢字文化圏としての東アジアを想定して議論を展開している［渡辺 1997］。これらの議論には西欧中心的な議論を再考し、そこから脱却するうえで第三極としての東アジア圏の可能性が提示されている。「老いる思想」は仏教や、儒教といった既成宗教のみに拘泥するのではなく、それらをゆるくひっくるめたひとつ東アジア的な思想のひとつとして考察することのできる可能性も持っていると言えよう。

残された課題は多い。だが、老いるという動詞に着目することによって見えてきたことは、現在から過去、現在から過去、そして未来へと往還しながら動的なものとしての老いる経験であり、そこから開かれるさらなる議論への可能性であったと考えている。「無縁死」、「老後破綻」という身につまされる言葉がクローズアップされる現代日本社会において、本研究で取り上げた議論は、どこか特殊で牧歌的だと思われるかもしれない。しかし島の人の生活もやはり身につまされる現実のなかにあり、その一方で多様な縁のなかでも生きている。

高齢社会における新しい親密圏の議論において、地縁血縁に代わる新たな縁の創出は急務とされている。ケアを担う家族に代わる新たな縁の創出は、たくさんの可能性に満ちている。けれども、今ある縁とそれに支えられた人びとの気概と情緒的なつながりから老いる人びとの経験を再考するような方向も同時にあってもいい。本研究に見た人びとの身体との付き合い方や人生の語り方、死（者）との向き合い方といったような世代的な生き方の知恵から学ぶことによって得られたものは、これからを生きる知恵であったのではないかと考えている。

［注］

（1）Aさんの祖父は墓を通して、Dさんは老親の介護をきっかけに島に回帰しようとしていたように、これもまた島とつながる経験であると言える。この場合の墓とはいわゆる単なるモノとしての墓ではない。Aさんの祖父にとって重要なのは、「先祖代々祀られてきた」墓、「これまでも」そして「これから」も島とともにあり続けるだろう墓、その墓へと自らの骨を回帰することが重要なのである。

（2）文学作品などを分析して日本社会の高齢者に関する個々の老いの経験について考察を行った天野正子は「老いは一般化され一括りにされることになじまない」とし、「それぞれの時代、それぞれの地域、それぞれの個人のライフヒストリーのなかで、独自の転生を遂げていく」、老いの思想が存在する［天野 2006：12–13］と指摘している。第2章にも取り上げた鶴見俊輔の言うところの「だれか自分というものがあって、その自分が自分の肉体を通して経験した、しかも、自分がその経験について目撃者としての責任を持つから、自分のなかに、その経験が思想と化してある種の遺産になって蓄積されていく性格を持っている」［鶴見 1967：4］ような体験、つまり私性のある経験として語られるものである。本研究で言えば、第5章に見た衰えゆく身体との折り合い方に見た経験のあり様も私性に富んだものであると言えよう。

（3）知識に関する人類学的な議論を行った渡辺欣雄は、アルフレッド・シュッツの知識の定義［シュッツ 1980（1970）］を前提としながら、「ありとあらゆる種類の行動や活動の処方箋」［渡辺 1990：15］を「民俗的知識」と呼んだ。話者の知識はそれを調査する研究者の知識を相対化することによってしか明らかにされないものであるとしている。呪術的な思考法に伴う民俗知の問題については拙稿［後藤 2009a］で議論している。

（4）『石ころに語る母たち――農村婦人の戦争体験』［小原 1964］。戦中の岩手の一農村の女性たちの戦争体験を彼女たちの言葉そのままに拾ってまとめた論集。

（5）本書では主に沖縄の事例を扱っていることから、沖縄に関する資料や諸文献については適時参照している。しかし「沖縄研究」もしくは「沖縄学」としての議論はほとんどできていない。それは序章にも述べたとおり本研究の目的は沖縄という地域の記述ではなくテーマの検討にあり、沖縄「の」研究ではなくあくまでも沖縄「で」研究していることに起因している。しかし沖縄「で」研究をする以上、地域的な問題に全くの無関心であっていいということにはならないだろう。沖縄「で」研究を行う若手の研究者にとって、沖縄学に代表される沖縄「の」研究の多大なる蓄積は大きな魅力であると同時に大きな課題のひとつとして存在している。また沖縄を専門としない外部の研究者にとって、沖縄に関する議論はしばしば閉鎖的であるために、開かれた議論が阻害されてしまっているという問題提起は、文化人類学や民俗学の内部でも以前から行われてきた［渡辺 1990，森田 2002など］。近年では「沖縄学」の内部からも、これと同様の問題が提起されつつある。とは言っても、このような問題に際して具体的にどうした態度で臨むべきなのか、お互いに具体的な方向性はいまだはっきりとは示されていない。そのためいわゆる「沖縄学」に代表される沖縄に関する研究を専門としない場合、はじめから距離を取って、その態度を崩さない態度を取る場合も少なくない。だが、それではお互いに交流の道を閉じてしまうことになってしまう。老いの思想は地域的なものである以上、そこから学ぶという態度は忘れないでいる必要はあるものの本書ではその点について十分に議論できていない。

（6）佐藤は、郷土を知識や経験の共有地であるという想像力を積極的に組み立てる必要性も説いている［佐藤 2002：320］。

（7）本研究においてもこの「昭和」という時代は重要なトピックではある。しかしここにあるのは、天野正子の言うような「昭和という時代の清算」ではなく「昭和」という歴史に際立った時代の生き抜き方の問題であるように思われる。

（8）そのうえで広島の被爆者や中国残留孤児のライフヒストリーを取り上げ、「昭和」という呼称を冠せずにはいられない老いの姿を様ざまな文献を手がかりに描いている［天野 2006］。

（9）超世代的な老いる思想のあり様も考える必要もあるが、本論中に示したとおり次世代の経験は今まさに進行形の現象であり現世代と比較することは容易ではない。本研究の課題については後述するが、その考察も今後に残された課題と言える。

（10）関係性に着目した議論は、本論のような議論に限らず、たとえばギアーツの文化は、人間がはりめぐらした「意味の網の目」の体系であるという関係性そのものが文化だとする議論［ギアーツ 1987（1973）a：6］や、アクター間のネットワークを重視するANT論（Actor Network Theory）などがある。ANT論においては、ラトゥールによれば社会とは「紐帯の束」であるとされ、ひとつの要素と別次元の要素を相互通行可能にするような結節点が形成されているとされる［Latour 2007（2005）：21–26］。ここには関係性から、社会や文化を語ろうとする企図が存在している。

（11）ここで宮島らの言う自律とはルークスの定義する「個人の思想や行為は、自らの決定によるのであり、かれの統制の及ばない機関や原因によって決定されるのではない。とくに、個人が（社会的に）自律的であるのは、自分が直面する圧力や規範を意識的、批判的に評価し、また自立的、理性的に熟慮した結果として自己の意向を固め、具体的な決定に達する程度による」［ルークス 1981（1973）：79］状態のことを指す。

（12）「つながりは個々人が生きる力に関わるものだ。そこには意味や価値が込められている。人はつながりによって支えられ、生きがいを与えられ、だからこそ、つながりに希望や《ママ》込め、責任を自覚する」［宮島・島薗 2003：17］（誤字はそのまま表記している）。

（13）人類学においても、民俗学においても人びとの社会生活の主たる基盤のひとつとして人びとのつながりは、地縁や血縁という言葉で議論されてきた。よって縁という語彙は特段珍しいものではないかもしれない。しかし地縁や血縁という場合の縁とは本書で言うようなどこか「情緒的なつながり」をも含むものではなく、いわゆる社会集団を構成する要素のひとつとして議論されており、本書で使用している意図とは異なる。

（14）人びとの日常的な行動は慣習的な拘束を受け、ある種の傾向性を持っている。マルセル・モースは行為者によってほとんど暗黙のうちに学習され身体化された知の重要性を問いた［モース 1976（1968）：121–134］。またギアーツは、ライルの議論［ライル 1987（1949）］を利用し、心を外的な振る舞いに現れる行為の傾向性とみなし、「人間は自分自身がはりめぐらした意味の網の中にかかっている動物である」とし、「文化をこの網として」捉えている［ギアーツ 1987（1973）：6］。本章で言うところの「情緒的なつながり」も、主に人びとの経験に関する語りから立ち上げているので「行為に見られる傾向性」のひとつにあたると言えなくもないが、本書の議論とはいささか趣が異なるのでここでの省察は避けたい。

(15) 人びとはそれに対して手ぶらで立ち向かっているわけではない。老い衰える身体に対して独自の身体観で対峙していたように、死者との交流を通じて死後の世界と向き合っていたように、前世代の人びとの生き方から自らの生き方を同定していたように、不確実性に立ち向かう方法を模索している。

(16) 「そのようになるめぐりあわせ」という意味では、字義的には縁とおおよそ同義であるが、文中に述べたとおり縁は何かしらのつながりとして本書では定義しているので、「めぐりあわせ」の要素については運として考えていきたい。

(17) 第6章ではAさんの人生の物語を中心に記述したので、この語りについては割愛している。

(18) 人類学は一部を除けば、「しあわせ」ではなく「ふしあわせ」から、「しあわせ」について議論してきた。初発の民俗学は「しあわせ」を考えることを志していたが、未だ議論は拡充されていないと言える。

(19) 沖縄の平均余命が示すとおり島でも寡婦の女性が多かったことや、調査中女性たちとの関わりの方が多かったという個人的な事情にもよっている。高齢社会の問題は平均寿命の点から女性問題だと揶揄されることもあるが、男性に関する考察がもっと必要であったことは言うまでもない。

終章　補論――北部九州の「老いる経験」――

1　ある日の風景

(1)　北部九州の事例から

事例1：罪深い、罪深い女がごあいさつに参りました。（二〇〇七年五月六日）

これは福岡市近郊の真言宗寺院で行われている定例の護摩供養に訪れた、八〇代の高齢女性が本堂で口にした第一声の言葉である。本堂の隅に座っていたわたしは、彼女のささやくような声に含まれた強い響きにふと視線を上げた。そこには年季の入った数珠を持ち、一心に前を見つめている女性の姿があった。毎月一五〇名から二〇〇名ほどの参加する護摩供養に訪れる人のうち、半分ほどはリピーターだ。八割ほどは女性で、中高齢者の人びとが中心である。一〇時半。いつものように法要ははじまった。熱心に般若心経を唱える声が聞こえる。三〇分ほどの法要の後、彼女は来た時と同じように手を合わせ「ありがたいことですね」と言いながら深々と頭を下げると、ゆっくりと去っていった。

事例2：（東京で働く次男に対して）本当は、せめて福岡あたりで進学か就職して欲しかったんだけれどね。[1]東京は家賃が高いでしょ？　そんなに給料がいいわけじゃないから、家賃だけは（わたしが）定年するまで払ってあげたんだよ。長男はどんなことがあっても、くいっぱぐれることはないし、宿なしになることはないけれど、次男は何も持たないからね。（二〇〇五年二月二一日）

ため息とともにこう漏らした男性は、長崎県対馬市のある村落出身の一九三六年（昭和一一年）生まれの調査当時六九歳の男性だ。この地域ではむかしから長男が結婚し第一子を出産すると、老夫婦は〈ヨマ〉と呼ばれる隠居屋へ第二子以下を引き連れて移り、家財は長男が継ぐという隠居の慣習があった。そのため今でも敷地内に〈ヨマ〉の残る家は少なくない。事例2で挙げた男性の言葉は、「昔ながら」の慣習とのつながりを、どこか感じさせてくれる言葉である。また「ここでは、隠居するのが普通だけどね、やっぱり、息子と暮らすのが一番。寂しくないしね」と言って、長男家族と同居を選択していた、一九二八年（昭和三年）生まれの調査当時七六歳の女性もいた。

(2)　問題の所在

さて、これらに見る老いる人びとの姿をどうとらえればよいだろうか。ここには、沖縄離島で見てきた老いる人びとの姿と一部重なる姿がある。もちろん事例1の寺院に集う人びとの多くは近隣の都市部で生活する人びとである。よってこれまで見てきたような島の人びとのように、祖先祭祀にまつわるたくさんの行事や慣習的行為といった、共通した文化・社会的背景は持っていない。しかし多くは福岡県下で最も多いと言われる浄土宗や浄土真宗の檀家であるにもかかわらず、家族の安寧を祈願するために熱心に祈禱寺院に集う。その様子には、慣習的行為の中心に親密なる他者への強い思いのあった、沖縄離島の人びとと重なる部分も大きい。

また事例2に挙げた男性の暮らす地域は、半農半漁の離島の村で、古くからの伝統行事も色濃く引き継がれている土地である。ただし離島としてはかなり規模の大きい島であることから、本論で見てきたような沖縄離島とは大きく事情が異なる。また「むかしながら」の慣習も保ちがたくなってきており、少しずつ変化しつつもいまだ色濃く人びとの日常生活に独自の風習の根付いていた沖縄離島と一緒くたに論じることは難しい。しかし冒頭の例に見るように、わざわざ隠居をせずとも、隠居をしているのと変わらない事態になっているのにもかかわらず、隠居という慣習に寄り添いながら、自らの老年期の日常を選択していると思われる状況もある。

沖縄離島で生きる人びとの個別具体的な老いる経験は、人びとの生きる「沖縄離島」という背景なしにはありえなかった経験であった。しかし、島での議論は決して地域的な問題にとどまるものではない。同じように長寿の高齢化を経験する現代日本における世代的な経験として地域を越えた議論をすることは、第9章の考察で触れたとおり可能であると考える。

補論である終章では、これまで筆者が沖縄離島の調査と並行して取り組んできた北部九州での調査研究の一部を参照しながら、超域的な議論の可能性を模索することを目的としている。具体的には、第2節では二〇〇七年より断続的に調査を行った福岡県篠栗町にある一寺院の事例を取り上げ［後藤 2009b］、第3節では二〇〇四年八月、二〇〇五年二月に調査を行った長崎県対馬市のある村落の事例を取り上げる［後藤 2008a］[2]。福岡の寺院の事例は世代を区別して議論した島の例とは異なり年齢的には六〇代から八〇代といういささか幅のある世代をまとめて対象としたため、世代的なばらつきのあることを注意しておきたい。記載している話者の年齢および年代はすべて調査当時の年齢である。

2　「信心深い」人びと——福岡県篠栗町・真言宗寺院——

(1)　篠栗町と篠栗霊場

福岡県篠栗町は福岡市内から東に一二キロメートルに位置する、九州最大の商業都市である福岡市のベッドタウンである。西方向に広がる平野を有し、鉾立山、八木山、若杉山の峰々に囲まれ中央には多々良川が東西に流れる。総面積の約七〇パーセントを占める山林地帯には、ハイキング・キャンプ場などのレクリエーション施設や篠栗四国霊場に結びつきのある歴史的な遺産や施設なども数多く点在する[(3)]。『篠栗町誌』によると、篠栗霊場は一八三五年（天保六年）に姪ノ浜（現在の福岡市西区）に住む尼僧の慈忍が、本四国八十八ケ所霊場巡拝の帰途、篠栗に立ち寄ったのを機縁として始まったとされる。慈忍は仏像彫刻の寄付金勧募の中途で亡くなるも、篠栗村田ノ浦の篤心者藤木藤助が遺志を継ぎ、一八五四年（嘉永七年）八八体の仏像を完成させ、篠栗町一帯に安置して霊場の形態を整えた。ところが一八六八年（明治元年）の太政官布告「神仏分離令」によって廃仏毀釈が起こり、それが尾を引いた結果、篠栗では一八八六年（明治一九年）に県令によって霊場廃棄が命ぜられる。この危機を救ったのは、時の村長藤喜一郎であった。藤は村の有志とともに陳情や交渉を約一〇年間続け、その結果内務省令によって寺院形態を取ることを条件に、残置は許可されることになった。和歌山県高野山にあった南蔵院を篠栗霊場の総本山として迎え入れ、八十八ヵ所の堂宇境内を寺院の飛地仏堂、飛地境内として正式に認可を受けたのは、一八九九年（明治三二年）三月のことである［篠栗町 1972］。以来参拝者は年ごとに増加し、「小豆島新四国」「知多新四国」と並んで「日本三大新四国」の名で喧伝されるようになった。

(2) 寺に通う

本章で取り上げる寺院は篠栗霊場の札所のひとつであり、例祭の開催有無にかかわらず篠栗巡礼を目的に多くの巡礼者が訪れる。よって以下に記しているインフォーマントは月例護摩供養、もしくは二七日の三宝荒神祭という定例の祈禱供養に訪れている参拝客であり、篠栗霊場の巡礼者とは一致しない。ここで定例護摩の参拝者に事例を絞ったのは、調査目的は巡礼者の解明ではなく一寺における参拝者の実践に焦点を据える、という目的にあったためである。記載してあるインフォーマントの年齢は調査当時の年代である。

① 「住職の説法を楽しみに」——Aさん(北九州市在住七〇代男性)

事例3:毎月夫婦で、車で来ている……(中略)……いつも日曜は朝から寺に来て、トリアス久山かダイヤモンドシティ(両方とも近隣の大型商業施設)に寄って過ごすのが例祭日の日課。いつも寺院の住職さんの話を聞きに来るのが楽しみで来る。(二〇〇七年六月三日)(4)

いつもカメラ片手に参拝するAさん。「自分はこういうこと(宗教的なこと、霊的なこと)はわからないから」と言いながらも、参拝に対して否定的な発言をすることは少ない。週に一度参加している社交ダンス教室のイベントと重なる時は参加しないが、それ以外は妻とともに月例護摩供養に参加するのは定年後の習慣である。妻の話によると、Aさんは実母とともに無宗教を標榜し、供養等々にはさして興味はないという。事実、早くに亡くなった妹の供養もしておらず、寺に納骨堂を買うといった予定も今のところない。Aさんのように妻に連れられて寺を訪れる男性は多い。またAさんのように、住職の説法は魅力的であるという評価はしばしば参拝者たちに聞かれるもので、住職の説法中に熱心にメモを取る姿も珍しくない。

②「信心深いというわけではない」――Bさん（篠栗町在住六〇代女性）

事例4：信心深いというわけではないの。字を書くのが好きでね、ここほら、写経教室があるでしょう。（二〇〇七年一一月二七日）

写経教室のはじまった二〇〇五年以降、二七日の定例供養祭に参加するようになったBさん。数珠繰（百万遍ともいう、巨大な数珠を読経に合わせて参拝者で繰ること）を目的に二七日の参拝を選択する参拝者は多いが、Bさんの場合メインは写経教室である。とはいえ、護摩法要の後に行われる写経教室だけに出るのは「気が引ける」という理由から、法要から参加している。供養中に唱えられる真言を読むのは難しいとのことで、数珠繰では先を争って数珠に触ろうとする参拝者も多いなか、いつも数珠繰には加わらず本堂の隅っこで経典を開いている。

③「納骨堂を買ったので」――Cさん（篠栗町在住六〇代女性）

夫は定年時に檀那寺に納骨堂を購入していたが、その後夫婦で寺を訪れたときに夫と「ここがいい」という話をしたというCさん。二年後急性心不全で夫が亡くなると、迷わず寺に納骨堂を購入した。檀那寺の納骨堂を購入した代金は戻ってこないとのことだったものの、新しく納骨堂を購入することに躊躇いはなかった。これに関して檀那寺とひと悶着あったらしい。しかしこれ以上煩く言ってくるようであれば、今後他の年忌法要も頼むつもりであるという。夫の生きている頃は寺を訪れることは彼女にとって純粋に観光だったが、納骨堂を購入して以降は定例護摩供養によく参加するようになった。法要に参加した後、お接待として頂くお弁当を涅槃像前（ベンチも置いてあり、座れるようになっている）で食べてから帰宅している。彼女にとって寺は亡き夫との思い出に浸り、夫と出会う場所である。

④「母とともに昔から」――Dさん（北九州市在住六〇代女性）

二〇年前から定例護摩供養に参加しているDさん。参拝の折には、本堂だけでなく境内にある他の参拝場所も線香と蝋燭、数珠を携え丁寧に参るのは習慣である。

事例5：もう、二〇年ぐらい来ている。母も来ていたから、ずっとね。でも昔から来ている人はほとんど見かけなくなった。足が悪いから（来られないの）かね。母はそういう力がある人で、そういう道に進みなさいって言われたんだけれど、ほら、そうするとね、家庭のこととかいろいろできなくなるでしょう。それで、家庭に集中したのね。わたしも憑かれやすいから。夫の母は変わっていて、無宗教だから、自分の娘が亡くなった後も（法事も）何もしない。うちの夫も無宗教だから。ここに主人が来るのもね、ただわたしについてくるだけなの。だから、（亡くなった人が祀ってほしくて）わたしに（頼みに）くる（夢枕に立った、ということ）。だから（年忌法要をしていなかった亡くなった夫の妹の）十三回忌をね、したの。（二〇〇七年一一月一三日）

宗教的に「敏感」でありながら母親と同じように宗教者になる道は選ばなかったというDさん。毎夜のように義妹が夢枕にたったときは供養をしたものの、家族とは関わりないこと（「他人のこと」）をする気は全くないという。彼女が、ただ何となく唱えていた念仏を一心に唱えるようになったのは父親が死んでからのことだ。般若心経を諳んずるために、何度か書いて必死に覚えた。今ではいくつかの真言も空で覚えている。二〇年前から通っている彼女だが、熱心に参拝している理由は、外資系企業で働く娘が数年前から皮膚アレルギーによる湿疹に悩まされていること、ほとんど病気もしていなかった母親が脳溢血で倒れ半身不随になったことなど、家族のことが関係している。二〇〇九年の正月には夫と子どもがそれぞれ厄年にあたることから、個人的に護摩供養も依頼している。積極的な供養および祈願を行っている彼女だが、宗派を尋ねると「いろいろ」といって限定しない。彼女は本寺院だけに参っているわけではなく、実弟の水子供養のため別の寺に水子地蔵を購入したり、母親の病気平癒にお薬師さんに祈願をしたり、四国霊場巡りもしたりしている。

⑤「息子のために」――Eさん（福岡市在住七〇代後半女性）

息子のために手を合わせている、というEさん。Eさんの両親は筑豊炭田あたりの出身であったが、満州製鉄に勤め、終戦後も兄は技術者として一年間抑留されていたため、一九四六年（昭和二一年）に長崎・佐世保に引き揚げてきた。Eさんも満州で生まれ、満州で女学校を出た後、両親と同様に満州製鉄で働いていた。一二人兄弟のうち、彼女自身は上から三番目に当たるが、一番上の兄は夭折している。引き揚げ後は福岡に落ち着いた。筑豊の方はすでに家もなく墓もないため、帰ったことはない。実家の墓は弟が一括して面倒を見ている。兄弟も次兄以外はすべて福岡にいる。その次兄も亡くなったので、「次（に死ぬの）は自分の番だ」と思っている。

Eさんはもともと子どもの受験など折々に触れ大分県の高塚地蔵尊に通っていた。だが、高塚地蔵尊は四日参りであり（四がつく日はすべて参らなくてはならないということ）、自宅から遠方であること、年とともに車の運転は不安になったこと、また参拝のバスツアーに一緒に参加していた妹が足を悪くして歩けなくなったこと（高塚地蔵尊は境内にあがるのに長い階段を登らなくてはならない）から、バスツアーに参加していた時にたまたま一緒になった人から本寺院の護摩供養がいい、と聞いたのをきっかけに護摩供養祭に参るようになった。というのも、地方公務員を務める長男が欝を患い、二ヵ月行っては半年仕事を休むなど、長く務めることはできなかったためである。Eさんいわく「効果があった」のか、息子は昨年（二〇〇六年）の一一月より休むことなく仕事に行っているという。しかし再発の心配なEさんは、しばらくは通い続けるつもりである。

彼女は長男夫婦と二世帯住宅で生活しており、夫は他界している。寺に通い出して三年目になるが、兄弟以外は同居している家族も彼女が参拝に来ていることは知らない。こっそり家を出てきても、二世帯住宅のため、気付かれることはないのだという。普段彼女は習い事に忙しく、いつも家にいないことも関係している。E家の檀那寺は福岡市内の浄土宗の寺である。Eさんは春と秋のお彼岸、御盆、十日（一一月三日）の年四回の法要に参加しているが、それ以外参拝することはない。檀那寺の奥さんに「別の供養もしたから、お金を払ってくれ」と言われたこともあるが、Eさんはその四回にしか行ったことはないと説明して支払いを拒否し、それ以外の供養はしなくていいと思っている。つまりEさんは息子の鬱の改善のために熱心に護摩供養に通っているものの、夫の遺骨のある檀那寺の法要には熱心ではない。

⑥「自分のために」――Fさん（篠栗町在住七〇代後半女性）

事例6：こうしてここに来ると、色々な人とお話しすることができるからね。普段は（人と）話すこともないでしょ。（二〇〇七年六月二七日）

もともとは自宅近くの個人宅でお不動さんを祀っている家に熱心にお参りに行っていたが、同じようにお参りに来ていた他の三人の信者と折り合いの悪かったというFさん。たまりかねてそこの「先生」に相談し、紹介してもらった（当時亡夫の納骨堂を探していたことに関係している）。彼女は参拝するようになった今でも、時折その家の様子を伺うこともあるが、嫌がられてしまうので最近は行かないようにしているという。

Fさんの語る話は自らの神秘的な経験に関するものは多い。昨年（二〇〇六年）二月の三宝荒神祭の数珠繰をしている時のことである。すべての経が終わって数珠を繰り終わった時に親玉（数珠の大きな部分）が手元にあった。彼女は数珠を片付けるときに、その親玉を抱えて持っていこうと思っていたが、足が立たず逆側に座っている人が引っ張ったために持っていくことはできなかった。とても嫌な気持がして、帰ってからもすごく気になっていた。次の月、今度は一種類の経の終わるたびに親玉は自分の手元に来た。今度は他の誰かに引っ張られる前に、自分で立って持っていくことができた。Fさんにとってそれ（親玉が手元に来ること）は、仏様からの啓示であったのだが、そういう何か仏様からシルシ（啓示）のあったとしても、邪魔の入ってできない（逆側の人に引っ張られた）ということもお告げだと考えている。このことについて彼女は次のように語っている。

事例7：時々何か、言われているような気がするけれど、何を言われているのか全く分からないので、（自分の能力は）まだまだなのだと思う。ある明け方、あそこにあるようなね（本堂にかけられている時計のこと）そろそろ六時だなぁと思って古い時計を見上げていると、横に喪服、いやフォーマルを着た男性の方が立っていたの……。（二〇〇七年六月二七日）

傍に立っている男性の顔を見ようと思って見上げたが、見上げると消えてしまった。「一昨年から自分がこうやってここに来ているから、挨拶をしに来てくれたのだと思う」と、彼女は夢に見た男性を婉曲的にお大師さんであったと結論づけている。

⑦「家族のために、そして自分のために」——Gさん（篠栗町在住五〇代後半女性）

ひとつ年上の夫と二〇代の二人の息子がおり、義母と同居しているGさん。観光として訪れていた本寺院に祈願に来たのは、夫が脳溢血で倒れたためだった。夫は地元の国立大を卒業して優良企業に勤務しているGさん自慢の夫だ。その夫は、四八歳の時脳溢血で倒れた。檀那寺は遠く、本寺院へ義母とともに駆け込んだ。夫が回復して以降疎遠になっていたが、今度は自分自身のことで再び寺を訪れることとなる。

夫の倒れた時、自分が頑張らなくてはならないと気を張っていたGさん。頑張りすぎたのがたたったのか、ある日頭が「真っ黒」になり、それ以後ひどい鬱に悩まされるようになった。何もする気にならず、鬱々とした日々を送っていたある日、突然すごい吐き気に襲われた。慌てた次男は救急に通報し、救急車に乗った。夫にも息子たちにも生きているだけでいい、と言われるもののGさん自身は「何もできていない」自分が嫌でたまらない。姑は頭がいいし、夫も優秀なので、もっと優秀な人と結婚していれば（幸せだったのではないか）、と思ってしまうという。友人からは、子どもたちにお金がかかるのだから「パートでもして頑張らなくては」とはっぱをかけられるものの、そういう気持ちにはとてもなれない。最近少しずつ具合が良くなり、なんとなく外に出かけてみようと思った。その時思い出したのが写経教室だった。

3 隠居する人びと——長崎県対馬の村落——

(1) 対馬と隠居慣行

長崎県対馬市のT村落は対馬列島の南端に位置する小さな半農半漁の集落で、緩やかな傾斜面の山に囲まれている（以下、村と表記する）。対馬島内では珍しく水田の多い地域でもあり、一昔前までは他地域に比すると水田耕作の盛んな地域であったが交通の便は悪く、隣村とは隔絶されていた。

一九〇八年に大字となった部落は、大きく上町・中町・浜町に分かれており、これを〈大町〉という。そしてこの〈大町〉はさらに細かく四つの〈小町〉に分かれている。〈大町〉は、共同事業の采配や共同作業、年中行事の際の分類であり、これに対して〈小町〉は、大町を道筋や川筋によって区分される。もとは村や大町の伝達は小町ごとに行われ、村の民俗行事のほとんどは〈小町〉ごとに行われていた。調査当時は葬儀には葬儀屋が入っていたが昭和三〇年代ごろまでは、〈小町〉を二つずつ合併して〈シミツチョウ（死道町）〉とし葬式の手伝いをしていた（村では〈シミツチョウ〉の集まりを一般的に〈ソウレン〉と呼ぶ）。上町・中町・浜町の区別は調査当時も残っていた。

またもとは〈本戸《ホンコ》〉／〈寄留《キリュウ》〉という区別もあった。〈本戸〉とは明治期に村の世帯として入会権などを持っていた世帯を指し、〈寄留〉とは外部から村へ移ってきた家を指す。〈本戸〉からの分家は〈分家寄留〉と呼ばれ、〈本戸〉と〈寄留〉の中間的な位置づけとされていた。今はこれらの階層意識は薄らいでいるようで、普段の生活の会話のなかで耳にすることはあまりない。かつては長男が結婚すると比較的早い時期に次男以下を連れて隠居し、家産は長男が相続する形で家長が入れ替わっていた。いわゆる隠居慣行である。〈ヨマ〉というのは隠居屋のことであり、これに対し戸主の暮らす母屋を〈オモテ（ヤ）〉と呼ぶ。

先に述べたとおり、他の対馬市内の農村と同様に村でも過疎・高齢化は進み、高校進学や大学進学、就職を機に集落や島を離れる若者は多い。長男の結婚したのを機に隠居屋を建てたと話す人もいるが、あえて〈ヨマ〉に隠居せずとも老人世帯になっている家は多い。ある人は、息子がいる間に〈ヨマ〉を建てて移り住んだものの、息子は仕事で福岡に行ってしまったため本家は空き家になっているとこぼしていた。よって「仕事がないので、老人と猫だけが残った」という村人の揶揄どおりの状況になっている。むかしは漁で稼いだお金がたまった時に隠居屋を建てたそうだが、かつては盛んだった漁業も以前ほどの勢いはなく、老夫婦世帯で営まれる農業もそれほどの規模ではない。そのため比較的早い時期での隠居はほとんど見ることはできない。

〈オモテ〉と〈ヨマ〉の関係も以前とは変わってきており、たとえば〈分家寄留〉とはいっても立派な屋敷を構えている家もあるし、〈オモテ〉とはいっても、跡継ぎを欠いてしまい空き屋のままになっている家もある。ただ調査当時でも、〈オモテ〉の戸主にとっての義務である盆参りなどは〈オモテ〉の役割で、〈ヨマ〉で生活する人は個人的に親戚や知人を参ることはあっても、盆の準備や盆参りに加わることは滅多にないようだった。「家督は長男が継ぐものだ」という言葉は、冒頭の男性のような六〇代以上を中心に広く聞かれるものであった。とはいえ、現実問題としてどれだけ長男に一括相続なされているかは不明であり、たとえば土地家屋は長男が継いでいても、財産は〈ヨマ〉に住む両親がそのまま管理し、娘の嫁ぎ先の改築などに資金援助をしたり、私有林の提供をしたりしたという話も耳にした。以下、具体的な事例について触れたい。

(2) 慣習のなかで生きる

① 〈ヨマ〉に住みたい

事例8：早く隠居しないとね。（二〇〇五年八月九日）

こう漏らすのは、冒頭でも取り上げたHさん（一九三六（昭和一一）年生、六九歳）である。四男だったため「継ぐものは何もなく」高卒の後、中途採用で公務員となり一九八八年に村に戻るまでは対馬の中心、厳原《いずはら》で生活していた。妻と息子二人の四人家族で、次男は東京で生活しているため、妻と長男の三人暮らしである。定年後脳溢血で倒れ右半身が不自由になるも、さいわいリハビリの成果で日常生活は送れるほど回復している。週に二回リハビリのため町に通院しており、二級の障害者認定を受けているHさんの住む〈オモテ〉の横には、〈ヨマ〉があり、そこにはHさんの妻の叔母が生活していたという。その叔母には子どものいなかったため、Hさんがあとを継いだ。その叔母は亡くなったため、彼の自宅の横には〈ヨマ〉が空き屋としてある。住もうと思えば彼は〈ヨマ〉に住めるわけであるが、そうするつもりは今のところ全くないという。

Hさんの次男も独身であり、東京で働いているものの職業柄収入が不安定であるため、Hさんは定年退職するまで、ずっと家賃を援助していた。それは冒頭に紹介した「（東京で働く次男に対して）本当は、せめて福岡あたりで進学（就職）して欲しかったんだけれどね。東京は家賃が高いでしょ？　そんなに給料がいいわけじゃないから、家賃だけは定年するまで払ってあげたんだよ。長男はどんなことがあっても、くいっぱぐれることはないし、宿無しになることはないけれど、次男は何も持たないからね。家のローンもあったけど、子どもの時分に苦労をさせたから……」という言葉になるのである。Hさんは、「子どもにはお金で自分のように苦労はさせたくない。自分はお金を嫌っているから、お金にも嫌われたんですよ」と語る。

事例9：こんなになってしまうとねぇ、もう希望もないとですよ。（二〇〇五年二月二四日）

事例10：（病気で倒れ急死に一生を得たあと「助かったご恩返し」に、周辺の山道のごみ拾いを三年間毎日続けているという男性について）あの人もわたしと同じ病気で倒れたんよ……エライ人だ。……退院したばかりのころ、車はもう運転してはならんし、人も乗せてはならんと、息子に言われたとですよ。「なにかがあったらどうするとや」って。でも今はもう運転している。（中略）夏は学生さんが大勢で来られてとても楽しかったですね。色々楽しみがあるから、それまでは長生きするようにしないと。（二〇〇五年二月二四日）

②〈ヨマ〉を〈オモテ〉にして

Iさんは、一九二八年（昭和三年）生まれの七六歳の女性。村生まれの村育ち。三人兄弟の長女。父親は漁師で、病死後母親が再婚した。その後両親とも亡くなったため、妹と弟は厳原へ引き取られたが、Iさん自身は周囲の勧めで村の男性と結婚した。夫との間に、一男二女をもうけ舅と同居していた。結婚当初は畑仕事をしていたが、夫が倒れ仕事はやめた。その夫も七年前に他界し、現在〈カツギ〉（海でサザエやアワビを取る仕事）をしている長男夫婦と孫（調査当時三歳）とともに生活している。週に一回はマイクロバスでデイサービスに通う。もともとは長男夫婦の結婚したときに、〈オモテ〉を譲り、もともと畑地に〈ヨマ〉として建てた現在住む家屋に一人で住むつもりだった。だが、長女は離婚して実家に戻ってきたため、もとの〈オモテ〉である本家は長女に譲って、四年前に隠居屋として建てた新築の家で長男家族と共に〈オモテ〉で生活している。「ヤドカリはかわいそう」（借家はかわいそうという意味）だからとIさんは言う。また敷地内には、もとの隠居屋（自分の親が生活していたもので現在は使用していない）もある。次女夫婦も村内で生活している。

事例11：娘（長女のこと）を（長男夫婦と）一緒に住ませるわけにはいかないでしょ。ここは隠居するのは普通だけどね。やっぱり息子と住むのが一番。寂しくないしね。（二〇〇四年八月一二日）

隠居慣行が残る集落で生活するIさんにとって、隠居することはごく「普通（当たり前）」のこととして認識されている。それは彼女が「ここは隠居するのが普通だけどね」と先に「部外者である筆者」に念を押していることからも明らかである。一番高い値の付いた先祖代々の土地も「つぶすのがよう（良く）ない」と売るのをやめ、本家の新築も「親子でつぶすのはようない」[5]といい昔ながらの風習を守るIさん。しかしながらそうした村の慣習は、Iさんに対して一定の威力を発揮しながらも、彼女を絶対的に縛るものではない。事実彼女は夫の死後、自分たちの財産をもとに子どもたちそれぞれに経済的な支援も行っており、「長男」以外の子どもを粗略に扱っているというようなことは決してない。[6]そうしたIさんにとっても長男と長女を同居させることは「ありえない」ことであるらしい。

この辺りは墓を立てる人が多く、納骨堂に入れる人もいないわけではない。けれどもそれはIさんによると「外聞はよくない」のだという。その例にもれずIさんも二五〇万で寺の境内の近くに新しく墓を立てたという。土葬時代の墓所の骨は全て掘り返し、焼き直してポリバケツに入れて新しい墓の下に入れている。また「あまりよくない」と盆行事の時以外は仏壇には遺影を飾らない。写真もアルバムにしまって表には出してない。調査当時炊事といった家事全般は同居している長男の嫁がすべて行っており、コーヒーや砂糖の場所すら知らないという。Iさんが唯一手伝うのは仏壇の世話だけであった。つまり隠居慣行は彼女が自らの「残りの人生」を考えたときに、「選ばなくてはならない」ものではなく「選ぶことのできる」選択肢の一つになっている。

③〈ヨマ〉で暮らす

Jさんは、一九二一年（大正一〇年）生まれの八五歳の女性。村生まれの村育ち。一八、一九歳ごろ近隣の部落出身の夫と結婚し、その後二〜三年は夫の実家で炭焼きをしながら生活した。結婚して四年目に夫は戦死したため当時八歳と五歳の子どもを連れて村に戻った。女手一つで働きながら子どもを育て、五〇歳のころ福岡市内の中華料理店で7年間皿洗いをして生活する。働き始めた当初は福岡市内で生活する長女の家で生活していたものの、その後長女に迷惑をかけるからという理由から単身で家を借りた。足を悪くしたのがきっかけで村に戻り、現在は実家の本家（甥の家）の敷地内に六畳二間の〈ヨマ〉を建ててもらいそこで生活しているという。足と腰が悪く、買い物に行くときは近所の人に厳原まで連れて行ってもらう。週に一回は集落内にある老人福祉施設に送迎バスで通い、腰と足を整形外科の先生に診てもらったり、そこで出る昼食を食べたりして戻ってきている。食は細くなってしまっているため夏はソーメンなどの簡単なもので済ませることが多いが、基本的には自炊をしている。

事例12：家は（〈ヨマ〉だから）狭いでしょ〜。だから、夏でもクーラーかけてもあつうてね。夏は、口笛の音がすると、ここでこうやって涼むんよ。……やっぱりここがよかね。（二〇〇四年八月一〇日）

Jさんの〈ヨマ〉の傍の道の端には小さな川が流れており、川の上には近所で暮らすKさんが板を通して座って涼めるように工夫しており、近所の老人たちの憩いのスポットになっている。知人の口笛を吹く音が聞こえると、その口笛の音を聞いて、Jさんは外へ出て夏場はよく涼みに来るという。ここでなければ、おばさんの家で話をしているという。

Jさんの旦那の遺骨は五十回忌を節目に名古屋の長男の元に移され、彼女も名古屋の墓地に入る予定になっている。先ほどのIさんとは対象的に早い時期に寡婦となったJさんは、彼女の言うところの小さな〈ヨマ〉が現在の彼女の生活基盤になっている。Jさんが、夫が戦死したあと村に戻ってきた理由は明らかではないが、一九五〇年の九学連の調査報告によると、当時村では子どもを生む前に離婚し、結婚が一度では収まらない傾向のあったことも報告されており［九学会連合対馬共同調査委員会 1949］、Jさんのように子連れではあっても、出戻りは珍しいことではなかったことは推測される。当時の結婚の手続きは簡単だったそうで、嫁は身一つで嫁ぎ翌日荷物を取り寄せ、子どもが生まれてから簡単な披露をするというものであったらしい。Jさん自身も結婚の際は結納金も仲人もなく、弁当箱等の仕事道具のみを持って嫁に行った。そしてその時に持っていた一番良い着物は実家に置いたまま嫁いだのだという。こうした状況が変化してきたのは昭和三〇年代以降で、結婚式もだんだんと派手になっていったらしい。寡婦と隠居慣行の問題は、ここで論じるには資料も十分ではないため控えたいと思うが、福岡市内に住む娘家族との同居や、いまは名古屋で暮らす長男夫婦との生活ではなく、〈ヨマ〉での生活を彼女もまた選んでいた。

④「早く結婚せんかなぁ」と思って

事例13：息子が結婚する前から〈ヨマ〉を建て始めたんだよ。早く結婚せんかなぁと思って。息子はプレッシャ

ーだっただろうな。(二〇〇五年二月二二日)

Kさんは、一九二五年(大正一四年)生まれの八〇歳。農家に生まれ、一七歳から大工として働き始めた。二二歳で結婚、二二歳で大工を辞め、戦中は仕事中に怪我をしていたことから徴兵検査にはねられ、長崎の造船所で働いた。戦後はしばらく農業をしていたが、昭和三〇年ごろには、映画館を開き、映画館閉館後ストアーを開店した。六〇歳ごろから漁師をはじめる。三年前に妻を亡くし、現在は〈ヨマ〉で一人暮らしをしている。「やってないことは何もない」と話すKさんの目下の趣味はカラオケである。カラオケは奥さんが亡くなったのがきっかけらしい。敷地内の〈オモテ〉では長男家族も生活しているが、普段の交流は少ないようである。苦労を出さずいつも笑顔で人を笑わせるKさんだったが、「何もいわれんしゃあで(言わずに)、皆を笑わせよるけれどね、大変よ」と心配する周囲の声もあった。

事例13に挙げたKさんの言葉は、現在の若夫婦に聞かれるものではもはやなくなってしまっているが、こうした言説は村ではまだ受け容れられている。Kさん自身がなぜ〈ヨマ〉を早々に建て始めたのか、実際のところ本当の理由は定かではない。だが、それはここではたいした問題ではないだろう。なぜならばKさんに限らず、様ざまな「隠居」事象と受け取ることの出来る個々人の実践と言説が、入り交っているというのが現状だからである。彼ら自身が自らの実践を、意識的にしろ、意識的ではないにしろ「隠居」という一つの説明体系に収斂させていると言える。

4 老いることの可能性

(1) 与え手として

年を取るということ。それは長寿という幸福を享受すると同時に、より多くの不幸を経験する可能性を持つことを意味する。病を抱える成人した子どもたち、離れて暮らす老親に具体的にしてあげられることはそう多くない。金銭的・物理的な余裕があれば、援助をすることもできよう。だがそうした援助は十分にできても、愛する家族は必ず「幸せ」になるとは限らない。そこで彼女たちは、親のため、夫のため、息子のため、娘のため、孫たちのために一心に祈りを捧げる。ここでの祈りは単なる「気休め」としての行為を意味しない。それは「息子の鬱の改善」や「この世を彷徨っていた義妹の霊を慰める」、「脳溢血の義母の容体の改善」というような具体的な効果を持つものとして機能する。

秋田で高齢女性と祖先祭祀に関する調査を行ったアメリカの老年人類学者J・W・トラファガンは、日本女性が高齢期において祖先祭祀に熱心になるのは、家族の世話人（care giver）としての役割を継続するためだと分析した。高齢になるにつれて、家族成員との関係の変化（子どもの成長による保護者としての役割の消失、老親の死亡による介護者としての役割の喪失）等によって、他の女性（嫁や娘）たちに主婦の役割を譲渡しなければならなくなる。それは家族内における具体的な役割を喪失することに繋がるため、高齢女性たちはこの役割喪失を避け、自らの与え手としての役割を保持するために祖先崇拝に勤しむ、ということである。「日本の女性たちが高齢になると祖先の夢を見る」といった話には奇妙さを覚えざるをえないが、宗教的行為は家族内における与え手の役割の持続に繋がるのだという点は本事例と共通するだろう［Traphagan 2003：127–139］[7]。

祈願は、彼女たちを家族の「祈り手」、言うなれば「与え手」という立場に据え続ける。目に見えるようなご利益のない場合もあろう。だが祈願しているという事実は、「何もやらないよりは（ましだ）」といったような、ある種の安心感も与える。また場合によっては、「（なにも効果がないのは自分の）修行の足りない（ためだ）」といった、己の信心不足を恥じさせるものとして機能し、祈願の効用そのものは否定されることはほとんどない。彼女たちには別の寺に行くといった手段も残されている。こうした高齢女性の姿には、家族の守り手としての強い自負を読み取ることもできるのではないだろうか。もちろんこの与え手としての役割は、もろ手を挙げて歓迎されるものではない。高齢であっても、宗教的なものにコミットすることは、現代日本において批判される可能性も持っている。だから彼女たちは、時にEさんのように「家族には内緒で」祈願を行うのだ。

愛しい他者の幸せを祈ることは、結局のところ、自らの幸せの形成に関係している。彼らの幸せなしに幸せになることは難しい。第6章でも触れたが、幸福についての論考を記した武井秀夫は「親しく近い他者の存在は私たちに喜びをもたらすが、その喪失は不幸であり、私たちを病ませさえする」［武井 2004：203］と述べている。近しい他者は自らの幸せに深く関係する。長寿社会は、わたしたちに「生きること」、「祀ること」、「祀られること」の問題を突きつけている。そしてこの問題を今まさに受け止めなければならないのは、他ならぬ老人たちだ。柳田國男が憂慮していたように近代化以降拍車がかかった都市への人口の流失は、個人性が剝奪されたイエの先祖となることの価値を下げ、一個の独立した個人として祀られることを必要にした。伝統的なイエの崩壊は「個人の死」を出現させ、わたしたちは自分や愛する家族の死後の行き場を求めて奔走しなければならなくなった。結果として、宗派を問わない納骨堂や、永代供養、供養パックといったシステムに人びとが集う。

彼らが立ち向かわなくてはならないのは後生の問題だけではない。長き生に伴う様ざまな困難が彼らを待ち受けている。そこで立ち上がるのが高齢女性というのは示唆的だ。彼女たちは自らの危機、家族という自らの安寧の一翼を担う近しい他者の危機に直面した時、祈禱寺院における護摩供養を対抗手段の一つとして選択する。祈り手としての彼女たちは庇護されるだけの存在ではない。そこには現世や他者に対する並々ならぬ愛着と、自らの役割に対するささやかな自負を見て取ることができる。そして祈りは個人の心の安寧といった内面的な問題の解決というよりもむしろ、具体的な問題の解決の方法として用いられている。ここで求められるのは圧倒的な「力」を持つものとしての仏教である。おそらくこれは現世への執着からの解脱を理想とする仏教とは相容れないだろう。ここには寺院に通う高齢女性とそれを支える社会的状況、個々人の実践に支えられた生活のなかの仏教の一様がある。

むろん彼女たちは「信心」深いのか、といった命題は残されたままだ。また男性の考察が不十分であることは言うまでもない。少なくとも、彼女たちが寺院に行く理由を説明するひとつの可能性をここに見ることができるのではないか。寺院に行くということ、それは長き生を生きる悩める彼女たちにとって世界を変えうる魅力的で有益な力なのだ。だからこそ彼女たちは、「生きる方法」[8]としての仏教、生活の中の仏教の生き生きとした実践者として、わたしたちの目に映る。

(2) 慣習のなかで生きるということ

対馬の例で挙げた隠居制のなかで生きる人びとのあり様は、どう考えるべきだろうか。Hさんの例は「〈ヨマ〉で生活する」ことを希望しているようにも取れるが、それは何も「息子と別居したい」とか「戸主の役割から早く開放されたい」というような理由からではなく、一人でいる息子が早く結婚して落ち着けるように望んでいる親心ゆえのことであろう。Hさんは、「隠居」という慣習に必ずしもこだわっているわけではない。空き家となっている〈ヨマ〉はそもそもHさんの妻の叔母のものであり、その叔母には子どもがいなかったことからHさんが戸主を継いでいる。

Ｉさんはどうだろうか。Ｉさんは「隠居することが普通」であることを付け加えていた。調査時においてほかの人からＩさんが「隠居」をせず、長男夫婦と生活していることに対する批判を聞く機会は全くなかった。それはもちろん筆者が彼女と親しく話をしていたからであろうし、よそ者であったためであろう。にもかかわらず、Ｉさんは繰り返しそうした説明を行ったのである。Ｉさんにしてみれば、当該地域を調査に来ているという筆者の事情を鑑みれば、「ここでは普通は隠居するのだ」と強調することは、おそらく調査者への方便でもあったように思われる。Ｉさんにとって「〈ヨマ〉で生活すること」は、現在一般的に選択しうる一つのライフスタイルであるが、「〈ヨマ〉で生活しない」こともまた選択しうるライフスタイルである。親もしくは周囲の人間が隠居してきた、または隠居しているという事実を彼女自身がどう考えているかは脇に置いておくこととしても、その態度から察するに彼女に一定の効果を持っていたと言えよう。その強制力を上手くかわすために彼女は「隠居するのが普通だけどね」と語っているのである。

Ｊさんの事例を考えてみよう。Ｊさんは六畳二間の〈ヨマ〉暮らしを「狭くて暑い」と言い切る。だが、「ここが一番」という風に、住みなれた土地での生活を強く希望しており、福岡市内で生活する娘家族との生活を選ぼうとはしない。若いころに寡婦となった彼女が本家に〈ヨマ〉を建ててもらい、そこで生活していることは様ざまな事情から「仕方ない」側面があったことは確かだろうが、たとえ消極的であっても彼女自身が選択した結果と言える。昔のことには多弁なＪさんが、いまのこととなると積極的には話そうとしないことにも、話すべきこととして現在の生活が入っていないことが考えられる。またもはや時効となっている昔のことならともかく、いまのことをそう簡単に人様に話すことはできないからであろう。

Ｋさんの事例はどうだろうか。〈ヨマ〉を建てる前から、Ｋさんは息子に付き合っている女性がいることは知っていたというが、息子はなかなか話をしてくれなかったらしい。息子としてもなかなか言い出せないことであっただろうし、また親としてはずいぶんやきもきしたことだろう。そうしたとき、〈ヨマ〉を建てはじめるといった行為は「早く結婚して欲しい」ということを彼なりに「それとなく」伝えるうえでは、当時Kさんにとって最適な方法だったのかもしれない。

民俗学で論じられてきた慣習という概念に沿うならば、現在の隠居慣行は「崩れてきている」もしくは「衰退している」と言えるかもしれない。だがこうした現象は、そもそも可変的なものである。個々人の実践の総体であるのだから、それは当然であり、そうであるならばそこでは衰退するといったようなラベルは不適当であるような気もしている。「隠居制」というような、確固とした制度や体系がここに存在していると表現することは難しい。過去の実践の積み重ねから生活形態として、今もなお選択肢の一つとして隠居が残されている。縦の関係、世代間格差といったものを考慮に入れる必要があると思うが、老親たちの実践は金銭の援助や財産の相続といった点でその下の世代にとってもまったく無関係な実践ではない。〈オモテ〉と〈ヨマ〉の区別がなくなりかけている現状を考えれば隠居という慣習に沿った人びとの選択が、これから先どれぐらい長く引き継がれていくかは定かではない。だが多くの家が今も隠居屋を受け継いでいることを考えると、隠居と呼ばれうるような事象がある程度の期間引き継がれていくことは想像に難くない。

(3)　地域を越えて

祈禱寺院に見る親しい他者への思いを、また隠居という地域的な文脈に寄り添いながら、自らの選択している人びとの姿を見てきた。ここでも人びとは様ざまな縁のなかで日常を形成している。沖縄離島には沖縄離島の「老いる思想」があったように、本章で見てきた北部九州の二つの地域にもそれぞれ「老いる思想」はある。本章では具体的に取り上げることはできなかったが、筆者の調査をした他地域においても同様のことは考え得る。考察でも述べたように、より広い沖縄や北部九州という地域を越えた可能性を問うことも可能ではないか。

沖縄離島では祖先祭祀はそのまま祖先祭祀が家族の安寧を祈ることにつながっているのに対し、祈禱寺院はより明確な形で女性たちに望むものを与えてくれる。(9) 家族の守り手として祈禱寺院に通う姿はどこか家内の祀り手の沖縄離島の人びとたちと似通っている。兄弟が亡くなって「次に死ぬのは自分の番だ」と歎じていたEさんや、病気をして「希望がない」と語るHさんに見られる、どこか諦めに似た態度は、本論の第5章で触れた「年を取ったら病気するのが当たり前」と述べる人に見られた「差し控え」に似ている。ここに共通して見られるこの老いる人びとのゆるやかな心の持ちようは、老いる日常をより豊かにするものとして機能している。一見すると消極的で厭世的な人びとの言葉は、生きることへの諦めや厭世観につながるのではない。一方ではEさんは寺院通いだけでなく習いごとに日々精を出し、Hさんは無理だと言われていた車の運転をし、「楽しみがあるから長生きしないと」といった言葉を「希望がない」という言葉と同時に口にする。ここに見る「老いる思想」とは老い（もしくは老人）に対する思想なのではなく、社会的・文化的に老いることに伴う思想もしくは知恵であろう。

この思想、知恵のあり様は、前章の課題や冒頭でも述べたとおり儒教や仏教という特定の宗教の枠組みとは異なった側面から、東アジアの文化的特徴を明らかにすることにつながるのではないかと考えている。もちろん東アジアの文化を考えるうえで、まず沖縄の琉球王朝に儒教をはじめとする中国の文化の影響があり、日本本土においても、政治システムから武士に好まれた儒教（朱子学）に至るまで中国文化の影響があったように、儒教が果たす役割は当然のことながら大きいだろう［渡辺 1997, キュング 2005（1989）など］。

「儒教的なもの」というものはいわゆる「儒教」ではない。仏教、神道や民俗宗教などが独自の形態で発展を遂げた日本本土の事例や、琉球王朝内とは逆にほとんど仏教や儒教の影響を受けなかった沖縄民俗社会を考えるうえで安易に中国文化圏における儒教と一緒くたに議論することは危険である。だが「老いる思想」にも見られる、老いることによってもたらされるコト・モノに対する評価はおそらく共通している。そう考えれば、九州北部や沖縄離島に見た「老いる思想」は、文化的に共通する基盤をそなえた地域における特質を考えるうえで、重要な視座を与えてくれると考えることは的外れでもないだろう。

[注]

(1) 対馬市は長崎県であるものの古くから福岡市との関わりは深く、進学先や就職先に福岡市内を選ぶ人は多い。

(2) 本事例はそれぞれ既出の小論で取り上げたものであり、本書で取り上げるにあたって手を加えている（初出については参考文献一覧を参照のこと）。

(3) 篠栗町役場（http://www.town.sasaguri.fukuoka.jp/　二〇〇九年二月二日参照）

(4) 二〇〇七年度はフランス極東学院と慶應義塾大学鈴木研究室の調査の一環として年中行事の調査を行っており、このデータはその共同調査者である福岡大学大学院修士課程河口綾香氏（調査当時）の調査報告による。以下注がない場合は筆者自身のデータに基づく。また二〇〇八年度は「大畠記念宗教史学研究助成基金」取得による個人調査である。本書では過去に拙稿で触れた事例の一部を取り上げている。

(5) 当該地では親が住んでいた家を子どもがつぶすのはよくないことだとされている。本家にはもともと親が住んでいた。

(6) Iさんの家は土地持ちでそのほとんどは木場と畑のことで、木場には杉とヒノキが植えてある。

(7) 明確な違いもある。本事例の場合、仏壇・檀那寺はある場合でも、わざわざ当寺院に足を運んでいる。秋田の事例では他の寺院への参拝については触れられていないためわからないが、本事例では僧侶を介した専門的な祈りがより「効果的なもの」と認識されている。

(8) 島村恭則は「生きる方法」を、「人間が、自らをとりまく世界に存在するさまざまなものごとを資源として選択、運用しながら自らの生活を構築してゆく方法」として定義している［島村 2006：14］。

(9) 寺院に集う女性たちの事例は福岡県内という大枠な範囲であって沖縄離島や対馬の農村のそれに比べてインフォーマントの育ってきた環境は地域的に限定されていないため少々条件は異なる。

あとがき・謝辞

「あなたには学問があるでしょう。だから見えない」――沖縄離島での調査中、人びとの力強く、時に不思議な物語に耳を傾けかけながら、自分はそうした感性を持ち得ていなかったことに嘆息したことがあった。「素質のある人」は島とは全く関係のない部外者であっても不思議な体験をすることはめずらしくないらしい。「具合の悪くなってしまった」というような話を聞くこともあったので、その点では鈍感でよかったと思ってもいた。しかし、人びとの話す事柄をもっとよく理解することもできるのではないだろうかという思いも捨てきれずにいた。そこである女性に聞き取りをしていた際に、つい「まったく才能はないんでしょうね」とつぶやいた。すると、女性から「あなたには学問があるでしょう」と返され、はっとしたのだった。

彼女の言葉にあった私のお役目を果たせたのか、書いてきたものを今振り返ってみると、いささか心もとない。高齢者やその家族を取り巻く現状は年々厳しさを増しているなか、議論するべきことは多い。今さらながら本文を見直してみると、老いる人びとの経験という初発の視座にこだわった結果、厳しい状況は遠景へと遠のき（当然そうした厳しい状況の上に本書の事例もある）、取り上げることができたことはほんの一握りに過ぎなかったのだと実感せざるをえない。

それでも老いる経験を人びとの生きている文脈から描くという初発の目標は多少なりとも果たせたのではないかと思っている。もちろん、人びとの経験はここで終わりではない。本文中でも触れたとおりこれはある時点におけるある地域の経験の一側面にすぎない。調査時点での「現在」もいまはもはや「過去」である。しかしそれでも、その限られた範囲のなかに見て取れたのは生き方としての老いる方であったと思う。老いる経験のあり様はこれからも変化していくだろう。何が変化し、何が変化しないのか。これからも考えていくべき課題は多い。

本論で人びとの縁や運について触れてきたが、まさに本書は人びととの縁から生まれたものである。最初にフィールド調査において右も左もわからないなかで手を差し伸べてくださった沖縄離島、対馬の村落、篠栗の寺院をはじめとするフィールドで出会ったすべてのみなさまにまずは心からの感謝を申し上げたい。個人のライフヒストリーに触れているという本書の特性上、ここでひとりひとりのお名前を挙げることはかなわないが、どれも皆さまとの出会い（縁）なくしては生まれなかった議論だった。

本書は二〇一三年度に九州大学大学院人間環境学府に提出した博士論文をもとにしたもので、書籍化にあたり再構成している。論文執筆にあたっては、多くの方々にご指導いただいた。九州大学大学院博士課程での指導教官であった現九州大学名誉教授の関一敏先生をはじめ、副指導を引き受けていただいた九州大学大学院人間環境学研究院の浜本満先生、南博文先生のこまやかなご指導がなければ、とても最後まで書きあげることはできなかった。とくに関先生には人びとの生き方と真摯に向かい合っていくこと、そこから見えてきたものをこれまでの研究と照らしながらなおかつ自分の言葉で形にしていくことの大切さを、しぶとくご指導いただいた。くわえて大学院在籍時代たくさんの相談や議論に付き合っていただいた九州大学比較宗教学研究室に所属されていた先輩方や後輩の皆さんとの議論なしにも成立していなかった議論であったと思う。また学部以来修士課程までご指導いただき、その後も変わらず私のつたない研究を見守っていただいた元福岡大学教授の片多順先生にも謝辞を記したい。今思えば日本におけるエイジング研究のパイオニアである片多先生との出会いは、学部以来関わることになったエイジングというテーマとの出会いでもあった。

参考文献にも挙げているが本書の一部は学会・研究会での発表および既出の原稿をもとに、調査事例および議論等を加筆・再構成したものである。以下、既出の原稿の初出を記しておく。

第1章
二〇〇六「『切り取られた記憶』の所有——民俗学における『老人の経験知』の問題について——」関一敏（編）『共生社会学論叢Ⅱ　所有』、pp. 10–22、九州大学大学院人間環境学共生社会学講座。

第4章
二〇〇八「長生への作法——沖縄と日本におけるヤクの諸相——」関一敏（編）『共生社会学論叢　特別篇　幸福』、pp. 1–14、九州大学人間環境学府・共生社会学講座。

第7章
二〇一一「老いの安寧と死の関わり」『九州人類学会報』38：58–62。

第8章
二〇〇九「老いと『宗教的なもの』に関する一考察——沖縄離島の事例から——」『沖縄文化』105：43–59。

第10章
二〇〇八「『法』と『慣習』のハザマで——民俗の総体としての隠居制度——」関一敏（編）『共生社会学論叢Ⅲ「慣習」』、pp. 34–61、九州大学人間環境学府・共生社会学講座。
二〇〇九「生活実践としての仏教—高齢女性と寺院の親密性に関する一考察—」『宗教研究』360：115–138。

本論に関する沖縄での調査については、二〇〇七年度に「九州大学人間環境学府・学位取得（課程博士）に向けての研究助成」を、補論で扱った北部九州における寺院調査については二〇〇九年度に「大畠記念宗教史学研究助成基金」より助成をいただいている。記して謝意を申し上げたい。また本書の出版は独立行政法人日本学術振興会平成二八年度科学研究費助成事業（科学研究費補助金）（研究成果公開促進費・課題番号16HP5119）の助成により可能になった。出版を引き受けてくださった九州大学出版会にも厚く御礼申し上げたい。

最後に「何をしているのか全くわからない」と苦笑しながらもいつも研究活動を応援してくれている母に感謝を伝えたいと思う。

二〇一六年六月

後藤晴子

WHO
2002 *Active aging: A Policy Framework.* (http://apps.who.int/iris/bitstream/10665/67215/1/WHO_NMH_NPH_02.8.pdf)
Young, Allan
1982 The Anthropologies of Illness and Sickness. *Annual Review of Anthropology* 11：257−285

【その他】
〈新聞記事〉
『朝日新聞』（昭和 22 年 7 月 12 日）
『琉球新報』（明治 31 年 5 月 21 日）
『琉球新報』（明治 35 年 9 月 19 日）
『琉球新報』（明治 35 年 9 月 22 日）
『琉球新報』（明治 35 年 9 月 25 日）
『琉球新報』（明治 35 年 9 月 27 日）
（国勢調査）
総務省平成 17 年度国勢調査
〈参考 URL〉
沖縄県子ども生活福祉部高齢者福祉介護課「高齢者福祉関係資料」
http://www.pref.okinawa.lg.jp/site/kodomo/korei/11499.html（2015 年 8 月 25 日閲覧）
沖縄県福祉保健部高齢者福祉介護課「平成 22 年「老人の日・老人週間」資料」
http://www3.pref.okinawa.jp/site/view/contview.jsp？cateid=81&id=12406&page=1（2012 年 5 月 31 日閲覧）
篠栗町役場
http://www.town.sasaguri.fukuoka.jp/（2009 年 2 月 22 日参照）
総務省平成 22 年度国勢調査
http://www.stat.go.jp/data/kokusei/2010/index.htm#kekkagai（2012 年 5 月 31 日閲覧）
内閣府「平成 25 年版高齢者白書（全体版）」
http://www8.cao.go.jp/kourei/whitepaper/w-2013/zenbun/index.html（2015 年 8 月 25 日閲覧）

1993 Balancing Work and Family in an Aging Society: The Canadian Experience. In *Annual Review of Gerontology and Geriatrics* 13. Maddox, George L. & M. Powell Lawton (eds.), pp. 96–119. Springer Publishing Company

McDermott, John J. and William James

1978 *The Writings of William James: Comprehensive Edition,* University of Chicago Press

Plath, David W.

1964 Where the Family of God Is the Family: The Role of the Dead in Japanese Households. *American Anthropologist* 66 : 300–317

1980 *Long Engagements: Maturity in Modern Japan.* Stanford University Press

Plath, David W. (ed.)

1975 *Adult Episodes in Japan,* E. J. Brill. (International Studies in Sociology and Social Anthropodogy v. 20)

Simmons, Leo W.

1945 *The Role of the Aged in Primitive Society.* Yale University Press

Schaef, Anne W.

1986 *Co-Dependence: Misunderstood--Mistreated,* Harper

Sokolovsky, Jay (ed.)

1990 *The Cultural Context of Aging: Worldwide Perspective.* Bergin & Garvey

1997 *The Cultural Context of Aging: Worldwide Perspectives* 2nd ed. Bergin & Garvey

2009 *The Cultural Context of Aging: Worldwide Perspectives* 3rd ed. Bergin & Garvey

Traphagan, John W.

2003 Older Women as Caregivers and Ancestral Protection in Rural Japan. *Ethnology* 42 : 127–139

2004 *The Practice of Concern: Ritual, Well-Being, and Aging in Rural Japan.* Carolina Academic Press

Turner, Victor W.

1982 *From Ritual to Theatre.* Performing Arts Journal Press

1986 Dewey, Dilthey, and Drama: An Essay in the Anthropology of Experience. In *The Anthropology of Experience.* Turner and Bruner (eds.), pp. 33–44. University of Illinois

Rosaldo, Renato

1986 Ilongot Hunting as Story and Experience. In the Anthropology of Experience. In *The Anthropology of Experience.* Turner and Bruner (eds.), pp. 97–138. University of Illinois

Walker, Alan

2002 A Strategy for Active Aging. *International Social Security Review* 55 : 121–139

Glascock, Anthony P. and Susan L. Feinman
1981 Social Asset or Social Burden: An Analysis of the Treatment of the Aged in Non-Industrial Societies. In *Dimensions: Aging, Culture and Health*. Christine L. Fry & Contributors (eds.), pp. 13–31. Praeger Publishers
Ikels, Charlotte
1993 Chinese Kinship and the State: Shaping of Policy for the Elderly. In *Annual Review of Gerontology and Geriatrics* 13. George L. Maddox & M. Powell Lawton (ed.), pp. 123–145. Springer Publishing Company
Johnson, Malcolm L. et al.
2005 *Cambridge Handbook of Age and Aging*. Cambridge University Press
Keith, Jennie
1982 Old Age in Cross-Cultural Perspective. In *Old People as People: Social and Cultural Influences in Aging and Old Age*. Jenny Keith (ed.), pp. 1–15. Little, Brown and Company
1990 Age in Social and Culture Context: Anthropological Perspectives, In *Handbook of Aging and the Social Science* 3rd ed. Robert H. Binstock & Linda K. George (eds.), pp. 91–111. Academic Press
Klass, Dennis & Phyllis R. Silverman, and Steven L. Nickman
1996 *Continuing BONDS: New Understandings of Grief*. Taylor & Francis
Klass, Dennis & Phyllis R. Silverman
1996 Preface. In *Continuing BONDS: New Understanding of Grief*. Klass, Dennis & Phyllis R. Silverman, and Steven L. Nickman, pp. xvii–xxi. Taylor & Francis
Klass, Dennis
1996 Grief in an Eastern Culture: Japanese Ancestor Worship. In *Continuing BONDS: New Understanding of Grief*, Klass, Dennis & Phyllis R. Silverman, and Steven L. Nickman, pp. 59–70. Taylor & Francis
Lawton, Alfred H.
1965 The Historical Developments in the Biological Aspects of Aging and the Aged, *The Gerontologist* vol. 5, No. 1 : 25–32
Lemon, Bengtson & Peterson James A.
1972 An Exploration of the Activity Theory of Aging: Activity Type and Life Satisfaction among In-Movers to a Retirement Community. In *The Journal of Gerontology* 27 (4) : 511–523
Latour, Bruno
2007 (2005) *Reassembling the Social: An Introduction to Actor–Network-Theory*. Oxford University
Mathews, Gordon
1996 *What Makes Life Worth Living?: How Japanese and Americans Make Sense of Their Worlds*. University of California Press
Matthews, Anne Martin and Carolyn J. Rosenthal

【欧文文献】

Abrahams, Roger D.
1986 Ordinary and Extraordinary Experience. In *The Anthropology of Experience.* Turner and Bruner (eds.), pp. 45–72. University of Illinois

Albert, Steaven M & Maria G. Cattell
1994 *Old Age in Global Perspective: Cross-Cultural and Cross National Views.* G.K. Hall

Brandes, Stanley H.
1993 Aging and Intergenerational Relations in Spain and Spanish America. In *Annual Review of Gerontology and Geriatrics* 13. George L. Maddox & M. Powell Lawton (eds.), pp. 147–165. Springer Publishing Company

Bruner, Edward M.
1986 Experience and Its Expression. In *The Anthropology of Experience,* Turner and Bruner (eds.), pp. 3–32. University of Illinois

Clark, Margaret M. & Barbara G. Anderson
1964 *Culture and Aging: an Anthropological Study of Older Americans,* Springfield

Clausen, John A.
1987 (1986) *The Life Course: Sociological Perspective.* Prentice-Hall. (佐藤慶幸・小島茂（訳),『ライフコースの社会学』早稲田大学出版部）

Climo, Jacob J.
1992 The Role of Anthropology, Gerontology: Theory. *Journal of Aging Studies* 6 (1)：41–56

Cowgill, Donald O. & Lowell D. Holmes
1972 *Aging and Modernization.* Meredith Corporation

Cumming, Elaine and Henry, William E.
1961 *Growing Old: The Process of Disengagement.* Basic Book Inc

Dilthey, Wilhelm
1976 *Selected Writings.* H.P. Rickman (ed.), Cambridge University Press

Elder, Glen H. Jr.
1977 Family History and the Life Course. *Journal of Family History* 2 (4)：279–304

Fry, Christine L.
1996a Age, Aging and Culture. In *Handbook of Aging and the Social Science* 4th ed. Binstock & Linda. K. George (eds.), pp. 118–136. Academic Press
1996b Age, Generation and Social Structure. In *Age and Anthropological Theory.* D.I. Kertzer & Jenny Keith (eds.), pp. 99–122. Cornell University Press
2002 Anthropological Theory of Age and Aging. In *Disciplinary Approaches to Aging Volume 4 Anthropology of Aging.* Danna N. Infield (eds.), pp. 129–149. Routledge

Geertz, Clifford J.
1973 *The Interpretation of Cultures.* New York: Basic Books

1987（1949）『心の概念』坂本百大ら（訳），みすず書房（Gilbert Ryle, *The Concept of Mind*, Hutchinson's University Library）
リクール，ポール
2004（1983）『時間と物語Ⅰ　物語と時間性の循環／歴史と物語（新装版）』久米博（訳），新曜社（Paul Ricœur, *Temps et Récit*, Tome I, Editions du Seuil）
2004（1986）『時間と物語Ⅲ　物語られる時間（新装版）』久米博（訳），新曜社（Paul Ricœur, *Temps et Récit*, Tome III, Éditions du Seuil）
琉球新報社
1990『100歳　長寿県ウチナー』琉球新報社
琉球新報八十年史刊行委員会（編）
1973『琉球新報八十年史 ── 新聞にみる沖縄の世相』琉球新報社
ルークス，スティーブン
1981（1973）『個人主義』間宏（監訳），御茶の水書房（Steven Michael Lukes, *Individualism*, Blackwell）
レイヴ，ジーン＆エティエンヌ・ウェンガー
1993（1991）『状況に埋め込まれた学習 ── 正統的周辺参加 ──』福島真人（訳），産業図書株式会社（Jean Lave and Etienne Wenger, *Situated Learning — Legitimate Peripheral Participation*, Cambridge University Press）
ロソー，アーヴィング
1998（1974）『高齢者の社会学（新装版）』嵯峨座晴夫（訳），早稲田大学出版部（Irving Rosow, *Socialization to Old Age*, University of California Press）
ロック，マーガレット
2005（1993）『更年期 ── 日本女性が語るローカル・バイオロジー』みすず書房（Margaret Lock, *Encounters with Aging: Mythologies of Menopause in Japan and North America*, University of California Press）
和歌森太郎
1976「女性と仏教」『日本の民俗第6巻　女の一生』，和歌森太郎（編），pp. 201-214，河出書房新社
鷲田清一
2003『老いの空白』弘文堂
和田修一・大久保孝治
1991「ライフコース論とコーホート分析」『理論と方法』6（1）：61-87
和田修一
2001「近代社会における自己と生きがい」『生きがいの社会学 ── 高齢社会における幸福とは何か』，高橋勇悦・和田修一（編），pp. 25-52，弘文堂
渡辺浩
1997『東アジアの王権と思想』東京大学出版会
渡辺欣雄
1990『民俗知識論の課題 ── 沖縄の知識人類学』凱風社

Sociologie et Anthropologie, Les Presses Universitaires de France）
1976（1968）『社会学と人類学（Ⅱ）』有地亨・山口俊夫（訳），弘文堂
森岡清志（編）
2000 『都市社会のパーソナルネットワーク』東京大学出版会
森俊太
2001 「日常世界と生きがいの関係」『生きがいの社会学――高齢社会における幸福とは何か』，高橋勇悦・和田修一（編），pp. 91–110，弘文堂
森田真也
2002 「南島とアジア」『新しい民俗学へ――野の学問のためのレッスン 26』，小松和彦・関一敏（編），pp. 293–310，せりか書房
屋嘉比収ら（編）
2008 『沖縄に向き合う――まなざしと方法』社会評論社
柳田國男
1998（1943）「国史と民俗学」『柳田國男全集 14』，pp. 83–203，筑摩書房
1998a（1946）「先祖の話」『柳田国男全集 15』，pp. 1–150，筑摩書房
1998b（1946）「笑の本願」『柳田國男全集 15』，pp. 153–233，筑摩書房
1999（1956）「妖怪談義」，『柳田国男全集 20』，pp. 251–394，筑摩書房
矢野亮
2004 「『まちづくり』のなかで障害と老いを生きる」『老いと障害の質的社会学――フィールドワークから』，山田富秋（編），pp. 69–110，世界思想社
山折哲雄
1991a 『神と翁の民俗学』講談社
1991b 『臨死の思想――老いと死のかなた』人文書院
山路勝彦
1968 「沖縄小離島村落における〈門中〉形成の動態――粟国島における父系親族体系としての〈門中〉の若干の考察」『民族學研究』33：17–30
山下欣一
1998 『南島説話生成の研究――ユタ・英雄・祭儀』第一書房
山田厳子
1998 「世間話」『柳田國男事典』，野村純一・宮田登・三浦佑之・吉川祐子（編），pp. 128–131，勉誠出版
山田富秋（編）
2004a 『老いと障害の質的社会学――フィールドワークから』世界思想社
山田富秋
2004b 「まえがき」『エスノメソドロジー――社会学的思考の解体』（新装版），ハロルド・ガーフィンケル（編），山田富秋・好井裕明・山崎敬一（訳），pp. 7–10，せりか書房
湯沢雍彦
1978 『老年学入門』有斐閣
ライル，ギルバート

1986 『沖縄の歴史と文化』岩波書店
2005 『死と再生の原郷信仰　海を渡る神々』角川書店
ポランニー，マイケル
2003（1967）『暗黙知の次元』高橋勇夫（訳），筑摩書房
前田信彦
2006 『アクティブ・エイジングの社会学――高齢者・仕事・ネットワーク』ミネルヴァ書房
正高信男
2000 『老いはこうしてつくられる――こころとからだの加齢変化』中公新書
益田勝実
1964 「解説　民俗の思想」『民俗の思想』，益田勝実（編），pp. 7–60，筑摩書房
桝田啓三郎　1970「解説」ウィリアム，ジェイムズ『宗教的経験の諸相』（下），pp. 405–423，岩波書店
真鍋昌賢
2001 「人生儀礼」『新しい民俗学へ――野の学問のためのレッスン 26』，小松和彦・関一敏（編）pp. 63–74，せりか書房
丸山眞男
1961 『日本の思想』岩波書店
源武雄
1979 「第三節　生年祝い・厄年」『那覇市史資料篇　第2巻中の7　那覇の民俗』那覇市企画部市史編纂室（編），pp. 620–625，那覇市企画部市史編纂室
宮城栄昌
1979 『沖縄のノロの研究』吉川弘文館
宮島喬・島薗進
2003 「現代日本人の自律とつながり」『現代日本人のゆくえ――つながりと自律』，宮島喬・島薗進（編），pp. 13–57，藤原書店
宮田登
1979 『神の民俗誌』岩波書店
1996 『老人と子供の民俗学』白水社
1998 「コメント」『日本民俗学』214：99–101
2000 「老人文化と民俗学」『老熟の力――豊かな〈老い〉を求めて』宮田登・森謙二・網野房子（編），pp. 3–21，早稲田大学出版部
宮田登・森謙二・網野房子（編）
2000 『老熟の力――豊かな〈老い〉を求めて』早稲田大学出版部
宮本常一
1978 『民俗学の旅』文藝春秋
1983（1970）『宮本常一著作集 5　日本の離島』未来社
2002（1960）『忘れられた日本人』岩波書店
モース，マルセル
1973（1968）『社会学と人類学Ⅰ』有地亨・山口俊夫（訳），弘文堂（Marcel Mauss,

1977（1966）『日常世界の構成 ── アイデンティティと社会の弁証法』，山口節郎（訳），新曜社（Peter L. Berger and Thomas Luckman, *The Social Construction of Reality: A Treatise in the Sociology of Knowledge* Doubleday & Company, Inc.）
浜本満
1990「キマコとしての症状 ── ケニア・ドゥルマにおける病気経験の階層性について」『病むことの文化 ── 医療人類学のフロンティア』，波平恵美子（編），pp. 36–66，海鳴社
柊山幸志郎（編）
1996『長寿の要因 ── 沖縄社会のライフスタイルと疾病』九州大学出版会
東恩納寛淳
1950『南島風土記』沖縄文化研究会
比嘉政夫
2000「長寿社会・沖縄の文化的考察 ── 長寿儀礼を中心に」『老熟の力 ── 豊かな〈老い〉を求めて』，宮田登・森健二・網野房子（編），pp. 186–196，早稲田出版部
日高六郎・上山春平・作田啓一・多田道太郎・鶴見俊輔・橋川文三・安田武・山田宗睦
1967『シンポジウム　現代日本の思想 ── 戦争と日本人』三省堂
福井栄二郎
2008「『伝統を知らない』老人たち ── ヴァヌアツ・アネイチュム島における老人の現在と社会構築主義批判 ── 」『国立民族学博物館報告』32（4）：576–628
2011「命名とケア ── ヴァヌアツの事例から」『九州人類学』38：71–78
福島真人
1993「解説」『状況に埋め込まれた学習 ── 正統的周辺参加』，レイヴ＆ウェンガー（編），佐伯 胖（訳），産業図書株式会社
藤田真理子
1999『アメリカ人の老後と生きがい形成 ── 高齢者の文化人類学的研究』大学教育出版
プラース，デイビット
1985（1980）『日本人の生き方 ── 現代における成熟のドラマ』井上俊・杉野目康子（訳），岩波書店（David W. Plath, *Long Engagemet: Maturity in Modern Japan,* Stanford University Press）
ブルデュー，ピエール
1988（1980）『実践感覚（Ⅰ・Ⅱ）』今村仁司ら（訳），（Pierre Bourdieu, “Le Sens Pratique” Éditions de Minuit.）みすず書房
古家信平
1998「沖縄研究と民俗の比較」『日本民俗学』216：113–123
外間守善・波照間永吉（編）
1997『定本　琉球国由来記』角川書店
外間守善

1991（1976）「グアダルーペの聖母――メキシコ・ノート」『鶴見俊輔集 11　外からのまなざし』，pp. 3-213，筑摩書房
1997『老いの生きかた』ちくま文庫
2008（1961）『新しい開国　日本の百年 10』ちくま学芸文庫
2010『思い出袋』岩波新書
デネット，C. ダニエル
1998（1991）『解明される意識』山口泰司（訳），青土社（Daniel C. Dennett, *Consciousness Explained,* Little Brown & Company）
照屋学
2006『沖縄市町村のカルテ――沖縄本島南部・宮古・八重山・離島編』有限会社ニライ・カナイ研究所
トーマス，ウィリアム．I. & ズナニエツキ，フロリアン．
1983（1927）『生活史の社会学――ヨーロッパとアメリカにおけるポーランド農民』，桜井厚（訳），御茶の水書房（William I. Thomas and Florian Znaniecki, *The Polish Peasant in Europe and America,* Alfred A. Knopf）
鳥越憲三郎
1971『沖縄庶民生活史』雄山閣
中沢新一
2003『チベットのモーツァルト』講談社
中筋由紀子
2006『死の文化の比較社会学――「わたしの死」の成立』梓出版社
中野紀和
2003「民俗学におけるライフヒストリーの課題と意義――祭礼研究との関連から」『日本民俗学』234：1-30
中野新之祐
1992「教科書に見る『老人』の社会史」『老いと「生い」――隔離と再生』，宮田登・中野桂子（他），藤原書店
中山盛茂・富村真演・宮城栄昌（編）
1990『のろ調査資料〈1960 年～1966 年調査〉』ボーダーインク
那覇市企画部市史編纂室（編）
1979『那覇市史資料篇　第 2 巻中の 7　那覇の民俗』那覇市企画部市史編纂室
波平恵美子
1984『病気と治療の文化人類学』海鳴社
1990「幻覚と癒し――奄美大島におけるユタの治療儀礼の分析」『病むことの文化――医療人類学のフロンティア』，波平恵美子（編），pp. 236-262，海鳴社
西口順子
1989「『女性と仏教』をめぐる覚え書き――『信心と供養』をめぐって」『シリーズ女性と仏教 3　信心と供養』，大隅和雄・西口順子（編），pp. 246-256，平凡社
バーガー，ピーター&トーマス・ルックマン

2013 『老いを歩む人びと —— 高齢者の日常からみた福祉国家フィンランドの民族誌』勁草書房
高橋勇悦・和田修一
2001 『生きがいの社会学 —— 高齢社会における幸福とは何か』弘文堂
武井秀夫
2004 「幸福の心身論」『岩波講座宗教 5 言語と身体 —— 聖なるものの場と媒体』，池上良正ほか（編），pp. 181–210，岩波書店
竹田亘
1964 『民俗慣行としての隠居の研究』未来社
蛸島直
1984 「奄美一村落の病気観 —— 沖永良部島 S 部落の場合」『民族学研究』49 (2)：103–130
1990 「家の疲れ —— 沖永良部島の伝統的病気観」『病むことの文化 —— 医療人類学のフロンティア』，波平恵美子（編），pp. 150–174，海鳴社
多田富雄・今村仁司（編）
1987 『老いの様式 —— その現代的省察』誠信書房
橘覚勝
1971 『老年学 —— その問題と考察』誠信書房
ターナー，ヴィクター
1981 (1974) 『象徴と社会』梶原景昭（訳），紀伊国屋書店（Victor Turner, *Dramas, Fields, and Metaphors: Symbolic Action in Human Society*, Cornell University Press）
田中真砂子
1996 「長寿社会沖縄を考える —— 生命体としての人間と文化」『自然環境の変容と文化の生成に関する総合的研究』，pp. 21–22，お茶の水大学院人間文化研究科
田辺繁治・松田素二（編）
2002 『日常的実践のエスノグラフィ —— 語り・コミュニティ・アイデンティティ』世界思想社
田辺繁治
2002 「序章 日常的実践のエスノグラフィ —— 語り・コミュニティ・アイデンティティ」，『日常的実践のエスノグラフィ —— 語り・コミュニティ・アイデンティティ』，田辺繁治・松田素二（編），pp. 1–38，世界思想社
谷富夫（編）
1996 『ライフ・ヒストリーを学ぶ人のために』世界思想社
津波高志
1990 『沖縄社会民俗学ノート』第一書房
鶴見俊輔
1967 「体験論」日高六郎・上山春平・作田啓一・多田道太郎・鶴見俊輔・橋川文三・安田武・山田宗睦（編）『シンポジウム 現代日本の思想：戦争と日本人』，pp. 2–12，三省堂（シンポジウムの対談集）

菅沼文乃
2008 「生きがいの人類学――生きがい推進事業における高齢者の実践から」『南山考人』36：5-14
鈴木七美
2005 「柿の葉を摘む暮らし――ノーマライゼーションを越えて」『文化人類学』70-3：355-378
鈴木信
1999 「沖縄の長寿の秘密」『沖縄の長寿』，尚弘子（編），pp. 49-77，学会センター
スピヴァク，ガヤトリ C.
1998（1988）『サバルタンは語ることができるか』上村忠男（訳），みすず書房（Gayatry C. Spivak, *Can the Subaltern Speak ? in MARXISM and the Interpretation of Culture*, edited by C. Nelson and L. Grossberg, University of Illinois Press）
スミス，ドロシー
2004（1978）「K は精神病だ――事実報告のアナトミー」『エスノメソドロジー――社会学的思考の解体』（新装），ハロルド・ガーフィンケル（編），山田富秋・好井裕明・山崎敬一（訳），pp. 87-166，せりか書房（Dorothy Smith, *K is Mentally Ill: The Anatomy of a Factual Account.* Sociology: 12, vol. 1, pp. 23-53）
関一敏
1996 「俗信論序説」『族』27：30-40
1997 「呪術世界の描き方」『アジアの宗教と精神文化』，脇本平也・田丸徳善（編）pp. 347-366，新曜社
2001 「民俗」『新しい民俗学へ――野の学問のためのレッスン 26』，小松和彦・関一敏（編），pp. 41-51，せりか書房
2006 「呪術とは何か――実践論的展開のための覚書」『東南アジア・オセアニア地域における呪術的諸実践と概念枠組みに関する文化人類学的研究』（平成 16 年～平成 17 年度科学研究費補助金・基盤研究 C）研究成果報告書，pp. 84-105
関沢まゆみ
2000 『宮座と老人の民俗』吉川弘文館
2003 『隠居と定年――老いの民俗学的考察』臨川書店
大門正克・安田常雄・天野正子
2003 『戦後経験を生きる』吉川弘文館
高梨一美
1988 「まつり」『折口信夫事典』，西村亨（編），pp. 117-132，大修館書店
高橋絵里香
2008 「自立のストラテジー――フィンランドの独居高齢者と在宅介護システムに見る個人・社会・福祉」『文化人類学』73-2：133-154
2009 「老いを歩む――フィンランドの年金生活者達の合宿にみる身体変容への展望」『文化人類学』74-3：478-488

篠栗町
1972 『篠栗町誌』篠栗町教育委員会
佐藤健二
2002 「郷土」『新しい民俗学へ——野の学問のためのレッスン26』，小松和彦・関一敏（編），pp. 311-321，せりか書房
佐野眞一
2006（1997）『大往生の島』文春文庫
澤井敦
2005 『死と死別の社会学——社会理論からの接近』青弓社
ジェイムズ，ウィリアム
1969（1901-1902）『宗教的経験の諸相』（上）桝田啓三郎（訳），岩波書店
1970（1901-1902）『宗教的経験の諸相』（下）桝田啓三郎（訳），岩波書店
（James William, *The Varieties of Religious Experience: Study in Human Nature.* Being Gifford Lectures on Natural Religion Delivered at Edinburgh）
島尾敏雄
1960 『離島の幸福・離島の不幸　名瀬だより』未来社
1977 『島尾敏男対談集　ヤポネシア考』葦書房
1992（1970a）「ヤポネシアと琉球弧」『新編・琉球弧の視点から』，pp. 13-27，朝日新聞社
1992（1970b）「回帰の想念・ヤポネシア」『新編・琉球弧の視点から』，pp. 83-112，朝日新聞社
島尻郡誌教育部会員
1985（1937）『島尻郡誌』（再版）島尻郡教育部会
島村恭則
2006 「〈生きる方法〉の民俗学へ——民俗学のパラダイム転換へ向けての一考察」『国立歴史民俗博物館研究報告』123：7-24
冷水 豊（編）
2002a 『老いと社会——制度・臨床への老年学的アプローチ』有斐閣
冷水豊
2002b 「老年学的アプローチの特徴と課題」『書斎の窓』，pp. 45-49，有斐閣
2003 「グローバルな高齢化と日本の課題」『老年社会学』25（2）：25
ジャンケレヴィッチ，ヴラジミール
1995（1994）『死とはなにか』原章二（訳），青弓社（Vladimir Jankélévitch, *Penser la Mort ?*, Éditions Liana Levi, Piccolo）
シュッツ，アルフレッド
1980（1970）『現象学的社会学』森川眞規雄・浜日出夫（訳），紀伊国屋書店（Alfred Schutz, *On Phenomenology and Social Relations*（Edited by Helmut R, Wagner）, The University of Chicago Press）
首里王府・原田禹雄
2005 『琉球国旧記——訳注』榕樹書林

1987 『沖縄の祭祀 ── 事例と課題』三弥井書店

後藤晴子

2006 「『切り取られた記憶』の所有 ── 民俗学における『老人の経験知』の問題について ── 」『共生社会学論叢Ⅱ　所有』，関一敏（編），pp. 10-22，九州大学大学院人間環境学共生社会学講座

2008a 「『法』と『慣習』のハザマで ── 民俗の総体としての隠居制度 ── 」，関一敏（編）『共生社会学論叢Ⅲ「慣習」』，pp.34-61，九州大学人間環境学府・共生社会学講座

2008b 「長生への作法 ── 沖縄と日本におけるヤクの諸相 ── 」『共生社会学論叢特別篇　幸福』，関一敏（編），pp. 1-14，九州大学人間環境学府・共生社会学講座

2009a 「民俗の思考法 ── 『とわかっている，でもやはり』を端緒に」『日本民俗学』260：35-65

2009b 「生活実践としての仏教 ── 高齢女性と寺院の親密性に関する一考察 ── 」『宗教研究』360：115-138

2009c 「老いと『宗教的なもの』に関する一考察 ── 沖縄離島の事例から ── 」『沖縄文化』105：43-59

2011a 「老いの安寧と死の関わり」『九州人類学会報』38：58-62

2011b 「老年学と人類学 ── 『高齢者事業』への参与から隣接領域との関係を考える」『九州人類学会報』38：118-123

小林康正

1995 「伝承の解剖学 ── その二重性をめぐって」『身体の構築学』，福島真人（編），pp. 207-240，ひつじ書房

酒井正子

2005 『奄美・沖縄　哭きうたの民族誌』小学館

作田啓一（ほか）

1967 「体験論」日高六郎・上山春平・作田啓一・多田道太郎・鶴見俊輔・橋川文三・安田武・山田宗睦（編）『シンポジウム　現代日本の思想：戦争と日本人』，pp. 2-12，三省堂（シンポジウムの対談集）

作田啓一

1972 『価値の社会学』岩波書店

桜井厚

2002 『インタビューの社会学』せりか書房

桜井徳太郎

1973 『沖縄のシャマニズム ── 民間巫女の生態と機能』弘文堂

1985 「民間祭司の宗教的機能 ── 祭儀荷担者のシャーマン性」『沖縄久高島調査報告書』，法政大学沖縄文化研究所久高島調査委員会（編），pp. 23-39，法政大学沖縄文化研究所

佐々木哲哉

1967 「レポート　篠栗新四国霊場」『西日本文化』123：6-9

2004（1961）『宗教学』原書房
ギデンズ，アンソニー
1997（1994）「ポスト伝統社会に生きること」『再帰的近代化――近現代における政治，伝統，美的原理』，ウルリッヒ・ベック，スコット・ラッシュ，アンソニー・ギデンズ（編），松尾精文（訳），pp. 105–203，而立書房（Ulrich Beck, Anthony Giddens & Scott Lash, *Reflexive Modernization — Politics, Tradition and Aesthetics in the Modern Social Order —*, Polity Press）
木下康仁
1997『ケアと老いの祝福』勁草書房
九学会連合対馬共同調査委員会（編）
1949『対馬の自然と文化』古今書院
球陽研究会（編）
1974『球陽　読み下し編』角川出版
キュング，ハンス＆ジュリア・チン
2005（1989）『中国宗教とキリスト教の対話』森田安一・藤井潤・大川裕子・楊暁捷（訳），刀水書房（Hans Küng & Julia Ching, *Christianity and Chinese Religions,* Doubleday Religious Publishing Group）
グッド，バイロン・J
2001（1994）『医療・合理性・経験――バイロン・グッドの医療人類学講義』江口重幸ら（訳），誠信書房（Byron J. Good, *Medicine, Rationality and Experience: An Anthropological Perspective*（Lewis Henry Morgan Lectures）, Cambridge University Press）
クラインマン，アーサー
1992（1980）『臨床人類学――文化のなかの病者と治療者』大橋英寿ら（訳），弘文堂（Arthur Kleinman, *Patients and Healers in the Context of Culture: an Exploration of the Borderland between Anthropology, Medicine, and Psychiatry.* University of California Press）
1996（1988）『病いの語り――慢性の病いをめぐる臨床人類学』，江口重幸・五木田紳・上野豪志（訳），誠信書房（Arthur Kleinman, *The Illness Narratives: Suffering, Healing and the Human Condition,* Basic Books）
栗原彬
1997「離脱の戦略」『岩波講座　現代社会学題第13巻　成熟と老いの社会学』，pp. 39–60，岩波書店
黒岩亮子
2001「生きがい政策の展開過程」『『生きがいの社会学――高齢社会における幸福とは何か』，高橋勇悦・和田修一（編），pp. 217–241，弘文堂
小池淳一
2002「伝承」『新しい民俗学へ――野の学問のためのレッスン26』，小松和彦・関一敏（編），pp. 52–62，せりか書房
高阪薫（編）

2004（1994）『社会構成主義の理論と実践── 関係性が現実をつくる』永田素彦・深尾誠（訳），ナカニシヤ出版（Kenneth J. Gargen, *Realities and Relationships: Soundings in Social Construction*, Harvard University Press）

2004（1999）『あなたへの社会構成主義』東村知子（訳），ナカニシヤ出版（Kenneth J. Gargen, *An Invitation to Soial Construction,* SAGE Publications Ltd.）

片多順

1981 『老人と文化── 老年人類学入門』垣内出版

1990 「老年文化の事例研究」『老いの比較家族史』，比較家族史学会（編），pp. 46-49，三省堂

1991 「老いと死　長寿から死への通過儀礼── 沖縄の事例から」『老年精神医学雑誌』第2巻第8号：979-985

1992 「沖縄における長寿文化── 長寿を祝い，長寿にあやかる生活様式」『Gerontology　New Horizon 4』：369-375

2004 「長寿のシマ沖縄の高齢者たち」『老いの人類学』，青柳まちこ（編），pp. 23-44，世界思想社

門田岳久

2007 「対話と信心── 巡礼経験者の語りにみる自己・他者・社会」『日本民俗学』251：55-87

金子勇

1998 『高齢社会とあなた── 福祉資源をどうつくるか』NHKブックス

ガーフィンケル，ハロルド（他編）

2004 『エスノメソドロジー── 社会学的思考の解体』（新装）山田富秋・好井裕明・山崎敬一（訳），せりか書房

鎌田東二

1988 『翁童論── 子供と老人の精神誌』新曜社

1990 『老いと死のフォークロア── 翁童論2』新曜社

川田順造

1992 『口頭伝承論』河出書房新社

川田稔

1985 『柳田国男の思想史的研究』未来社

川森博司

1998 「老人の昔話と語り」『日本民俗学』214：91-98

ギアーツ，クリフォード

1987a（1973）『文化の解釈学I』，吉田禎吾・柳川啓一・中牧弘允・板橋作美（訳），岩波現代選書

1987b（1973）『文化の解釈学I』，吉田禎吾・柳川啓一・中牧弘允・板橋作美（訳），岩波現代選書

（Clifford Geertz, *The Interpretation of Cultures,* Basic Books, Inc.）

岸本英夫

2007 『医療人類学のレッスン —— 病いをめぐる文化を探る』学陽書房
井上俊
1973 「『死にがい』の喪失 —— 戦無世代の死生観」『死にがいの喪失』，pp. 5-24，筑摩書房
イリイチ，イヴァン
1979（1975）『脱病院化社会 —— 医療の限界』金子嗣郎（訳），晶文社（Ivan Illich, *Medical Nemesis: The Expropriation of Health*, Pantheon Books）
岩佐光広
2011 「老親扶養からみたラオス低地農村部における親子関係の一考察」『文化人類学』75-4：602-613
大橋英寿
1998 『沖縄シャーマニズムの社会心理学的研究』弘文堂
岡田浩樹
2001 「『老人の民俗学』再考」『国立歴史民俗博物館研究報告』91：451-467
沖縄県福祉保健部長寿対策室
2002 『長寿社会対策ハンドブック』沖縄県福祉保健部長寿社会対策室
沖縄タイムス社（編）
2000 『長寿の島の教え』沖縄タイムス社
沖縄タイムス「長寿」取材班（編）
2004 『沖縄が長寿でなくなる日 ——〈食〉，〈健康〉，〈生き方〉を見つめなおす』岩波書店
小倉康嗣
2006 『高齢化社会と日本人の生き方 —— 岐路に立つ現代中年のライフストーリー』慶應義塾大学出版会
尾崎綾子
1996 「洗骨から火葬への移行にみられる死生観 —— 沖縄県国頭郡大宜味村字喜如嘉の事例より」『日本民俗学』207：58-83
小田利勝
2004 『サクセスフル・エイジングの研究』学文社
越智郁乃
2010 「『墓の移動』を通じた『沖縄』研究の再考 —— 沖縄・墓・人類学」『アジア社会文化研究』10：57-72，アジア社会文化研究会（広島大学総合科学研究科）
小原徳志（編）
1964 『石ころに語る母たち —— 農村婦人の戦争体験』未来社
折口信夫
1975 『折口信夫全集 3　古代研究』中央公論新社
加賀谷真梨
2011 「『新しい公共』という概念への批判的一考察 —— 沖縄の高齢者福祉の現場に見られる人々の〈間〉に着目して」『九州人類学会報』38：63-70
ガーゲン，ケネス・J

参考文献

【邦文文献】
青柳まちこ（編）
2004 『老いの人類学』世界思想社
赤嶺政信
1998 『シマの観る夢 ── おきなわ民俗学散歩』ボーダーインク
秋道智弥
1988 『海人の民族学 ── サンゴを越えて』日本放送教会出版
安達義弘
1999 「沖縄における長寿者の儀礼 ── その現行民俗行事を中心として」『九州文化史研究所紀要』36：173–221
東資子
2006 「病の治癒と物語の生起 ── 宮古諸島，伊良部島 A 村落の民俗医療の事例から」『日本民俗学』248：34–57
天田城介
2007 『老い衰えゆく自己の／と自由』ハーベスト社
2010（2003）『〈老い衰えゆくこと〉の社会学（増補改訂版）』多賀出版
天野正子
1999 『老いの近代』岩波書店
2003 「現代史を学ぶということ」『近現代日本の歴史　戦後経験を生きる』，大門正克・安田常雄・天野正子（編），pp. 305–314，吉川弘文館
2006 『老いへのまなざし ── 日本近代は何を見失ったか』平凡社
阿部年晴
1987 「老いの価値」『老いの様式 ── その現代的省察』，多田富雄・今村仁司（編），pp. 229–257，誠信書房
網野善彦
2002 「解説」『忘れられた日本人』宮本常一（著），pp. 321–334，岩波書店
アリエス，フィリップ
1983（1975）『死と歴史 ── 西欧中世から現代へ』伊藤晃・成瀬駒男（訳），みすず書房（Phillippe Aries, *Essais sur L'histoire de la Mort en Occident du Moyen Age a Nos Jours,* Seuil）
アルヴァックス，M
1989（1968）『集合的記憶』小関藤一郎（訳），行路社（Maurice Halbwachs, *La mémoire collective,* Les Presses Universitaires de France）
池上良正
1991 『悪霊と聖霊の舞台 ── 沖縄民衆キリスト教に見る救済史』どうぶつ社
1992 『民俗宗教と救い ── 津軽・沖縄の民間巫者』淡交社
池田光穂・奥野克巳（編）

人名索引

ワ行

ナ行

ハ行

マ行

ヤ行

ラ行

サ行

タ行

事項索引

〈著者紹介〉

後藤晴子（ごとう　はるこ）

1979年，福岡県生まれ。福岡大学人文学部卒業。九州大学人間環境学府共生社会システム論博士後期課程単位修得退学。

課程博士（人間環境学，九州大学）。

主な論文に，「民俗の思考法――『とわかっている，でもやはり』を端緒に――」（『日本民俗学』260号，pp.35-65，2009年），「生活実践としての仏教――高齢女性と寺院の親密性に関する一考察――」（『宗教研究』360号，pp. 115-138，2009年）など。

老《お》いる経験《けいけん》の民族誌《みんぞくし》
南島で生きる〈トシヨリ〉の日常実践と物語

2017年2月28日　初版発行

著　者　後藤 晴子
発行者　五十川 直行
発行所　一般財団法人 九州大学出版会
〒814-0001 福岡市早良区百道浜 3-8-34
九州大学産学官連携イノベーションプラザ 305
電話　092-833-9150
URL　http://kup.or.jp/
印刷・製本／シナノ書籍印刷（株）

ISBN978-4-7985-0196-3